JN436838

STUDIA
HUMANITATIS
문명공동연구

1905년 러시아혁명과 동아시아 3국의 반응

이혜경 · 고영란 · 김수연 · 박노자 · 사이토 세이지
시마즈 나오코 · 양일모 · 이정희 · 임경화 · 황재문 지음

서울대학교출판문화원

1905년 러시아혁명과 동아시아 3국의 반응

초판 1쇄 인쇄 2016년 12월 25일
초판 1쇄 발행 2016년 12월 30일

지은이 이혜경 외
펴낸곳 서울대학교출판문화원
펴낸이 성낙인

책임편집 박희자
디자인 장혜원

출판등록 제15-3호

주소 (08826) 서울 관악구 관악로 1
대표전화 02-880-5252 | 팩스 02-888-4148
마케팅팀(주문상담) 02-889-4424, 02-880-7995
이메일 snubook@snu.ac.kr
홈페이지 www.snupress.com

ISBN 978-89-521-1910-0 94910
978-89-521-1575-1 (세트)

이 저서는 2007년 정부(교육과학기술부)의 재원으로
한국연구재단의 지원을 받아 수행된 연구임(NRF-2007-361-AL0016).

✿ 서문

우리가 몸담고 있는 근대라고 하는 세계의 핵심부에 과학혁명, 자본주의, 민주주의가 있다. 이들이 상호작용하면서 국민국가를 등장시켰고, 국민국가는 제국주의와 식민주의를 파생했다. 국민국가는 자국의 통합을 위해 외부를 배제하고, 자국의 해방을 위해 타국을 억압하고, 나아가 타국을 식민지화하고 제국이 되었다.

지금은 자본이 제국을 이룬 듯한 시대이다. 너나 할 것 없이 자본에 종속되어 식민지 노예처럼 일하는데 일을 하면 할수록 점점 더 가난에 빠져드는 총체적 난국이다. 그런데 앞으로 다가올 미래가 진정 근대의 진면목을 여실히 보여준다. 발전을 거듭해온 기계가 그 알량한 일자리마저 빼앗을 것이라는 염려까지 안고 살게 된 것이다. 한국에서 '근대' 자체에 대해 비판하기 시작한 것은 '식민지 근대'라는 개념이 등장한 20세기 말부터이지만 근대는 그 존재 자체가 모순적이며, 더군다나 "그 모순적인 성격을 발전을 위한 역농성의 원천으로 삼고 있는"[1]

---

1 西川長夫(1995),「日本的國民國家の形成」, 西川長夫 · 松宮秀治 編,『幕末 · 明治期の國民國家形成と文化變容』, 新曜社, p.7. 니시카와의 문장의 본래 주어는 '근대'가 아

요상한 존재인 것이다.

월러스틴은 근대의 모순을 '해방의 근대'와 '기술의 근대'가 서로 대립하면서 역사적으로 결합되며 형성된 것으로 설명했다. 기술의 근대를 추구하는 자유주의가 혁명의 근대를 통제함으로써 그 대립 · 공생관계는 깨지고, 세계는 자본주의 세계경제의 작동을 정당화하는 자유주의가 지배하게 되었다고 설명한다. 그에 의하면 자유주의는 하층계급의 저항에 때로 양보하기도 하고 때로 억압하기도 하면서 국가 기제의 유효성을 강화해가며 세계를 지배해왔다.[2]

이 책은 1905년 러시아혁명이 동아시아 세 나라에 미친 영향과 그 반응을 다룬다. 1905년은 통상 러일전쟁의 해로 일컬어진다. 일본이 러일전쟁에 승리하면서 동아시아는 새로운 시대로 접어들었다. 즉, 이 시대 역시 전 세계가 국민국가의 건설과 확장에 박차를 가하던 자유주의 시대였다. 그러한 시대를 조망하면서 1905년을 러일전쟁의 해로 일컫는 것은 그것이 역사의 주류라는 점에서 자연스럽다. 그 해는 제국주의의 영토 쟁탈의 역사에서 획을 그을 만한 해였다. 일본의 승리로 일본은 러시아의 손에 있던 만주를 대신 차지함으로써 조차지라는 이름이긴 했지만 처음으로 중국의 땅을 식민지로 갖게 되었으며, 동시에 대한제국을 식민지화하기 위해 노골적인 행보를 시작할 수 있었다.[3] 그러나 전쟁과 혁명은 별개로 일어나지 않았다.

니라 '국민국가'이다.

2 월러스틴은 이러한 자유주의의 우세가 프랑스혁명을 계기로 시작되어 1968년의 혁명에 의해 휘청거릴 때까지 계속되었다고 본다. 이매뉴얼 월러스틴(1996), 강문구 옮김, 『자유주의 이후』, 당대.

3 야마무로 신이치(2010), 정재정 옮김, 『러일전쟁의 세기: 연쇄시점으로 보는 일본과

이 책은 1905년의 비주류로 간주되고 있는 러시아혁명을 조명하고자 한다. 즉, "전진적이라기보다는 전투적(또한 자기만족적)이고, 물질적이라기보다는 이데올로기적인"[4] 해방의 근대성에 관심을 갖는다. 이 혁명은 일본과 전쟁 중인 러시아에서 일어났으며, 혁명의 도화선이 된 것은 전쟁에서의 패배였다. 러시아에서 전쟁과 혁명이 근대국가의 성립과 그 향방에 중요한 영향을 미친 것처럼, 일본에서도 이 전쟁과 혁명은 일본이라는 국가의 성립과 그 반체제운동으로서 국가성립에 심대한 영향을 미친 사회주의의 탄생을 지원했다. 전쟁이 그랬던 것처럼 혁명 역시 일본뿐만 아니라 중국과 조선의 운명에도 영향을 미쳤다.

유럽의 주변에 위치한 러시아에서 일어난 혁명은 제정 러시아의 전제에 대항하는 민주주의 투쟁과 제국의 질서에 대항하는 소수민족의 투쟁뿐 아니라 지주 귀족에 대항하는 농민 혁명, 반자본주의적 노동자들의 투쟁까지 결합된 사건으로, 이 시대의 현재와 미래를 총체적으로 보여주는 획기적인 사건이었다. 즉, 입헌주의와 같은 부르주아 자유주의의 도입을 과제로 삼는 한편, 더 나아가 지주제 폐지와 같은 요구도 동시에 공존했다. 특이하게도 세계자본주의 체제의 주변부에 위치한 러시아에서 유럽의 모든 나라에서 겪고 있었고 앞으로도 겪게 될 문제까지 먼저 제기한 것이다.

이 혁명이 유럽의 노동자들과 지도자들에게 미친 영향에 대해서는 적지 않은 연구 성과가 있으나[5] 동아시아에서 이 혁명은 주목받

세계』, 소화.

4 이매뉴얼 월러스틴(1996), p.178.

5 다음 책들을 대표적으로 꼽을 수 있다. Sidney Harcave(1970), *The Russian Revolution of 1905,* London: Collier-Macmillan; Abraham Ascher(1994), *The Revolution of 1905, Vol.*

지 못했다. 그러나 이 혁명은 자유, 입헌, 민주 등 자유주의 계열의 가치들과 연동되어 때로는 격렬한 논의를 추동하면서 미래를 구상하는 데 중요한 역할을 했다. 물론 러시아에서 팽배했던 혁명의 의미와는 다른 방식으로 전유된다.

특히 일본에서는 조선과 만주의 이권을 두고 러시아와 대립하던 정세 때문에 이 혁명은 특히 첨예한 관심사였다. 일본이 이 혁명에 대응하는 방식은 일본이 근대를 어떻게 열어갔는지 단면처럼 보여준다. 문명의 독립국가를 위해 박차를 가하던 일본은 러시아와의 전쟁에서도 유럽을 향해 문명국의 이미지를 각인시키기 위해 노력하면서, 러시아의 혁명 상황을 전쟁에 유리하게 반영하기 위해 다방면의 노력을 기울였다.

그런가 하면 일본 국내에서는 다양한 사상적 배경을 가진 사람들이 혁명을 사유하고 운동으로 연결시켰다. 특히 초기 사회주의자들 그리고 재일 중국공화주의자들은 혁명의 이념뿐만 아니라 암살과 폭동, 파업 등과 같은 급진적 투쟁방식도 마다하지 않았다. 또한 당시 동아시아를 향한 일본의 관심은 여러 방향에서 일어났던 것으로, 이들은 서로 다른 이유에서 중국, 나아가 아시아의 혁명을 꿈꾸기도 했다.

중국이나 한국에서 1905년 러시아혁명을 바라보는 태도는 좀 더 유보적이었다. 러시아와 마찬가지로 군주제국가였던 청과 조선에서 그 혁명에 거는 기대 역시 분명하게 포착되지만, 한편에서는 그 급진

2: Authority Restored, Stanford University Press; Abraham Ascher(1988), *The Revolution of 1905, Vol. 1: Russia in Disarray*, Stanford University Press.

성에 대한 경각심도 명확히 드러난다. 특히 조만간 혁명을 경험할 중국에서는 그 반향이 다기하면서도 혁명을 준비하는 세력의 움직임은 눈에 띄는 것이었다. 러시아혁명의 세계사적 의미, 사회혁명으로서의 의미, 정치혁명으로서의 의미가 언급되기 시작하면서 중국혁명가들은 테러와 무장봉기를 학습해갔다. 그 한편에서 한자어 '혁명(革命)'이 갖는 고전적인 의미, 즉 역성혁명의 그림자를 물려받은 근대 번역어 '혁명'은 민중이 주체인 혁명, 즉 농민반란의 그림자를 덧쓰고 적극적으로 부정되기도 한다.

1905년 러시아혁명은 혁명의 역사에서 상대적으로 작은 파동을 일으켰다고 평가되지만, 동아시아의 입헌운동과 혁명운동의 역사에 적지 않은 영향을 드리우고 있다. 이 책은 이 혁명이 일으킨 작은 흐름과 파동을 따라가 보고자 한다.

동아시아라는 지역을 대상으로 하는 지역연구로서 동아시아 연구는 1990년대부터 적극적으로 그 의미가 모색되고 연구도 시도되었다. 동아시아 연구 역시 '근대' 비판을 그 중요한 목적으로 두고 있다. 기존의 동아시아 각국의 역사교육은 자국사와 세계사로 양분되어 있었다. 이는 각각 자국 중심주의와 유럽문명 중심주의라는 문제점을 노정하고 있는데, 실제로 자국사의 자국 중심주의 역시 세계사의 유럽 중심주의와 마찬가지로 진화론에 입각한 문명사관의 소산이다.[6] 즉, 기존의 역사교육은 근대 이후 통용된 유럽 중심주의, 근대문명 중심주의의 틀 안에 있었던 것이다.

6 유용태 외(2016), 『함께 읽는 동아시아 근현대사』, 창비, p.24.

이 책에 '1905년 러시아혁명과 동아시아 3국의 반응'이라는 제목을 붙였다. 지역사를 필요로 하는 동아시아 연구의 문제의식을 공유하고 1905년 러시아혁명이 동아시아에 일으킨 연쇄 혹은 연관과 비교를 담고 싶었으나,[7] 결과적으로 뜻을 이루지는 못했다. 열 명의 연구자들이 '1905년 러시아혁명'과 '동아시아'라는 두 개의 키워드를 나눠가지고 연구를 진행했는데, 연쇄와 비교를 조직적으로 수행할 수 있을 정도로 촘촘하게 협업하기가 어려웠다. 그래서 '반응'이라는 즉물적인 용어를 붙이고, 연관과 비교는 다음의 도전으로 남겨두기로 했다. 조밀하게 연관되지는 못했지만 기차에서 스쳐가는 풍경을 보듯 건너뛰며 눈에 들어오는 것을 보고 난 뒤에 남겨진 기억으로도 전체 풍경의 이미지를 상상할 수 있게 되기를 기대한다. 그것이 필자들이 하지 못한 연관과 비교에 대한 상상력을 독자들에게 불러일으킬 수 있는 계기가 된다면 더없는 기쁨이 될 것이다.

이 책은 크게 두 부분으로 나눌 수 있다. 제1부에는 이미 입헌을 성취하고 그다음 단계로의 행보를 모색하고 있던 일본의 이야기를 담았고, 제2부에는 중국과 한반도의 이야기를 묶었다. 근대의 혁명 역시 발전사관 위에서 설명되는바, 혁명에 대한 반응 역시 중국이나 조선에 비해 한 발 더 근대로 진행한 일본에서 훨씬 적극적이고 다양하다. 혁명을 다루면서 이처럼 나라별로 묶게 된 것이 또한 아이러니한 것 같지만, 실제로 일본과 중국과 조선의 풍경이 많이 달랐던 데에 표면적인 원인이 있다. 하지만 보다 근본적으로는 서구형 근대국

7 유용태 외(2016)는 "연관과 비교"(p.34)의 방법으로 동아시아 근현대사를 서술했다.

민국가와 혁명이라는 대안적 근대의 추구가 동시에 수용되었던 동아시아의 근대라는 특수한 사정을 배제하고는 설명할 수 없을 것이다. 이와 같은 문제의식에 입각하여 각 논문에서 규명하고자 한 내용을 간략하게 소개하면 다음과 같다.

제1부 '전쟁과 혁명, 혁명의 전이: 일본'에는 다섯 편의 논문이 묶였다.

사이토 세이지의 「러일전쟁과 1905년 러시아혁명」은 러일전쟁과 1905년 러시아혁명이 일본에 어떤 영향을 미쳤는지 검토했다. 근대국가로서 완전한 국방력 성취를 목표로 하던 일본에게 러시아는 오래된 위협적인 가상 적국이었다. 러시아와의 전쟁은 갈고 닦은 실력을 시험하는 시험대였다. 이 논문은 특히 혁명 발발 뒤 러시아를 교란할 목적으로 일본군이 러시아의 반(反)차르 운동가들과 교류하면서 기밀자금으로 혁명을 확대시키는 공작을 전개했음을 세밀하게 추적했다. 이 고찰을 통해 강화회의에 즈음하여 러시아 국내의 혼란이 일본에 어떠한 영향을 미쳤는가에 관하여 검토하며, 러일전쟁과 러시아혁명이라는 단순하지 않은 관계에 대해 논했다. 일본 군인이 정부의 지원을 받아 러시아의 혁명활동을 지원했다는 사실은 근대국가의 성격을 단면으로 보여준다.

시마즈 나오코의 「참호에서 본 전망: 신년 휴전, 피의 일요일 그리고 1905년 러시아혁명에 대한 일본의 태도」는 1905년 혁명이 진선에서 싸우던 일본 군인에게 미친 영향에 대해 미시적으로 접근했다. 하층군인들이 남긴 일기를 통해 러시아인들에 대한 감정, 참호에서 들은 러시아혁명에 대한 반응, 혁명이 일본인 군인의 사기에 미친 영향 등에 대해 질문을 던지고, 그들의 심리상태를 이해하는 데 초점을 맞춰 그 대답을 찾아갔다. 그러한 관심에서 혁명 직전에 러시아군과 일본군 사이에 일어났던 '신년 휴전'을 조명하고 그 의미를 밝혔다. 이에 대한 묘사 속에서 당시 기층에서 '문명', '전쟁', '혁명' 등이 어떻게 받아들여졌는지를 보여주었다.

고영란의 「'평민' 행상들의 정보전: 혁명 시대와 일본어 미디어의 항쟁」은 러일전쟁 발발 후 '비전(非戰)론'의 전도라는 비상업적인 노선을 자임하고 창간된 『평민신문』과 그 후속지 『직언』의 활동을 소개하고 그 의미를 분석했다. 이들은 당시 개전론의 사회분위기 속에서 '비전론'을 주장했으며, 혁명 후에는 '러시아혁명'으로 그 쟁점을 옮기고 실제로 사상운동을 전개했다. 그들은 새로운 윤리처럼 받아들인 사회주의를 '전도'하기 위해 '전도행상'을 전개했다. 이들이 표지에 내건 '평민'은 '프롤레타리아'의 번역어였는데, 실제로는 노동자를 지지계급으로 확보할 수 없었다는 아이러니가 있었음을 지적하며 일본 초기 사회주의에 대한 과대평가를 경계한다.

임경화의 「러일전쟁 전후 일본 혁명가들의 톨스토이 수용 양상」은 당시 일본에서의 톨스토이 열풍을 다뤘다. 서구문명에 대해 비판적이었던 평화주의자 톨스토이는 메이지 일본에서 누구보다도 격렬한 반향을 불러일으킨 작가였다. 이 글은 레닌의 톨스토이 전유를 배경으로 두고, 일본 초기 사회주의자의 톨스토이 전유 양상을 조명하였다. 합법적 정당을 추구했던 초기 사회주의자들은 톨스토이의 반자본주의적 사회개혁사상을 적극적으로 수용했으나, 러일전쟁 후 제국주의적 팽창노선이 심화되고 정치활동의 자유도 갈수록 제한받는 강권정치가 확대되면서 톨스토이의 무저항주의는 체제변혁에 적절하지 않은 것으로 비판되었다. 톨스토이가 세상을 뜰 무렵에 일본의 사회주의자들은 대역사건이라는 혹독한 탄압을 받아 침묵을 강요받았고, 이후 톨스토이 전유는 반문명, 반국가, 반전 등의 정신은 소거된 채 인생론을 설파하는 대문호로 한정되어 갔음을 밝혔다.

이정희의 「일본 아시아주의자의 1905년 러시아혁명 및 중국혁명 인식: 『혁명평론』의 검토를 중심으로」는 러시아혁명을 계기로 일본인이 창간한 잡지 『혁명평론』을 검토했다. 러시아혁명에 고무되어 중국의 혁명을 꾀할 목적으로 발간된 독특한 잡지였던 『혁명평론』의 주요 멤버들은 메이지 시기 일본의 사회 · 정치 · 경제적 진보에 우월감을 내면에 품고, 구미 열강의 침략에 저항하기 위한 방법으로 아시아 연대를 외치던 아시아주의자들이었다. 즉 『혁명평론』은 저항을 설파하면서도 때에 따라서는 침략주의, 팽창주의의 성격을 노출하는 아시아주의의 독특한 성격을 여실히 보여주는 잡지였다.

제2부 '혁명과 진보, 진보와 진통: 중국 그리고 한반도'에도 역시 다섯 편의 논문을 묶었다.

양일모의 「20세기 초 중국의 근대국가 구상과 1905년 러시아혁명」은 청일전쟁에서 1905년 러시아혁명에 이르는 약 10년 동안 청이 러시아를 어떻게 인식했는지 그 인식의 변화를 쫓으며 청조의 근대국가 구상에 러시아 인식이 미친 영향에 대해 고찰했다. 러시아에 대한 인식과 근대국가 건설을 향한 열망은 중국 근대화 노선이 다기함에 따라 여러 가지 노선으로 분기했다. 이 글은 청 조정의 관료, 입헌파의 대표 논객 량치차오(梁啓超, 1873~1929), 그리고 혁명파의 반응을 각각 따라갔다. 특히 러시아혁명은 각각의 노선에 입헌의 중요함, 혁명의 위험성, 사회주의를 향한 혁명의 필요성을 일깨우는 것이었음을 논했다.

이혜경의 「량치차오와 '혁명' 개념의 전변: 『청의보』·『신민총보』 시기를 전후하여」는 당시 중국의 대표적인 계몽운동가로서 입헌군주제를 지향했던 량치차오의 혁명 개념을 다뤘다. 량치차오는 초기에는 혁명을 진화와 거의 동의어로 사용하면서 긍정적으로 수용한다. 그러나 혁명파와의 대립이 본격화됨에 따라 개혁의 방법으로서 '혁명'을 노골적으로 배제해간다. 진화의 관점에서 혁명을 긍정하던 량치차오는 역시 진화의 논리로 혁명을 부정한다. 그에게 이제 '혁명'은 역성혁명이거나 농민의 난으로서 진화와 관계없었던 중국의 구태와 다를 것이 없었다. 그가 '혁명'을 배제하면서 펼치는 논리는 정체변화의 방식으로서 혁명에 대해 유학적 배경을 갖는 지식인이 품을 수 있는 파토스를 보여준다.

김수연의 「청말 허무당 담론의 징후적 독해」는 1903년부터 소설 형식으로 대중적으로 확산되다 1905년 러시아혁명을 계기로 증폭된 허무당(虛無黨) 담론을 사회적이고 문화적인 증후군으로 규정하고 그 이해를 시도하였다. 중국 대중독자에게 허무당은 그들에게 익숙한 '의협'의 시각으로 받아들여짐으로써 정치성에 덧붙여 대중성을 획득할 수 있었음을 논했다. 또한 중국적 특성에서 자유민권운동 혹은 평등이론 등으로 이해되는 한편 테러, 비밀주의 등으로 이해되는 등 역사적 의미에서 확대되어 다른 차원의 의미를 아우르는 것으로 변화된 사실을 소개하였다. 이러한 소개를 통해 당시 중국에서 허무당은 정치사상적 지형과 대중적 정치운동, 그리고 상업적 문화가 결합되어 당시의 시대상을 그대로 드러내는 증후군이었음을 논했다.

블라디미르 티호노프(박노자)의 「1905~1907년의 러시아혁명을 바라본 조선의 시각: 러시아혁명에 관한 조선 언론매체의 논의를 중심으로」는 당대 조선의 간행물을 통해 1905년의 러시아혁명에 관한 조선인의 인식을 검토하였다. 러일전쟁이 조선에 미칠 영향, 입헌주의에 대한 기대, 러시아 제국 내의 소수민족에 대한 소수민족으로서의 공감 때문에 조선에서도 러시아혁명은 심대한 관심사였음을 논했다. 조선언론은 혁명의 근본적 원인을 전제군주제의 실정과 러시아의 확장정책이라고 판단했고, 제헌주의와 법치주의로의 전환이 필요하다고 생각했다. 이러한 판단은 조선의 미래에 대한 전망으로 이어졌음을 논했다.

황재문의 「『음청사』에 나타난 러시아혁명 이해의 양상」은 조선의 온건개화파 관료인 김윤식(金允植, 1835~1922)의 러시아와 러시아혁명에 대한 이해를 다뤘다. 『음청사』는 김윤식이 관직생활을 하던 때부터 아관파천으로 유배생활을 하는 시기에 걸친 긴 시간 동안 보고 들은 일들을 지속적으로 기록한 일기이다. 이 일기에는 당시의 신문기사를 요약하거나 인용한 사례가 다수 포함되어 있어 당시 러시아혁명에 관한 기사가 김윤식과 같은 독자에게 어떻게 받아들여졌는지를 보여준다. 김윤식은 러시아혁명을 전쟁 패배의 결과로 나타난 내란이라는 관점에서 인식한 것으로 보이며, 이 인식을 '혁명'에 대한 이해나 고민으로 심화시켜가지는 않았다.

이상으로 1905년 러시아혁명이 동아시아 3국에 미친 영향과 반응에 대한 본서의 내용을 개괄하였다. 이후 러시아는 한 차례 더 혁명을 겪게 되며, 그 혁명은 성공하여 결국 소련의 건국으로 이어졌다. 1917년 혁명이 그것이다. 이 혁명은 당시 동아시아 3국의 공산주의자들뿐만 아니라 일반 지식인들에게도 광범위하고 심대한 영향을 미쳤다. 그 반응도 한반도와 중국, 일본에서 각각 다르게 나타났다. 1905년 러시아혁명으로부터 직접적인 영향을 받지 않았던 중국이 혁명의 물결에 휩싸이게 되고, 일본이 파시즘의 길을 일직선으로 달려 전쟁을 준비했으며, 조선의 지식인들은 그 사이에서 삶의 방향을 선택해야 했다. '전향'이라는 현상이 보여주듯이 결국 그들의 선택은 1917년 혁명을 하나의 출발점으로 하는 민족자결권과 같은 이상의 고수인가, 일본형 파시즘으로의 투항인가 사이에 있었다. 20세기 전쟁과 혁명의 소용돌이 속에서의 동아시아 3국의 움직임을 분석하기 위해서는 1905년뿐만 아니라 1917년 러시아혁명의 영향과 그 반응을 총체적으로 바라볼 필요가 있다. 이 책을 밑거름으로 하여 앞으로의 과제로 삼고자 한다.

끝으로, 이 글들은 2014년 7월에 서울대학교 인문학연구원 주최로 열린 국제학술대회 「1905년 러시아혁명과 동아시아 담론 형성」에서 발표된 원고를 토대로 작성된 것임을 밝혀 둔다. 그 가운데 일부는 아래와 같은 학술지에 각각 게재되었다.

- Naoko Shimazu(2014), "Views from the Trenches: New Year's Truce, Bloody Sunday and Japanese Attitudes toward the 1905 Revolution in Russia," *Horizons* 5(2).
- 高榮蘭(2015), 「『平民』行商たちの情報戦: 革命時代における日本語メディアの抗争」, 『JunCture 超域的日本文化研究』 6.
- 임경화(2015), 「러일전쟁 전후 일본 혁명가들의 톨스토이 수용 양상」, 『인문논총』 72(2).
- 이정희(2015), 「일본 아시아주의자의 1905년 러시아혁명 및 중국혁명 인식: 『혁명평론』의 검토를 중심으로」, 『인문논총』

72(2).

- 양일모(2015), 「20세기 초 중국의 근대국가 구상과 1905년 러시아혁명」, 『인문논총』 72(1).
- 이혜경(2015), 「양계초와 '혁명' 개념의 전변: 『청의보』·『신민총보』 시기를 전후하여」, 『인문논총』 72(2).
- 김수연(2015), 「청말 허무당 담론의 징후적 독해」, 『중국문화연구』 29.
- Vladimir Tikhonov(2014), "The 1905–7 Russian Revolution seen from Korea: Korean Periodicals Debate Revolutionary Russia," *Horizons* 5(2).
- 황재문(2015), 「『음청사』에 나타난 '러시아-혁명' 이해의 양상」, 『인문논총』 72(2).

2016년 12월

이혜경

✿ 차례

❁ 일러두기

1. 일본어, 중국어, 러시아어 고유명사 표기는 다음과 같은 원칙에 의거한다.
   · 기본적으로 국립국어원의 '외래어 표기법'(문체부 고시 제85-11호)에 근거해 표기한다.
   · 일본어 장모음은 표기하지 않는 것을 원칙으로 하나, '이'계 장모음은 표기한다.
   · 중국어 표기에서 1911년 신해혁명 이전의 고유명사는 한국어 한자음으로, 그 이후는 중국어 표기로 통일한다.
2. 고유명사의 한자 및 원어 병기는 최초의 예에 한한다.

제1부

전쟁과 혁명, 혁명의 전이: 일본

I. 러일전쟁과 1905년 러시아혁명

사이도 세이지(일본 이바라키 기독교대학)

1. 머리말

2014년은 러일전쟁이 발발한 지 110년이 되는 해이다. 그와 동시에 청일전쟁으로부터 120년, 제1차 세계대전 발발로부터는 100년이 된다. 전쟁 연구를 감정이나 정치적 입장과는 거리를 두고 학문적 · 과학적으로 수행하기에 적당한 시간이 경과했다고 보아도 좋을 것이다.

이 글을 쓴 목적은 러일전쟁이 일본에서 어떠한 의미를 지니고 있는지를 살펴본 후 그 전쟁 도중에 일어난 1905년 러시아혁명과의 관계를 살펴보기 위한 것이다. 일본 측 입장에서 보면 러시아 내의 사회적인 혼란은 당연히 전쟁에서 승리하기 위하여 이용할 수 있는 요소의 하나였다. 또한 중장기적인 관점에서 보면 제정 러시아는 오랫동안 일본의 국방에 위협이 된다고 규정되었기 때문에 러시아 국내의 동요는 일본의 안전 보장에 중요한 변화를 초래하는 사건으로 인식되었다.

일본의 개국 이래 서양형 근대화 정책을 채택한 가장 큰 목적은 서양 각국의 군사적 위협을 물리칠 힘을 지닌 국가로서 국제사회에서 정당한 위치를 확보하는 것이었다. 열국이 상호 견제하는 당시의 국제 환경 하에서는 일본이 어느 나라의 식민지가 될 가능성은 거의 없었다. 그러나 일본은 열국으로부터 완전한 방위를 획득하는 것을 목표로 하여 자국 군사력의 강화를 꾀했고, 국방 정책을 모색하면서 근대 국가를 목표로 하여 나아갔다. 그때 커다란 위협의 대상, 가상 적국으로 인식했던 나라가 러시아였다.

군사력을 이용하지 않고 러시아의 위협을 배제하기 위한 방법으로 한때 러일동맹 체결도 모색되었지만, 그것은 1900년에 러시아가 만주(청 동북부) 지역으로 적극적인 군사 진출을 꾀하고 그에 대해 일본이 강한 위기의식을 갖게 되어 실패로 끝났다. 결국 러시아와의 문제는 러일전쟁으로 결말을 맺지만 그러한 의미에서 러일전쟁은 개국 이래 일본의 국방 정책, 근대국가화의 한 귀착점에 이르렀다고 할 수 있다. 그렇기는 하지만 그 승리 또한 결코 최종적인 결말을 의미하는 것은 아니었다. 일본은 그때부터 미래에 일어날 수 있는 러시아의 보복전을 상정하여 한층 강력한 여러 국방 시책을 실시해야 한다는 인식을 갖게 되었다. 일본 근대사에 있어서 국방 구상은 거기서부터 제2단계로 접어든다.

본론에서는 먼저 러일전쟁으로 향하는 역사적인 경위를 일본 측 입장에서 개관하고, 그 다음으로 러일전쟁 중 일본 군인과 반 차르 운동가의 교류 관계, 지원 공작의 실태를 소개하도록 한다. 그러한 고찰을 통하여 강화회의에 즈음하여 러시아 국내의 혼란이 어떠한 영향을 미쳤는가에 관하여 밝히도록 한다.

2. 러일전쟁으로 나아가는 길

러일 간 영토분쟁은 가라후토(樺太, 지금의 사할린)와 지시마 열도(千島列島, 쿠릴 열도를 말함)를 둘러싸고 19세기 초에 시작되었다. 1855년(安政 2년) 러일 화친조약과 1875년 사할린-쿠릴 교환조약으로 일단 해결되었지만 그간 러시아가 일본에 대하여 강경한 태도를 보인 사건으로는 1861년(文久 원년) '러시아 함대 쓰시마 점령사건'이 있다.

이 사건은 러시아가 1860년에 청으로부터 연해주를 획득함에 따라 수로상의 요충지를 확보할 목적으로 감행한 것이다. 러시아는 7개월 간에 걸쳐 군함으로 쓰시마를 사실상 점령하였다. 최종적으로는 영국이 개입하여 종결되었지만 이 사건으로 러시아의 군사적 위협이 명확히 확인됨으로써 메이지(明治) 시기에 들어서도 러시아의 존재는 여전히 일본정부의 걱정거리로 남았다.

그 뒤 1885년(明治 18년) 영국과 러시아가 교섭하던 중 거문도사건을 빌미로 영국이 약 2년간 조선 남부의 작은 섬을 점거하였다. 이 사건으로 극동에서 일본, 청, 영국, 러시아 4국의 긴장관계가 백일하에 드러나게 되었다. 일본정부는 이때 자국의 안전보장에 조선반도의 동향이 중요하다는 것을 더욱더 강하게 인식한 것이다.

근대국가로서의 국내 체제를 정비하면서 일본은 오키나와 영유(1872, 1879년), 타이완 출병(1874년), 사할린-쿠릴 교환조약 체결(1875년)을 통해 영토의 확정을 꾀하였다. 동시에 열국의 군사력에 대한 위기감 속에서 조선반도를 일본의 '이익선(利益線)'으로 규정하고 그 선을 보전함으로써 비로소 일본의 안전보장이 가능해진다는 과잉의 국방관을 지니게 되었다. 그 때문에 우선 청과 조선과의 종속관계를 끊고 조선을 일반적인 독립국으로 하여 열국 간 상호 견제관계에 있는 국제환경에 편입시키도록 획책하였다. 그것을 실현한 후 이웃나라인 일본이 조선에 대한 영향력을 강화시켜 나갈 것이라는 외교적인 전망을 품은 것이다. 이에 편승해 일본은 한층 더 군사력을 강화하는 데 힘썼다. 청일전쟁이 시작되기 전 해에 전투부대를 해외로 전개하기 위한 최소한의 군비 · 기능 · 수송 인프라의 최종 조정단계로 접어들었다. 이러한 배경 중 하나로는 러시아가 블라디보스토크의 해군기지를 확충하고 1891년부터는 시베리아 철도 건설을 개시하여 러시아의 극동 군사력 증강 방침이 확실해졌기 때문에 일본의 대 러시아 군사적 긴장이 강화된 것을 들 수 있다.

청은 이 시기에 조선의 속국성(屬國性)을 강화하는 시책을 강력하게 추진하기 시작하였다. 그것은 일본의 구상과 명확히 역행한 것이기에 청일 간의 대립이 서서히 첨예화되어 갔다. 그 결과, 1894년에 조선에 대한 구상으로 상징되는 동아시아 세계의 앞으로의 향방을 쟁점으로 하는 청일전쟁이 시작되었다. 일본은 불충분하기는 했지만 이미 근대적인 군대와 비슷한 전력을 지녔고, 억제적인 전략도 효력을 발휘하여 정군(政軍) 간의 연계 하에 승리하였다.[1] 강화조약에는 청이 조선을 완전무결한 자주독립국으로 인정하고 청에 대한 조선의 조공·전례(典禮)는 이후 폐지된다는 사실이 명기되어 있다. 또한 일본은 배상금과 영토도 획득할 수 있었다.

그런데 청일전쟁 후 조선 내에서 반일의식이 고취되어 이는 친러파와 일체화되었고, 일본은 전쟁에서 획득한 요동반도를 삼국간섭으로 포기할 수밖에 없게 되었다. 거기에 더하여 러시아가 동청철도(東淸鐵道, 하얼빈 철도를 말함)의 건설권, 랴오둥반도 남단의 뤼순·다롄의 조차권 그리고 거기에 이르는 남만주철도의 부설권을 얻게 되는 상황이 벌어졌다. 러시아에 대한 경계를 한 요소로 삼은 '이익선' 보전을 위하여 벌인 전쟁의 결과, 거꾸로 조선을 친러시아화시키고 만주지역에 러시아를 진출시키는, 일본 입장에서는 최악의 사태를 맞이하게

---

1 齋藤聖二(2003), 『日清戰爭の軍事戰略』, 芙蓉書房出版.

된 것이다.

그 뒤 시베리아 철도 부설작업(1904년에 全線 개통)이 종반에 접어들던 러시아는 만주의 세력권화를 실현하기 위하여 1900년 북청사변(北清事變) 때 만주 주요 도시를 전격적으로 군사점령하였다. 이에 대하여 일본정부는 청 영토의 어떠한 군사 점거에도 반대한다는 영국 등의 입장에 합류하여 러시아와 날카롭게 대립한다. 이때 일본은 북청사변에서 열국군(列國軍)과 공동 군사행동을 취했던 것을 사실상 열국의 멤버에 속하게 되었다고 이해했다. 실제로 동아시아의 유력 국가가 된 일본과 어느 정도 친소(親疎)관계인가는 구미 열국의 강한 관심사였다. 북청사변은 청이 붕괴되기 시작하고 만한(滿韓) 양 지역을 둘러싼 러일대립이 선명해지고 일본이 열국에 들어간다는, 동아시아에 있어서 중요한 역사적인 전환점이 되었다.[2]

이러한 흐름 속에서 1902년에 영일 양국에 의한 러시아 견제책인 영일동맹이 성립한다. 러시아는 이를 접하고 바로 만주 철병계획을 포함한 청러협약을 체결하고 실제로 제1차 철병을 실시하였다. 그러나 반년 후에 실행하려 한 제2차 철병은 실행되지 않았고 거꾸로 러시아는 청에 대한 열국의 기회균등주의를 침범하는 청에 대한 7개조 요구를 제시하였다. 이에 따라 동아시아 국제 정세는 단숨에 긴박해졌다.

이때 일본은 한편으로는 러시아에 외교교섭을 제안하고 다른 한편으로는 몰래 전쟁을 시작하기 위한 준비조사에 착수하였다. 일본의 러시아와의 교섭목표는 만주지역을 러시아의 세력권으로 인정하

2 齋藤聖二(2006), 『北清事變と日本軍』, 芙蓉書房出版.

지만 이 지역의 기회균등주의를 지킬 것과 러시아는 한국을 일본의 세력권으로 인정할 것의 두 가지였다. 물론 그것은 러시아의 극동방침과 상반되는 것이었다. 러시아는 이미 만주를 군사적으로 점령하고 있었고 청으로부터 복수의 철도 부설권과 도시 조차권을 얻고 있었지만 일본은 조선에 대하여 경부철도의 부설권을 지니는 데 불과했다. 만주를 기회균등 지역으로 하고 조선을 일본의 세력권으로 삼고 싶은 일본의 요구가 러시아의 눈에 과대한 것으로 비친 것은 당연하다. 결국 교섭이 개시된 지 반년 후에 러일 양국은 전쟁을 시작하게 된다.

이른바 제국주의시대가 전개되어 가는 과정 속에서 최대 최강의 군대를 갖고 있다고 알려진 러시아가 머리 위에서 세력을 떨치며 남쪽을 엿보고 있었던 것은, 메이지 시기 일본으로서는 상당한 위기의식을 갖는 기반이 되었다. 청일전쟁은 조선을 극동 국제관계 속에 자리매김함으로써 일본의 '이익선' 강화를 꾀하고자 한 것이었다. 즉, 그것은 러시아의 위협에 대한 위기 준비대책이라 할 만한 것이었다. 북청사변을 계기로 하여 그 위기는 현실적인 것으로 현재화하고 러일전쟁에서 파열하는 경위를 밟았다. 러일전쟁에서 일본의 전쟁목적은 전쟁 전의 러시아와의 교섭목표와 마찬가지로 만주지역에서 러시아 군대의 구축을 실현하여 극동에 대한 러시아의 야망을 꺾는 것, 그와 동시에 한국을 일본의 세력권으로서 '이익선'의 완전한 보전을 꾀하는 것이었다.

3. 반(反)차르 운동가에 대한 일본군의 지원활동

전쟁이 전개되는 동안 러시아 국내에서는 반정부운동이 점차 고양되어 전쟁이 시작된 지 11개월째에 피의 일요일 사건이 일어났다. 이 사건에 대한 당시 일본 국내의 입장은 단순히 정치적으로 불안정한 러시아에서 도시폭동이 발생하여 많은 사상자를 냈다는 것에 불과했다. 일반적으로는 그것이 러일전쟁에 결정적인 영향을 미친다고 인식되지는 않았다. 그러나 일본 일부에서는 러시아 내 혼란이 진전되면 정치 운영상 무거운 짐이 되어 러일전쟁을 일본에 유리한 것으로 만든다는 생각이 있었던 것도 사실이다. 유럽에서 일본군의 출장소는 러일전쟁 시작 직후부터 반차르 '테러리스트'에게 자금을 공여하는 공작에 종사하고 있었다. 그런 사실을 전제로 러시아 내부의 교란 공작은 유효한 하나의 전략이라는 생각이 있었으며, 피의 일요일 사건 및 그 이후에 잇따라 일어난 사건과 같은 반정부운동의 발생에 대한 기대가 있었다.

이하에서 그 움직임을 구체적으로 따라가 본다. 활동의 중심이 된 사람은 두 명의 육군 군인이다. 한 사람은 스웨덴 공사관 소속 무관인 아카시 모토지로(明石元二郎) 대령(전 러시아 공사관 소속 무관)이고 또 한 사람은 영국 공사관 소속 무관인 우쓰노미야 다로(宇都宮太郎) 중령(1905년 3월 1일 대령으로 승진)이다. 우쓰노미야는 유럽 주재 공사관 소속 무관들의 감독 역이었다. '아카시 공작(工作)'으로 알려져 있는 이 활동에 관해서는 근년 몇몇 자료가 발굴되고 분석 · 소개되어 그 개요가 밝혀졌다. 필자 또한 그 관련 자료가 포함되어 있는 '우쓰노미야 다로 육군대장 문서' 간행에 관여하였다.[3] 그 자료에는

3 우쓰노미야 관계자료 중 일기 부분은 이미 간행되었다(『日本陸軍とアジア政策 陸軍大將宇都宮太郎 日記 全3卷』, 岩波書店, 2007). 현재는 서류 · 서간 부분의 출판을 준비하고 있다.

우쓰노미야 중령이 아카시 대령에게 건넨 수표를 발행한 요코하마쇼킨 은행(横浜正金銀行)의 런던 지점 수표책의 사본이 포함되어 있다.

우쓰노미야 중령이 런던에 부임한 것은 1901년 봄부터 1905년 가을까지 4년 반이다. 그 수표책 사본은 그동안 그의 공적 · 사적 출납 상황을 추적할 수 있는 자료이다. 본고의 주제와 관계되는 것 중에서 먼저 눈길을 끄는 것은 전쟁이 시작되기 직전부터 '전보료'라는 항목의 지불이 급격하게 증가했고, 1904년 여름에는 한 달에 700파운드 가까이까지 달했다는 점이다. 전쟁이 시작된 직후 일본 및 다른 곳과 방대한 양의 정보교환이 전개되었던 것을 알 수 있다.[4] 또한 1904년 4월 25일에 90파운드의 수표가 발행되어 다음 날 폴란드인에게 건네진 것을 확인할 수 있다. 이것이 러시아 후방 교란 공작자금으로 사용된 최초의 기록이다.

관련이 있는 사본을 열거하면【표 1】및【표 2】와 같다. 단, 중요한 시기인 1905년 3월 중순부터 6월 중순까지 3개월분의 수표책은 현재 남아 있지 않으며 출납기록이 빠져 있다.

---

4 大山瑞代(2007), 「宇都宮太郎のロンドン時代」, 『宇都宮太郎關係資料からみた東アジアと近代日本』, 科學研究費補助金研究成果報告書, p.52. 오야마는 수표책 사본의 상세한 내역을 일람표로 만들어 제시하고 있다. 덧붙여 당시의 환율은 1파운드가 약 9.5엔이었다. 일본의 종합도매물가지수를 기준으로 하면 현재는 러일전쟁 시기의 약 1318배이므로 당시 1파운드는 현재의 약 1만 2,500엔에 상당한다. 그렇게 보면 700파운드는 현재의 875만 엔에 상당한다. 1904년 12월 1일자 아카시 대령에게 보낸 총장의 전보, JACAR(아시아역사자료센터) Ref. C06040273700, 「明治37年12月 參通綴 大本營陸軍參謀保管」(防衛省防衛研究所)에는 "임지를 다른 곳으로 옮기는 것을 허락하지 않는다. 귀관의 전보는 항상 지나치게 기니 주의 바람"이라고 되어 있어 지나치게 장문이어서 경비를 낭비하고 있다고 아카시에게 주의를 주고 있다.

【표 1】 관련 수표책 사본(1904년)

날짜	내역	기타
1월 10일	전보료 처음 나옴(35.14파운드)	2월 10일 일본 선전 포고 3월 30일 런던에서 우쓰노미야 · 아카시 첫 회담(폴란드 문제, 혁명파 지원 문제)
4월 25일	90파운드 (폴란드인 카스키에게 건넴)	
6월 30일	90파운드(폴란드용)	
7월 28일	90파운드(폴란드용)	8월 제1차 뤼순 공격, 랴오양 전투
9월 3일	90파운드(폴란드용)	10월 사허 전투
10월 12일	1,511파운드(폴란드인에게 건넴)	
10월 19일	90파운드(폴란드인 폴에게 건넴)	10월 하순 제2차 뤼순 공격
11월 2일	1,612파운드(반역도에게 건넴)	
11월 14일	3,408파운드 (기재된 인명 판독 불능)	11월 하순 제3차 뤼순 공격 (12월 5일 203고지 점령)
11월 29일	220파운드(반역도에게 건넴)	
12월 7일	230파운드(폴란드인에게 건넴)	

【표 2】 관련 수표책 사본(1905년)

날짜	내역	기타
1월 9일	50파운드(스파이에게 건넴)	1월 22일 '피의 일요일 사건'
2월 16일	90파운드(폴란드인 폴에게 건넴)	
2월 17일	2,000파운드(아카시에게 건넴)	3월 펑톈 전투 5월 동해해전 6월 8일 미국 대통령이 강화를 정식 제의
6월 19일	8,000파운드(아카시용)	6월 27일, '전함 포템킨 사건'
6월 27일	5,000파운드(폴란드용)	
6월 27일	1만 2,000파운드(아카시용)	7월 11일 니콜라이 2세가 강화조건 인가 7월 19일 세르게이 비테가 포츠머스로 출발

7월 21일	200파운드(폴란드용)	8월 10일 포츠머스 강화회의 개회 9월 5일 강화조약 조인 10월 24일 러시아 내에서 총파업 개시 10월 30일 '10월 선언'

여기에 '폴'이라고 기재되어 있는 인물이 뒷날 폴란드 국가원수가 되는 유제프 피우수트스키의 가명이라는 것은 우쓰노미야의 만년의 일기에서 밝혀졌다.[5] 그리고 '카스키'라고 되어 있는 자는 폴란드사회당 간부 티토스 피리포비치이다.

아카시 대령에 의한 '아카시 공작'은 러시아 국내에서 벌인 첩보 활동으로, 1904년 1월부터 시작되었다. 전쟁이 시작된 뒤에는 러시아 일본공사관이 스웨덴의 스톡홀름으로 옮겨간 탓에 아카시 또한 일단 스톡홀름으로 가는데, 그 뒤 전적으로 첩보 활동에 종사한다.[6] 그가 벌인 활동의 하나는 시베리아 철도를 통해 동방으로 이송되는 군대규모를 조사하는 것과 또 하나는 러시아제국의 지배하에 있는 핀란드 · 폴란드의 반차르 민족운동가에 대한 지원하고 그를 통해 러시아혁명가를 움직여 후방 교란활동을 벌이는 것이었다.

아카시 대령이 반차르 민족운동과 조우한 것은 스웨덴에 있었던 핀란드인 망명가들과 접촉하면서부터였다. 그들은 그들과 연계관계에 있던 폴란드 국민연맹 당수인 로만 드모프스키를 아카시 대령에게 소개하였다. 드모프스키는 아카시에게 공동의 적을 가진 일본과 친밀

5 앞의 책, 『宇都宮日記 3』, p.518(1921년 8월 2일 기사).

6 稲葉千晴(1995), 『明石工作: 謀略の日露戰爭』, 丸善株式會社, p.24. 이 책은 당시 1엔을 현재의 8,000엔으로 보고 있지만 본고는 각주 4와 같이 종합도매물가지수를 기준으로 환산한다.

한 관계를 구축하기 위하여[7] 러시아에 징병되어 만주에서 싸우고 있는 폴란드인을 일본에 투항시키는 운동을 하고 싶다고 제안하였다. 아카시 대령은 3월 상순에 그에게 도항자금을 건네고, 일본으로 가서 참모본부에 직접 제안하도록 촉구하였다.

이와는 별도로 유제프 피우수트스키를 수령으로 하는 폴란드 사회당도 일본과 연계할 방법을 모색하고 있었다. 그들은 빈, 파리, 런던의 일본공사와 접촉을 시도하고 실제로 파리와 런던에서 공사와 회담하는 데 성공하였다. 또한 우쓰노미야 중령도 4월부터 폴란드 사회당 간부와 교류를 시작하였다.[8] 5월 7일에 피우수트스키에게 당 간부가 보낸 서한에는 일본 참모본부로부터 초대장을 받았다는 취지의 내용이 보고되어 있다. 우쓰노미야 또한 직접 피우수트스키에게 그 건을 전하였다.[9] 요컨대 1904년 여름에 대표적인 반차르 폴란드 활동가 두 사람이 도쿄로 가서, 일본군 간부와 직접 접촉하는 일이 성사된 것이다. 일본 참모본부가 기밀비를 사용하여 두 사람을 같은 시기에 전시 중인 일본에 초청한 이유는 폴란드 민족운동이라고 하는, '적의 적'의 실태와 당 전략을 정확하게 파악하고 싶다는 것과 양당과의 협력 관계를 구축하는 것에 있었다.[10]

그러나 이때 드모프스키와 피우수트스키는 완전히 서로 다른 견해를 일본 측에 표명하였다. 피우수트스키는 폴란드 국민이 궐기하여

---

7 阪東宏(1995), 『ポ-ランド人と日露戰爭』, 青木書店, p.35.

8 『日本外交文書 第37巻 第2冊』, 1110 문서. 우쓰노미야가 접촉하고 있었던 것은 폴란드 사회당 간부 마리노프스키와 피리포비치 두 사람이다(阪東宏(1995), pp.117-118).

9 阪東宏(1995), p.121. 이때 6월, 7월분 각 90파운드의 지급도 약속되었다.

10 阪東宏(1995), p.121의 각주 23.

러시아군 후방을 혼란시키면 전쟁은 일본에 유리해진다고 역설하였다.[11] 그에 반해 드모프스키는 폴란드에서 반란은 금방 진압되며 오히려 러시아는 압제정치를 강화하여 후방의 걱정을 불식시키고 일본과의 전쟁에 전념할 수 있는 체제가 만들어진다고 주장하였다. 이에 일본 육군 수뇌는 폴란드 민족운동의 무력함을 인식하고 연락관계는 유지하지만 결정적인 관여는 하지 않는다는 입장을 취하기로 하였다.[12] 그렇게 된 데는 동맹국인 영국이 일본이 폴란드 문제에 깊이 관여하는 것을 경계하여 경고했던 것도 연관되어 있었다.[13]

6월 이후 '아카시 공작'은 반차르 통일전선 구축과 그에 따른 후방교란 활동에 대한 자금원조공작이 중심을 이루어 간다. 우선은 효과적인 대규모 봉기의 전제가 되는 반차르 연대활동계획 구축을 목표로 삼았다. 그 주요 창구가 된 것은 핀란드의 반차르 운동가였다. 그 인물은 3월 초순의 시점에 러시아 사회혁명당의 의향에 따라 통일전선 설정을 위한 반차르 운동의 모든 세력을 규합한 연합회의를 열어 공동선언을 발표하고 활동 연계를 선언하는 전략을 아카시에게 제안

---

11 피우수트스키의 체재에 대한 상세한 사항은 阪東宏(1995), pp.129-134 참조.

12 폴란드 사회당은 러시아의 군사정보를 공여하는 대가로 매월 일정액의 자금원조를 일본군으로부터 받게 되어 그들은 그 자금으로 무기 등을 구입하여 폴란드로 운반하였다. 阪東宏(1995), pp.228-229에 이 일에 관한 폴란드 사회당 당원의 회상기와 서간의 인용이 있다. 이것은 우쓰노미야의 수표책에 기재된 90파운드 등의 지불시기와 거의 일치한다.

13 阪東宏(1995), p.281. 같은 책 p.134에 인용된 피우수트스키연구소 문서관 소장자료에 있는, "복잡하고 중대한 국제문제에 당면할 것이라는 이유에서 귀전(폴란드 사회당)과의 공적 관계를 체결할 수는 없다"는 참모본부의 제휴 거부 회답은 동맹국인 영국 등의 폴란드 문제에 대한 자세와 더불어 상대가 사회주의계 정당이라는 것과 연관되어 있는 것으로 생각된다.

했다.[14] 폴란드 사회당을 연합회의에 참여하도록 권유하면서 그는 러시아의 패전은 러시아 국내의 무장봉기를 야기할 것이므로 반차르 민족운동 또한 그때 함께 무장투쟁에 들어가도록 통일전선을 형성해두는 것이 필요하다고 역설했다. 러일전쟁과 러시아혁명은 연동하고 있다는 명확한 인식 하에 반차르 연대활동을 추진하려고 했던 것이다.[15]

일본 참모본부는 6월에 아카시 대령에게 연합회의 개최 가능성을 탐색하는 데에 사용할 자금 9,000엔의 지출을 허가하였다.[16] 우쓰노미야 중령은 폴란드 내 무장투쟁용 무기구입 계획(1,500파운드로 권총 750정 구입)을 참모본부에 타전하여 "뤼순과 랴오둥반도가 가까운 시일 내에 함락될 전망이므로 (러시아와 관련국) 국내에서 이러한 종류의 활동은 전쟁의 조기 종결을 향하여 바람직한 효과를 낼 것이다. 따라서 소관으로서는 이 자금의 공여가 바람직한 것으로 생각되며 긍정적 회답을 기대한다"고 보고하였다.[17] 그 직후인 8월 말에 참모본부는 회의 개최와 활동지원 비용으로 10만 엔의 지출을 결정하였다.[18]

---

14 明石元二郎(1984), 「明石復命書 落花流水」; 山本四郎 編(1983), 『寺内正毅關係文書首相以前』, 京都女子大學에 수록.

15 阪東宏(1995), p.216.

16 각주 4를 기준으로 현재의 약 1,200만 엔 상당. 아카시는 여기서 3,000엔(316파운드)을 중개창구를 담당했던 핀란드 활동가에게 건넸다(稻葉千晴(1995), pp.72-73).

17 阪東宏(1995), p.217. 이 책에서 '우쓰노미야의 부하 가메카와'(p.141)라는 것은 우쓰노미야 다로 본인을 가리킨다. '우쓰노미야' 성은 양자로 간 곳의 성이며, 우쓰노미야의 생가는 '가메카와(亀川)' 성이다. 그는 생가의 성을 암호명으로 썼던 것이다. 1,500파운드는 각주 4의 환산에 의하면 1만 4,250엔(현재의 약 1,880만 엔 상당).

18 1904년 8월 31일 아카시 대령 앞으로 보낸 나가오카 가이시(長岡外史) 참모본부 차장의 전보, 「明石大佐手続き一任の件」 JACAR Ref. C06040221200, 「明治37年 參通綴 大本營陸軍參謀部 保管」(防衛省防衛研究)에는 "확실하게 목적을 달성한다면 10만 엔은 싼 값이다. 처음부터 그것을 아끼지 말고 그 성공은 귀관의 수완에 일임한다. 단,

이러한 자금지원에 힘입어 10월에 파리에서 반차르 연합회의가 개최된다. 그러나 초청된 당파는 반도 안 모였고 모인 당파도 자파의 주장과 계획을 변경하지 않았기 때문에 통일전선의 형성은 사실상 실패로 돌아가서 공동선언도 발표할 수 없었다. 그럼에도 불구하고 그들은 각 파의 계획을 실현하기 위해 20~30만 파운드의 자금이 필요하다고 아카시 대령에게 요청했다. 당연히 참모본부는 그 지출을 허락하지 않았다.[19]

1905년 1월 피의 일요일 사건 직후부터 아카시 대령의 활동은 한층 활발해졌고, 그 과정에서 러시아의 수도 페테르부르크에서의 무장봉기 계획이 형성되어 갔다. 그를 위한 자금지원을 요청하러 그는 참모본부를 찾았다. 또한 때가 무르익어 왔다는 판단에서 다시금 통일전선 형성을 목표로 하는 연합회의 개최가 획책되었다. 아카시 대령은 3월에 그 회의의 준비자금으로 2,000파운드를 핀란드인 활동가에

제 당파의 합동은 종래의 경력에 의거하니 무척 곤란할 것이다. 단순히 한두 당파 때문에 이용당하지 않도록 주의가 필요하다"고 되어 있다. 같은 날 우쓰노미야 중령 앞으로 보낸 나가오카 차장의 전보, JACAR Ref. C06040221100, 「明治37年 參通綴 大本營陸軍參謀部 保管」(防衛省防衛研究所)에는 "핀란드 안(案) 총회의 결과, 합동이 성립하고 확실히 목적을 달성하는 경우에 이르지 못 한다면 보조할 수 없다. 이 건에 관하여 아카시도 편지를 보내왔기에 상세하게 써두었다. 그와 협의할 필요가 있다"고 되어 있다. 각주 4를 기준으로 10만 엔은 현재의 1억 3,000여만 엔 상당.

19 1904년 10월 28일 아카시 대령 앞으로 보낸 나가오카 차장의 전보, JACAR Ref. C06040252800, 「明治37年 10, 11月 參通綴 大本營陸軍參謀 保管」(防衛省防衛研究所)에는 "스톡홀름 아카시 대령 차장 의견 상신(上申)의 건, 허가 받지 못했다. 귀관의 책임은 이제 한층 중대해질 것이다. 더욱더 자중하고 인내하기를 바란다"고 되어 있다. 각주 4의 기준으로 보면 현재의 25~40억 엔을 요청한 것으로 볼 수 있다. 그리고 파리회의의 공동선언은 뒤늦게나마 12월 1일에 나온다. 파리회의의 내용에 관해서는 阪東宏(1995), pp.218-222와 稲葉千晴(1995), pp.85-92에 상세하다.

게 건넸다.[20] 4월에 러시아혁명 각 파와 반차르 민족독립운동 각 파의 연합회의가 제네바에서 개최되었다. 그러나 이때도 역시 모든 참가 당파의 통일전선을 형성하는 데 실패하였다. 단, 참가 파 가운데 일부에 의해 공동선언이 발표되어 6월에 페테르부르크에서 무장봉기한다는 계획이 채택되었다. 그를 위하여 핀란드인 활동가는 그 계획을 실현할 경비로 2만 1,300파운드를 지원하도록 아카시 대령에게 신청하였다.[21]

아카시가 페테르부르크 무장봉기 계획에 관한 자금지원을 제안해 왔을 때 외무성은 "전적으로 주시하는 태도를 취한다"는 반응을 나타내고 판단을 보류했다.[22] 그러나 참모본부는 군사적 관점에서 그 자리에서 수용하였다. 그 결과, 4월중에 7,000파운드가 우쓰노미야 대령으로부터 아카시 대령에게 건네졌고, 거기에서 4,000파운드가 무기 구입비 등의 봉기 준비자금으로 활동가에게 건네졌다.[23] 나아가 우쓰노미야 대령의 수표책에서는 6월 19일에 8,000파운드, 27일에 2만 2,000파운드라는 거액의 자금이 '아카시용'으로 발행되었다. 이 자금을 사용하여 6월 하순에 대량의 라이플총이 스위스 포병 공창(工廠) 등에서

20 이것은 위에 기술한 우쓰노미야 수표책에 2월 17일 기재된 2,000파운드일 것이다.

21 阪東宏(1995), p.236; 稲葉千晴(1995), p.138.

22 『日本外交文書 第38巻 第2冊』, 1163 문서.

23 稲葉千晴(1995), p.141, 239. 그리고 제네바회의 직후인 4월 12일 참모총장 앞으로 보낸 아카시 전보에서는 6월까지 무장봉기를 일으키는 것이 결정되었다는 취지의 내용을 보고하고 있다. 그러나 5월 7일 같은 전보에서는 6월은 무리이고 당 간부 등은 '하계(夏季)'에는 무장봉기할 것을 확신하고 있다고 전하고 있다(JACAR Ref. B07090482900, 「在外武官報告 第一巻」 B-5-1-10-0-7_0_0_01, 外務省外交史料館). 이 시기는 우쓰노미야의 수표책 사본이 빠져 있는 시기에 해당하며, 그 지출에 관하여 수표책에서는 확인할 수 없다.

조달되어 실제로 열차와 배로 운반되었다. 6월에 봉기한다는 당초 계획에는 늦었지만 어쨌든 페테르부르크, 핀란드, 폴란드 반도(叛徒)용 라이플총 1만 6,000여 정(탄환 300만 발), 권총 3,000정, 폭약 3톤 등을 입수한 것이다.[24] 이것과는 별도로 흑해 방면에서의 소란용으로 라이플총 8,500정(탄환 120만 발)도 입수하여 운송을 개시하였다.[25] 그러나 당파 간의 대립이나 혼란에 의해 발트 해 방면에서의 무기 수수는 원활히 진행되지 않았고, 최종적으로 9월 초순에 수송선은 핀란드에서 좌초되어 자폭시키는 사태가 벌어졌다. 일부 육지로 인양된 무기도 후일 관헌에 의해 몰수되고 말았다.[26] 이에 따라 페테르부르크 무장봉기 계획은 좌절된다. 흑해로 수송한 쪽은 성공하여 현 조지아(그루지아) 연안에 분산적으로 양륙(揚陸)되었다. 단, 그것은 포츠머스 강화조약이 성립된 후의 일이며, 그 뒤 무기의 행방은 현재 알지 못한다.[27]

이상에서 우쓰노미야의 수표책에서 4만 4,971파운드가 아카시 공작에 사용된 것을 확인할 수 있었다. 수표책 사본에는 없지만 아카시 보고서에 파리회의 조사지원자금으로 손으로 주고받았다는 3,000엔과 수표책 사본이 현재 남아 있지 않은 1915년 2월 하순부터 6월 상순 시기에 우쓰노미야로부터 아카시에게 건네진 것으로 보이는 7,000

24 明石元二郎(1984), 「明石復命書 落花流水」. 그 밖에 기관총포 3정(탄환 1만 5,000발)도 입수하였지만 영국 세관에서 몰수되었다는 기술이 있다.

25 明石元二郎(1984), 「明石復命書 落花流水」.

26 デ－・ベ－・パブロフ, エス・ア－・ペトロフ(1994), 『日露戰爭の秘密』, 成文社, pp.72-73.

27 デ－・ベ－・パブロフ, エス・ア－・ペトロフ(1994), pp.78-79.

파운드를 더하면 적어도 5만 2,287파운드가 아카시 공작에 사용된 것을 대체로 확정할 수 있다.[28] 그러나 아카시 공작은 후방 교란공작이라는 면에서는 아무런 실제적인 결실을 맺지 못하고 실패로 끝났다.

4. 포츠머스 강화회의와 러일 양국의 자세

피의 일요일 사건이 발발한 1905년 1월은 러일 전황이 크게 일본에 유리한 쪽으로 기운 시기였다. 난공불락으로 여겨진 러시아 뤼순 요새의 함락은 1월 2일이었지만 그 소식을 들은 러시아 민중이 제정(帝政)에 대한 불신감을 높였던 것은 잘 알려져 있다. 1월 25~29일의 흑구대(黑溝台) 전투에서도 일본군은 승리하였다. 3월 1일부터 시작된 펑톈(奉天) 결전은 10일간의 사투 끝에 일본군이 펑톈을 함락시키고 러시아군이 패주하며 끝났다. 러시아 내에서는 2월 17일에 세르게이 공 암살사건이 일어나 반차르 운동이 한층 더 고조되었다.

그러나 일본에는 이 이상 북상하여 러시아군을 몰아넣을 병력도 탄환도 남아 있지 않았다. 외채로 모은 자금도 거의 바닥을 드러냈다. 그 때문에 일본은 강화로 전쟁을 종결하는 문제를 진지하게 모색하기 시작했고 4월중에 강화안을 정리하였다. 5월 27일에 동해해전에서 러시아 발틱함대를 괴멸시키자 5월 31일에 고무라 주타로(小村壽太

---

28 이것은 당시 환율로 약 49만 6,727엔(앞의 각주 4 기준으로 현재의 6억 5,468만여 엔 상당). 당시의 재무 규모로는 초년병 3만 4,500명분의 연간 급여에 상당하는 액수이며 펑톈 전투에서 일본군이 소비한 라이플총 총탄 총액의 약 절반이 넘는 금액이었다. 덧붙여 谷壽夫(1966), 『機密 日露戰史』, 原書房, p.258에는 "당시 사용했던 아카시 대령의 첩보비는 백만 엔(이 중 27만 엔이 남음)이었다"고 되어 있지만 근거가 되는 자료는 제시되어 있지 않다.

郎) 외상은 주미 공사에게 전보를 보내어 미국 대통령에게 강화 알선을 요청하도록 지시하였다. 시어도어 루스벨트 대통령은 거기에 응하여 양국에게 강화를 권고하였다. 그 결과, 8월 10일부터 러일 포츠머스 강화회의가 시작되고 9월 5일에 조약이 체결되어 전쟁은 끝났다.

6월 27일에 전함 포템킨 호의 반란이 일어나자 러시아의 국내 상황은 점점 더 악화되었다. 강화가 체결된 다음 달부터는 전 철도가 파업에 돌입하여 이윽고 총파업으로 이어졌다. 그 와중에 '10월 선언'이 발표되어 전제정치의 개혁이 약속되었다. 그러나 12월에 모스크바에서 시가전이 발생하여 군대에 의해 진압되는 사태가 벌어진다. 피의 일요일 사건 이후 러시아 측도 일본과 전쟁을 계속하기에는 극히 곤란한 상태에 빠졌던 것이다.

사실 강화회의의 주석전권(主席全權)인 세르게이 비테는 펑텐에서 패배한 뒤 황제에게 상주하여 어느 정도 양보를 해서라도 강화를 실현할 필요가 있다고 말했다. 그러나 러시아 어전회의는 강화조건이 받아들이기 어려운 경우에는 전쟁을 지속한다는 방침 하에 강화에 임할 것을 결정하였다. 그것은 우선 국내 대책을 세울 것을 주장하는 일파보다 전쟁 계속파 측이 강한 영향력을 지닌 데 따른 것이지만 니콜라이 2세 자신이 강경파였던 점이 컸다. 비테 주석전권은 이 결정을 바탕으로 강한 자세로 강화회의에 임하였다. 강화회의에서 마지막으로 남은 현안은 일본에 가라후토를 할양하는 문제와 배상금 지불 문제였다. 비테는 이들 문제에 대해 일관되게 강경한 자세로 계속 거부하였다. 최종적으로 일본은 배상금 획득을 포기하고 사할린의 반을 할양받는 것으로 타협하였다.

그러나 한편에서 일본은 포츠머스 강화회의를 통해 만주지역에서 러시아군이 철퇴한다는 약속을 얻었고 거기에 더하여 남만주 철도, 연선(沿線) 탄광, 뤼순, 다롄을 포함한 관동주(關東州)의 조차권을 획득하였으며 한국의 세력권화 또한 인정받음으로써 전쟁의 목적은 달성하였다. 나아가 가라후토 절반을 할양받은 것은 전쟁을 시작할 때는 예상하지 않았던 것으로, 커다란 성과라고 할 수 있다. 전쟁 중에 궁핍함을 겪은 일본 국민의 일부는 우익의 선동에 따라 배상금을 얻지 못한 것에 대한 불만을 도시 소동으로 폭발시켰지만 그것은 금방 가라앉았다. 일본인 일반 및 재정 담당자들 그리고 전지의 군 관계자를 포함해서 일본인들은 지극히 현실주의적인 자세로 전쟁을 계속하는 것을 적극 피하기 위해 강화가 타결되기를 바라고 있었던 것이다.

그러한 의미에서 강화 교섭의 줄다리기 차원에서 말하자면 일본은 처음부터 지고 있었다고 할 수 있다. 이 시점에서 러일전쟁은 이미 일본의 국력을 넘어선 싸움이 되었고 강한 피로감과 여기까지 잘도 왔구나 하는 만족감도 있었다. 나아가서는 이 이상 전쟁을 계속하여 영미가 일본에 대해 경계하는 것도 피하고 싶었다. 영국과는 포츠머스 강화회의 중이던 8월에 제2차 영일동맹을 조인하고, 한국 · 인도의 세력권화를 상호 인정하여 양호한 관계를 만들어냈다. 미국과도 7월에 윌리엄 태프트 육군 장관과 협정을 맺고, 한국 · 필리핀을 서로의 세력권으로 인정하고 극동의 평화를 유지하기 위하여 영미일 3국이 힘을 합하여 대응해 나가기로 상호 확인하였다. 일본으로서는 전쟁 목적을 충분히 달성한 것이며, 이 이상 강경한 자세를 관철하여 전쟁을 계속하는 위험을 초래할 필요는 없었다.

강화조약 조인 후에 일어나는 러시아 내의 혼란을 생각할 때 어쩌면 포츠머스 강화회의가 결렬되어 전쟁이 계속되었을 경우 일본은 전선을 유지하면서 러시아 내에서 반차르 운동이 활발해지는 것을 기다리면 좋았을 수도 있다. 전함 포템킨 호의 반란 직후에 아카시는 8월 말에 페테르부르크에서 무장봉기가 시작된다고 고무라 주석전권에게 전했고, 그 밖의 정보도 종합하여 고무라는 러시아 국내의 반차르 활동이 활발해져 주변 피억압 민족단체의 움직임도 첨예화되고 있었다는 것을 알고 있었다. 이때 강화내용과 국제환경에 불만을 품고 전쟁을 계속할 여력이 다소 남아 있었다면 아카시 공작에 기대를 걸면서 신규의 후방 교란공작에 착수하는 등 취할 방도는 있었다. 그러나 일본정부는 이 이상 전쟁을 계속하기를 바라지 않는다는 명확한 의사결정 하에 고무라에게 강화조약을 즉시 조인하라고 지시한 것이다.

5. 맺음말

일본은 1905년 러시아혁명의 중대성을 그 나름대로 이해하고 있었다. 그 때문에 일본군의 기밀자금으로 혁명을 확대시키는 선동공작 계획이 세워지고, 실제로 자금이 투입된 것이다. 그러나 그것은 현지 활동가들에게 농락당했을 뿐 구체적인 소란의 발생으로는 이어지지 않았다. 오히려 만주에서 하나하나의 전투에서 일본군이 승리를 축적한 것이 러시아 내의 혁명 정세를 진전시키는 데 힘이 되었다.

강화교섭에서는 일본은 상대국의 국내 혼란을 알면서도 그것을 강하게 의식하여 강화회의 전략을 세우지 않았다. 자국 내의 전비가 동이 난 상황과 군사적인 실력의 한계를 넘어선 전선 확대라는 현실은 만에 하나라도 전쟁이 계속될 가능성으로 이어지는 상황을 용납하지 않았던 것이다. 그러한 의미에서 전 국력을 경주하여 큰 전쟁을 전개하고 있다는 일본의 의식과 극동의 일개 소국과의 전쟁이라는 러시아 측의 의식 차이는 강화회의의 귀추를 좌우하는 요소가 되었다고 알 수 있다. 거기에는 강경한 자세를 지닌 니콜라이 2세의 의사가 강하게 작용하였다. 그렇기는 하지만 니콜라이 2세도 최종적으로 혁명에 관한 정보를 무시하지 못하고 가라후토 절반을 할양해도 어쩔 수 없는 일이라고 판단하여 강화를 타결시킨 것이며, 러시아 내의 혁명 정세가 러시아의 의사결정과 무관한 것은 아니었다. 러일전쟁과 1905년 러시아혁명은 결코 단순하지 않은 관계 속에서 전개되었다.

(번역: 이미숙)

II. 참호에서 본 전망: 신년 휴전, 피의 일요일 그리고 1905년 러시아혁명에 대한 일본의 태도

시마즈 나오코(영국 런던대학)

1. 머리말

1905년의 러시아혁명은 1904년 2월부터 1905년 9월까지 일본과 러시아 사이에서 벌어진 중요한 국제적 전쟁의 와중에 발발했다. 비록 일본은 러일전쟁의 승리자로 등장했지만 단일한 러시아 제국이 일본 제국의 강력한 적이라는 사실은 여전히 남아 있었다. 일본은 전쟁 중에 약 109만 명의 군인을 동원했고, 약 7만 4천 명의 전사자가 발생했다. 이 전쟁에 17억 엔의 비용이 들었는데 바로 십년 전에 치른 청일전쟁에 약 2억 엔의 비용이 들었으므로 여덟 배가 넘는 액수였다. 러시아혁명은 1905년 9월의 포츠머스 강화조약 이후에도 상당 기간 지속되었지만 초기 단계의 혁명이 전쟁터에서 싸우던 일본 군인들에게 미친 영향에 대해서 우리는 거의 알지 못한다. 이 논문에서 나는 1905년 1월 22일에 일어난 피의 일요일 사건에 초점을 맞추고 러시아의 그 중대한 사건에 대한 몇몇 일본 군인의 반응을 밝혀보고자 한다.[1] 전쟁터의 일본 군인들은 1905년의 혁명에 대해 어떻게 그리고 언제 알게 되었을까? 그 사건에 대해 알게 되었을 때 그들은 어떤 반

1 본 논문에 대한 전반적인 배경 지식은 Shimazu, Naoko(2009), *Japanese Society at War: Death, Memory and the Russo- Japanese War*, Cambridge: Cambridge University Press에서 찾아볼 수 있다. 본고에는 '신년 휴전'에 관한 새로운 주장과 1905년 러시아혁명에 대한 일본 군인들의 태도를 포함하여 상당한 양의 새로운 자료가 포함되어 있다.

응을 보였을까? 러시아의 혁명적 동요가 러시아와 일본 군인들의 전투 의지에 영향을 미쳤을까?

피의 일요일에 대한 일본 군인들의 태도를 깊이 탐구하기 전에 '신년 휴전'의 의미를 밝히는 것이 중요하다. 그것은 1905년 1월 초부터 약 한 달 간 일본과 러시아 군인들이 많은 격전지에서 겪은 특별한 사건이었다. 신년 휴전이란 내가 만든 용어이다. 피의 일요일로부터 10년 후에 지구 반대편에서, 즉 제1차 세계대전 중 서구전선에서 영국과 독일 군인들 사이에서 일어난 '크리스마스 휴전'과 거의 동일한 현상을 연상시키거나 암시하기 위한 것이다. 그러므로 나는 먼저 러일전쟁 중 전선에서 이 신년 휴전을 이끌어낸 요인들을 설명할 것이다. 그렇게 함으로써 1905년 1월 22일에 상트페테르부르크에서 피의 일요일 대학살이 일어날 즈음까지 러시아와 일본 군인들 사이에 형성되고 지속되어 온 독특한 전장의 분위기를 설명할 것이다. 그런 다음에 직접 관찰한 일본 군인들의 사적 일기를 바탕으로 이 군인들이 러시아의 많은 도시지역에서 발생한 시민의 소요사태를 어떻게 인식했는지를 예시할 것이다. 결론적으로 나는 일본제국 군대가 신봉한 문명론이 신년 휴전에서 입증되었듯이 일본군에 대한 러시아군의 태도에 일정한 영향을 미쳤고, 그것은 또한 피의 일요일과 더 나아가 러시아에서 확산된 시민 소요에 대한 일본군의 반응에 영향을 미쳤다고 주장하고자 한다.

여기에서 방법론에 관해 몇 마디 언급할 필요가 있을 것이다. 하급 군인들의 심리상태를 이해하기 위한 가장 의미 있는 접근방법 중 하나는 그들의 개인적 자료, 즉 전쟁 중에 작성된 일기와 사적 편지를 특히 우선적으로 고려하는 것이다. 1904~1905년에는 이후의 전시에서와 달리 일기를 쓰는 것이 군인들의 사적 행위로서 허용되고 있었다. 그러므로 군대 내의 검열은 형식적으로 이루어졌는데, 가장 민감한 두 영역은 군수에 관련된 문제(예를 들어 부대 위치)와 사회주의 사상의 전파였다.[2] 사병들의 사적 자료는 그들의 사회적, 심리적 세계에 대한 통찰력을 부여하고 전쟁과 죽음, 그들의 가족생활, 전투에 임한 그들의 동료애, 전선에서의 일상생활에 대한 그들의 태도를 밝혀준다. 나는 이러한 자료에서 군인들의 실용주의적 태도와 때로 전쟁에 대한 양면적 태도 그리고 부상을 당하지 않고 고국으로 돌아가려는 강렬한 욕망을 발견할 수 있다고 다른 곳에서 주장했다. 그러므로 이 방법론은 우리로 하여금 전시의 일본 사회에 관해서 다른 방법론보다 더 미묘하고 복잡한 관점을 제공하고 메이지 민족주의의 정통적이고 단일한 성격에 대한 도전을 가끔은 가능케 한다는 점에서 그 호소력이 있다.[3]

2. 신년 휴전

제1차 세계대전에서 가장 널리 알려진 상징적인 순간 중 하나는 1914년 12월에 벨기에의 플랑드르에서 있었던 크리스마스 휴전이다. 이때 독일과 영국 군인들은 크리스마스를 함께 축하하기 위해 각자의 참호에서 나와 전선을 넘어 두 군대 사이의 '중간 지대'에서 축구시합을 벌였다. 이 사건이 신화적 위상을 얻을 정도로 유명해진 것은 영국의 축구연합회가 제1차 세계대전의 백주년 기념사업의 일환으로 1914년

2 一瀨俊也(2004), 『近代日本の徵兵制と社會』, 東京: 吉川弘文館, p.6, pp.10-12, p.47.

3 Shimazu(2009), 특히 제2장을 참조할 것.

12월의 그 놀라운 시간을 재연하기 위한 축구시합(「1914년 크리스마스 휴전 시합 백주년을 기념하는 영국 축구」, 2014)을 개최하기로 결정한 사실에서도 알 수 있다.[4] 1914년 12월로 돌아가 보면 전선에 대치한 군인들 사이에서 즉흥적인 축구시합이 열렸을 뿐 아니라 다른 교류도 이루어졌고, 이것은 다른 전선으로도 확산되었다. 크리스마스 휴전의 가장 중요한 의미는 그것이 크리스마스 이브와 크리스마스 날에 일어났다는 것이고, 이와 같은 문명화된 행위가 서구 전선의 전투병들이 공유한 문화적 규범, 즉 그들이 공유한 기독교 정신에서 비롯되었다는 것은 두말 할 필요도 없을 것이다.

그럼에도 불구하고 그보다 10년 전에 일어난 러일전쟁에서 이미 거의 동일한 현상이 전선에서 목격되었다는 사실은 잘 알려져 있지 않다. 일본군과 러시아군은 신년을 축하하기 위해 각자의 참호에서 나와 서로 어울렸던 것이다. 이 휴전을 성사시키기 위해서 1904년 12월 31일에 현지의 몇몇 일본군 장교와 러시아군 장교들은 전갈을 주고받았고 새해 첫날을 우호적으로 친목을 쌓으며 보내기로 동의했다. 계획대로 러시아군은 1월 1일 아침에 새해의 시작을 알리는 우호적인 예포를 쏘았고 이어서 일본과 러시아 장교들이 전선을 넘어와 30분간 새해 인사를 나누었다. 결국 1시간 동안 지속된 이 모임에서 그들은 선물을 교환하고 단체사진을 찍었다.[5] 일본군 하급 군인들은 그림엽서를 선물로 보냈고, 이에 응답하여 러시아군 하급 군인들은 컵

---

4 또한 이 크리스마스 휴전을 중심으로 추진된 백주년 계획, 「1914년 크리스마스 휴전: 플럼 푸딩 작전」 참조. http:// www.christmastruce.co.uk/index.html, 2014년 10월 4일에 자료 구축.

5 多田海造(1979), 『日露戰役陣中日誌: 一看護兵の六七五日』, 富山: 巧玄出, p.152.

을 선물로 보냈다.[6] 대부분의 지역에서 휴전을 주도한 것은 러시아군이었고 당시 공용어로 종종 프랑스어가 사용되었다. 의무대에서 근무한 한 일본 간호병은 일단의 일본 군인들이 1월 17일에 전선을 넘어 러시아 군인들을 찾아가서 전쟁포로를 우호적으로 취급하기로 유명한 마쓰야마 전쟁 포로수용소의 그림엽서를 전달했다고 자신의 일기에 썼다. 그것은 러시아 군인들을 꾀어 항복하게 하려는 장난으로 의도된 행위였다.[7]

오래지 않아 전선의 일본 장교들은 상대편 러시아군의 보급 상황이 자신들보다 훨씬 더 낫다는 것을 분명히 알게 되었다. 그래서 일본 장교들은 러시아 군인들에게 체면을 잃지 않으려고 이런 친선모임을 위해 비싼 포도주와 양질의 통조림 식품을 넣은 선물 바구니를 마련하려고 특히 노력을 기울였다.

어떤 장교는 일기에서 1905년 1월 11일에 있었던 대화를 다음과 같이 기록했다.

이치노세 소령 우리는 오랫동안 온 힘을 다해 싸워왔소. 그것은 우리 군인들에게 명예로운 일이요. 오늘 우리를 초대해주어서 고맙소.

러시아 장교 국가의 권리와 명예를 보호하기 위해 불가피한 마지막 수단으로 전쟁이 일어나기 때문에 우리 군인들은 전력을 다해 싸워야 하지요. 하지만 개인적으로 우리는 서로에 대한 증오심을 전

---

6 多田海造(1979), p157; 濟々黌日露戰役記念帖編集委員會(2001), 『日露戰爭從軍將兵の手紙』, 東京: 同成社, p.245.

7 多田海造(1979), p.163.

혀 갖고 있지 않소. 오늘 짧은 시간밖에 없지만 적이라는 생각을 버리고 즐거운 시간을 보내도록 합시다.[8]

1905년 1월 2일 포트 아서의 함락은 러일전쟁의 이정표가 될 사건이었고, 그 전쟁의 가장 결정적인 세 전투 중 하나로 기록된다. 포트 아서에서 러시아의 패배가 러시아 군인들의 전투 사기를 꺾어놓았음은 분명하다. 그들은 신년 휴전 동안 점점 더 명랑하고 유쾌해졌고 일본 군인들과 우의를 맺고자 했던 것이다. 1904년 2월에 전쟁이 발발한 이후 대단히 많은 토지와 해군 자원을 필요로 했던 포트 아서의 전투가 끝난 후 러시아군은 전쟁의 종결이 임박했다고 느끼는 것 같았다(하지만 최종 승리 이전에 중요한 전투를 두 번 더 치러야 했으므로 당시는 전투의 소강상태에 지나지 않았다).

전쟁이 시작된 후 많은 러시아 군인들이 포로로 잡혀 있던 일본의 전쟁 포로수용소뿐 아니라 전선에서도 러시아 군인들의 긴장이 이완된 경우를 많이 찾아볼 수 있다. 러시아 군인들이 많은 경우에 매우 즐거운 기분으로 기꺼이 일본 군대에 항복하려 했다는 사실은 일본 군인들에게는 대단히 충격적인 일이었다. 러시아군은 일본군을 국제적 법규를 따르는 문명화된 전투원으로 간주하고 있음이 명백했다.

1905년 1월의 신년 휴전이 1월 말까지 이어지고 어떤 경우에는 1905년 2월 초까지도 지속된 이유는 이런 점에서 설명할 수 있을 것

---

8 石光眞清(1988),『石光眞清の手記』, 東京: 中央口論社, pp.675-676.

이다. 1914년 12월의 크리스마스 휴전은 대개의 경우 12월 24일(독일의 크리스마스 이브 축일)과 12월 25일(영국의 축일) 양일에 걸쳐 지속되었다는 점에서 다르다.

1905년 1월 25일에 한 일본 하사는 다음과 같이 썼다.

> 요즘은 군사 충돌이 달라졌다. 우리 장교들과 하급 군인들이 저쪽 군인들과 정찰 경계선을 따라 여러 군데에서 만나고 선물도 나누고 사진도 찍는다. 이런 이상한 일이 일어나기 시작했다.[9]

실은 이런 교류가 꽤 일상적으로 일어났기 때문에 일본제국 군대는 군인들의 전투정신이 꺾이지 않도록 적과의 지나친 교류를 중단하라는 특별 명령을 내려야 했다. 그러나 일본군이 왜 1905년 2월까지도 이런 교류가 지속되도록 허용했는지 의문이 남는다.

이미 살펴보았듯이 전장의 분위기와 전선에서 대치한 일본군과 러시아군의 관계는 포트 아서의 함락으로 인해 거의 한 달간 상당히 긴장이 풀어진 상태였고, 이런 까닭에 러시아군이 먼저 휴전을 제의했을 것이다. 그리고 만일 포트 아서의 함락이 러시아 군인들의 전투의지를 충분히 꺾지 않았다면 피의 일요일에 대한 소식은 그들의 사기를 더욱 저하시켰을 것이다. 러시아 장교들은 부하들이 일본 군인들과의 교류를 즐기도록 계속 허용했던 것이다.

---

9 濟々黌日露戰役記念帖編集委員會(2001), p.331.

3. 피의 일요일의 소식

피의 일요일(율리우스력으로는 1905년 1월 22일, 그레고리안력으로는 1905년 1월 9일)에 대한 소식이 전선의 일본 군인들에게 얼마나 신속히 전해졌을까? 구마모토 제6사단에 소속된 법무담당관 시부카와 겐지는 "러시아의 중요한 대격변"에 대한 소식을 자신의 전시일기에 가장 먼저 1905년 1월 25일에 기록한 사람 중 하나였다.[10] 상트페테르부르크에서 소요가 일어난 지 3일 만에 그가 그것을 기록했다는 사실은 주목할 만하다. 또한 운송보조부대의 이등병인 나카자와 이치타로는 1월 27일에 전선의 군수사령부에서 온 전보의 내용을 인용하여 다음과 같이 일기에 기록했다.

> 유럽에서 보낸 다양한 전보에 따르면 러시아의 수도에서 예닐곱 번 폭동이 일어났고, 러시아 황제의 소재는 확인되지 않았다. 노동자들은 파업을 일으키고 군대는 명령에 거역하고 길거리의 가로등은 켜지지 않고 신문은 발간되지 않고 은행은 문을 닫아 비극적 상황이 일어날 것 같다.[11]

나카자와는 러시아의 상황에 관한 새로운 소식에 계속 관심을 기울였고, 2월 10일에는 제1군수사령부의 사령관이 보낸 또 다른 전보를 인용했다.

---

10 渉川玄耳(1969),『従軍三年』,『明治戦争文學集』97, 木村毅 編輯, 東京: 筑摩書房, p.281.

11 楠裕次 編(1996),『日露戦役従軍略記: 中澤一太郎』, 東京: 相互製版社, p.98.

크로포트킨 장군의 소환은 사실이다. 전신 분과는 오로지 공식적 소식만 다룬다. 톰스크와 라이아르스크[Tomsk and Raiarsk: 원문 그대로임] 그리고 다른 곳에서 파업이 일어났다. 바르샤바는 포위되었다. 오데사는 통제 한도를 넘어섰다.[12]

선임 상병 모자와 유사쿠의 일기에는 다음과 같이 기록되어 있다.

러시아의 국내 정치가 혼란스러워서 사회주의 정당이 등장하게 되었다. 신문에 보면 이번 폭동이 18세기의 폭동보다 더 공격적이라고 한다. 그 규모는 엄청날 것이다.[13]

놀라운 사실은 전선의 군인들이 러시아에서 전개되는 상황의 정보를 신속히 입수했고 계속 접했다는 것이다. 일본 부대의 참호에서는 일정한 간격을 두고 공식적 뉴스를 소리 내서 읽어주거나 돌려보았다. 위에 언급된 나카자와와 모자와처럼 일부 군인들은 이 뉴스를 자신들의 일기에 옮겨 적었다. 흥미롭게도 모자와는 자신의 일기에 "사람들은 전선에 물자가 부족할 거라고 생각하고 발행일이 오래된 신문을 보내준다. 하지만 문명화된 전쟁의 싸움터에서는 돈만 있으면 다 해결된다"[14]고 기록했다. 18개월이 넘는 전쟁 기간 동안 대략 4억 6천만 통의 서신이 군사우편을 통해 만주와 한국의 전쟁터와 일

12 楠裕次 編(1996), p.104.

13 茂澤祐作(2005).『ある歩兵の日露戰爭從軍日記』, 東京: 草思社, pp.135-136.

14 茂澤祐作(2005), p.153.

본 사이에 오갔다.[15] 군사우편은 종군기자들의 통신을 포함해서 모두 무료였고 군인들과 후방의 가족들을 이어주는 필수적인 탯줄로 작용했다.[16] 군인들은 우편물의 도착을 몹시 고대했다. 군사우편은 편지와 신문, 잡지, 꾸러미뿐 아니라 집에서 멀리 떨어져 있는 군인의 생활을 개선하도록 도와줄 작고 다양한 물건이 포함된 '위문품'을 전선에 수송했다. 많은 일기에 의하면 군인들은 사실 일본의 모든 중앙 일간지를 접할 수 있었고 일부는 지방 신문도 볼 수 있었다.[17] 군인들이 발행일이 오래 된 신문을 받고 불만을 표현한 것은 드물지 않은 일이었는데, 그런 지방 신문이 군인들과 그들의 집을 연결해주는 중요한 수단이었기 때문이다.

어떻든 간에 피의 일요일에 대한 소식이 전선의 군인들에게 신속히 전달되었다는 것은 일본제국 군대가 러시아에서 일어난 대학살과 만연한 동요의 소식을 일본 군대에 위협적인 요인으로 간주하지 않았음을 보여준다. 오히려 일본 군대가 그 소식을 거의 즉시 전달하려고 결정한 것은 러시아에서 일어난 사건이 일본군에게 유리한 상황 변화라고 간주했고, 적을 무찌르려는 일본 군대의 결의를 강화하리라고 기대할 만한 변화로 여겼음을 알려준다.[18] 그럼에도 불구하고 일본군의 사기가 진작되었다는 증거는 거의 찾아볼 수 없다. 일부 일본 군인

---

15 新井勝紘(2006), 「軍事郵便と基礎的研究」, 『國立歷史民俗博物館研究報告』, p.74.

16 石井寬治(2010). 「日本郵政史研究の現狀上と課題」, 『郵政研究』 1, pp.3-15.

17 新井勝紘(2006), p.80.

18 이 주장은 2014년 7월 10~12일에 서울대학교 인문학연구소에서 열린 국제 워크숍에서 사이토 세이지 교수가 발표한 논문 「동아시아의 새로운 담론 형성: 기폭제로서의 1905년 러시아혁명」에서 확인된다(사이토 세이지의 발표문은 이 책 제1장에 수록되어 있다).

들은 그 이전 몇 주 동안 러시아 군인들과 교류하며 쾌활하게 시간을 보냈고, 피의 일요일에 대한 소식을 들은 다음에도 계속 그러했기 때문이다.

분명 피의 일요일은 혁명적 파란의 발단 시점에서 일어났고, 그 파란은 1907년까지 3년간 지속되었다고 일부 역사학자들은 주장한다.[19] 그러므로 이 폭동들과 파업들이 초래할 결과를 조금이라도 제대로 이해하기에는 시기상조였을 것이다. 현존하는 개인적 1차 자료를 철저히 연구했음에도 불구하고 우리가 발견할 수 있는 것은 러시아에서 전개된 사건들과 관련하여 사회주의 정당의 설립을 특별히 언급한, 위에 인용된 선임 일등병 모자와의 일기뿐이다. 동시에 우리가 알고 있는 것은 12사단에 소속된 삼등병 수의사인 군인뿐인데, 그는 러시아의 수도가 계속해서 폭동에 시달리는 것이 "뜻밖의 행운"[20]이라고 썼다. 이것은 많은 일본 군인들이 피의 일요일과 그것이 러시아에 미치는 파급효과에 대해서 양면적으로 느꼈으리라는 것을 시사하는 듯하다. 일본 징집병의 일부는 제정 러시아의 전제군주제가 피의 일요일의 봉기뿐 아니라 그 이후 러시아의 다른 지역으로 퍼져나간 소요를 진압하기 위해 필사적으로 행사한 폭력의 희생자들과 비슷한 사회경제적 배경 출신이었을 것이다.

많은 일본 군인들은 러시아인들이 사랑하는 자식을 외국의 적과 싸우도록 보내고 나서 그것에 대한 보상으로 후방에 남은 사람들의

---

19 Ascher, Abraham, *The Revolution of 1905: Russia in Disarray*, Stanford, Calif.: Stanford University Press, 1988.

20 濟々黌日露戰役記念帖編集委員會(2001), p.364.

대학살이라는 참사를 겪게 되었다는 우울한 생각에 유쾌한 기분을 느낄 수 없었을 것이다. 전쟁터에서 적군 군인들에 대해 공감을 느끼는 것은 드물지 않은 일이고, 특히 1월 1일 이후로 일본군과 러시아군 사이에 우호적인 교류가 지속되고 있던 특별한 상황에서 이런 소식이 전해졌을 때 더욱 그러했다. 그러므로 러시아의 혁명 사건은 적을 패배시키려는 일본 군인들의 전의를 강화한 것이 아니라, 국민에 대한 국가의 예측할 수 없는 폭력에 대한 의식을 심화시켰을 것이다.

나는 러일전쟁에 대한 일본 징집병들의 태도에 관한 이전 연구에서 개개의 군인들에게는 강제로 징집되어 국가를 위해 싸우는 것 외에는 다른 선택권이 없었으므로 일본 하급 군인들이 전반적으로 실용주의, 양면성 혹은 동원된 상황에 대한 체념적 태도를 드러낸다고 주장했다.[21] 러일전쟁의 발발 무렵에 사회경제적 하류층에서 징집된 군인들이 과거 사무라이 엘리트의 문화적 가치체계를 현대 일본 군인의 보편적 가치로 지켜나가게 하려는 수단으로 만들어진 '명예로운 전사'라는 공허한 공적 구호에 속는 군인은 거의 없었다. 오히려 징집병들은 이 추상적인 명예 개념에 대해 회의적이었고 자신들의 일상생활에서 별다른 의미가 없다고 생각했다. 그들의 마음에는 가족의 살림을 꾸려가기 위해서 바라건대 성한 몸으로 전쟁터에서 살아남아 돌아가야 하는 현실이 가장 중요했기 때문이었다. 그리하여 많은 징집병들은 국가민족주의와 동떨어진 건강한 의식을 갖게 되었다. 보병으로서 그들은 특히 신년 휴전으로 인해 친밀감이 형성되어 있었으므로

21 Shimazu(2009).

러시아 보병들의 조국이 사회적 혼란에 휩싸이면서 그들의 곤경을 동정했을 수도 있다.

일본 관료집단의 입장에서는 전쟁 중인 사회의 사기에 해로운 영향을 미칠 수 있으므로 사회주의를 국가적으로 가장 두려운 '적'으로 간주했다. 1905년 1월 24일에 국방장관 데라우치 마사타케는 일본의 모든 사령부의 수장들에게 군대 내에서, 특히 동원 대기 중인 예비병들과 아직 훈련받지 않은 신참병들 사이에서 사회주의 사상이 확산되지 않도록 엄격한 조치를 취해야 한다고 지시했다. 또한 군대는 "대중적 토론에 개입하는" 듯이 보이지 않기를 바라기 때문에 이 지시는 여론에 새어나가지 않도록 기밀로 유지해야 한다고 말했다. 내무장관에게 별도로 보낸 편지에서 제국 군대는 동원된 군인의 가족과 유족을 경계해야 할 필요성을 역설했다. 그들은 심리적으로 취약해서 사회주의 선전에 쉽게 넘어갈 수 있기 때문이었다.[22] 이런 식으로 일본 당국은 전시의 사회에서 사회주의 사상의 막연한 개념조차 뿌리를 내려 확산되는 일이 없도록 막으려고 노력했다.

4. "문명화된 전쟁"

지금까지 나는 러시아군이 전쟁터에서 일본군에 접근하여 신년 휴전을 제의하도록 만든 요인이 포트 아서의 함락이라고 주장했다. 다른 한편으로 신년 휴전은 1905년 1월 22일에 일어난 피의 일요일에 대한 일본 군인들의 태도에 영향을 미친 것으로 보인다. 이렇게 정리

22 大江志乃夫(1987),『日露戰爭と日本軍隊』, 東京: 立風書房, pp.162-163.

한 다음에 격전지의 러시아군이 일본군에게 왜 그토록 우호적이었는지를 이해할 필요가 있다. 내가 보기에 러시아군이 우호적이었던 것은 일본 전쟁포로수용소에 수용된 러시아 군인들이 문명화된 대접을 받는다는 소식을 들었기 때문이다. 러시아를 대신해서 일본 포로수용소를 방문한 프랑스 영사들은 정규적으로 보고서를 제출했을 뿐만 아니라 유럽의 열강과 문명화된 전쟁을 벌이는 아시아 국가의 기적적인 상황을 직접 목격하기 위해 일본을 방문한, 국제적으로 손꼽히는 명사들도 있었다.[23]

처음부터 일본제국 군대는 러일전쟁을 문명화된 국가들 간의 전쟁으로 인식하며 싸웠다. 그렇게 하면서 제국 군대는 '문명론'을 전시의 일본 사회와 전선의 군인들에게 또한 전반적인 국제 사회에 퍼뜨리기 위해서 힘겹게 노력했다. 그리하여 적에 대한 문명화된 태도가 궁극적으로 중요하다는 인식이 전쟁의 거의 모든 양상에 스며들었고 특히 적의 전투병들에 대해서 그러했다는 것은 테레사 리처드슨, 루이스 리빙스턴 시맨, 애니타 뉴콤 맥기와 같은 국제적 의료 관찰진에 의해 증언되었다. 후방이나 전선에서 비문명적 행위가 일어났다면 그것은 공적 정책의 위반으로 여겨졌을 것이다. 그 결과, 1894~1895년의 청일전쟁 중에 일어났던 바와 같은, 군대 내에서 공적으로 용납된,

---

23 Seaman, Louis Livingston(1905), *From Tokio through Manchuria with the Japanese,* New York: D. Appleton & Co.; Seaman, Louis Livingston(1906), *The Real Triumph of Japan: The Conquest of the Silent Foe,* New York: D. Appleton & Co.; Richardson, Teresa Eden(1905), *In Japanese Hospitals during War-Time: Fifteen Months with the Red Cross Society of Japan (April 1904–July 1905),* Edinburgh: William Blackwood and Sons.; Sharf, Frederic A(2001), *American Angels of Mercy: Dr Anita Newcomb McGee's Pictorial Record of the Russo-Japanese War,* Washington, D.C.: National Museum of Health and Medicine.

적을 명예훼손하거나 악마로 취급한 사례는 발생하지 않았다.

대체로 이 공적 관점은 여론의 지지를 받았고 유럽의 열강과 전쟁을 벌이고 있다는 사실로 인해 이제 일본은 세계 문명화의 서열에서 새로운 단계에 진입했다는 전반적 합의가 여론에 등장했다. 다른 곳에서 나는 문명화의 역할을 담당하려는 일본의 이와 같은 노력이 일본의 전쟁 명분을 국제적으로 상당히 증진시켰다고 주장했다. 일본이 전례 없는 규모로 당대 국제 사회와의 소통과 통합에 참여하면서 그로 인해 일본 관료집단은 전쟁의 정당한 명분을 서구 세계에 홍보하기 위해 아낌없는 노력을 바쳤다. 보다 더 유명한 것은 가네코 겐타로 남작과 스에마쓰 겐초가 이끈 특별 외교사절단이 서구 세계의 마음을 사로잡기 위해 미국과 유럽에 각각 파견되었다는 것이다. 이 국제적 계획은 의도치 않게 새로운 일본의 아킬레스건, 즉 이 전쟁에서 일본의 승패와 일본이 앞으로 세계에서 차지할 위상은 서구 열강들에게 일본이 호의적으로 수용되는가에 달려 있다는 점을 드러냈다. 실로 일본이 반드시 극복해야 했던 것은 바로 일본이 비백인, 비기독교 국가로서 국제 사회에 뒤늦게 뛰어든 후발주자라는, 내재적으로 불리한 조건이었다.[24]

문명국으로서 전쟁을 치르고 이겨야 할 필요성은 다양한 방식으로 표출되었다. 본 논문의 목적과 관련해서 이 문명론이 러시아군 전쟁포로들에 대한 일본의 대우에 상당한 영향을 미쳤다는 사실은 특히

---

24 金子堅太郎(1929), 『日露戰役秘録』, 東京: 博文館; 松村正義(1980), 『日露戰爭と金子堅太郎: 廣報外交の研究』, 東京: 新有堂. 또한 「러일전쟁과 관련해서 다른 나라의 여론에 영향을 미치기 위한 스에마쓰 남작과 가네코 남작의 임무」, 일본외무부 외교기록청 5. 2.18.33 참조.

주목할 만하다. 1905년 1월 포트 아서 함락으로 인해 포로로 잡힌 러시아 군인의 수는 기하급수적으로 늘어나서 약 7만 1천 명에 이르렀고 그들은 모두 일본으로 이송되어 일본 전역의 28곳의 전쟁포로수용소에 수용되어야 했다. 마쓰야마 전쟁포로수용소는 대단히 성공적인 '인도주의적 외교정책'의 진열장이나 다름없었고 현대적 전쟁을 치르는 비백인, 비서구 국가를 관찰하기 위해 일본을 찾은 외국 고위 관리들에게 깊은 인상을 주기 위해 전시의 일본정부가 운영한 곳이었다. 일본 군대는 면밀하게 국제법을 준수했고 각 사단마다 국제 변호사를 배치했다.

흥미롭게도 많은 러시아 포로들은 마쓰야마 수용소를 선호하게 되었다. 러시아인들의 상상 속에서 마쓰야마 수용소가 상징하는 문화적 의미는 세르게이 아이젠슈타인의 상징적인 1925년 영화『전함 포템킨』에서 찾아볼 수 있다. 이 영화의 한 장면에서 해군 장교들은 선원들에게 구더기가 득실거리는 고기를 강제로 먹이려 하고 이와 같은 장교들과 선원들의 대립으로 인해 결국 '전함 포템킨'의 유명한 선원 폭동이 일어난다. 여기에서 기억에 남을 만한 것은 한 선원이 "일본의 러시아 전쟁포로들은 이보다 더 잘 먹는다!"고 소리치는 장면이다. 그러므로 앞에서 언급한, 신년 휴전 중에 전선을 넘어가서 마쓰야마 전쟁포로수용소의 그림엽서를 건네준 의무대 간호병의 농담처럼 들린 말에는 일말의 진실이 담겨 있었던 것이다. 더욱이 마쓰야마와 일본의 다른 전쟁포로수용소에서 러시아 포로들을 우호적으로 내접한다는 소식이 만주의 러시아 군대를 통해 퍼져나가기 시작하면서 일본 적군에 대한 러시아군의 인식은 긍정적으로 변했을 것이다. 전체적으로 볼 때 전투병으로서 그리고 억류자로서 일본군에 대한 러시아군의 이런 시각은 일본정부가 이끈 '문명' 캠페인의 승리를 명확히 보여준다.

그런데 일본이 얼마나 문명화되었는지를 보여주려는 일본정부의 그러한 과시적 쇼는 기본적으로 서구 국가들과 그 국민을 향한 것이었다. 전쟁터의 토착민, 즉 조선인들과 청 북동지역의 주민들에 대한 일본의 대우는 그 어디에서도 러시아군에 대한 정중한 대접의 수준에 이르지 않았다. 대신에 군인들의 일기에는 '원주민[土人]'에 대한 경멸적 언급이 많이 섞여 있고, 그것은 아시아에서 문명화된 인종으로서 일본인의 자기정체성을 강화하는 결과를 가져왔다.[25] 러시아인들이 혜택을 받은 것은 당대 일본인들에 의해 유럽인이자 기독교인으로 간주되었기 때문이다. 이런 점을 고려하면 러일전쟁 중에 문명론이 일본인들의 전반적 행위에 가장 중요한 영향을 미쳤다는 주장을 주목하지 않을 수 없다.[26]

5. 맺음말

1905년의 러시아혁명, 특히 1월 22일의 피의 일요일이 만주의 전선에 있던 일본 군인들에게 중요한 영향을 미쳤다고 말한다면 과장일 것이다. 그럼에도 불구하고 일본의 징집병들은 피의 일요일 사건이 발생한 거의 직후에 그 사건에 대한 소식을 들었고, 러시아에서 사건이 전개되는 과정을 공식적으로 고지된 뉴스를 통해서나 개인적으로 고국에서 보낸 신문을 통해 빠짐없이 잘 알고 있었던 것 같다. 전쟁

25 中村淳(2001), 「土人論: 土人のイメージの形成と展開」, 篠原徹 編, 『近代日本の他者像と自畫像』, 東京: 柏書房, pp.85-128.

26 전쟁 중 일본에서의 문명론 논의에 대해서는 Shimazu(2009), 제5장 참조.

에 대한 그들의 전반적 태도에 현실적 수용이나 양면성이 특징적으로 두드러졌다는 사실로 판단하건대, 그들이 전선 너머 상대편의 가족에게 전개되는 비극을 통해 사기를 충전했으리라는 비약적인 결론은 내릴 수 없다. 전쟁터에서의 공감뿐 아니라 1905년 1월에 전선을 가로질러 형성된 동료애는 러시아 군인들과 러시아의 사건에 대한 일본 군인들의 태도에 틀림없이 영향을 미쳤을 것이다.

나는 1월 2일의 포트 아서의 함락이 전쟁터의 사기에, 특히 러시아 군인들에게 중요한 영향을 미쳤다고 주장했다. 러시아군이 신년 휴전을 주도적으로 발의한 것은 1904년 2월의 전쟁 발발 이후 10개월이나 지나서 포트 아서 전투가 종결된 것에 대한 안도감(비록 러시아 군대의 패배를 수반했지만)에서 비롯되었을 것이다. 또한 두 번째 요인, 즉 일본의 전쟁포로수용소에서 러시아군 포로를 우호적으로 대한다는 소식이 전선의 러시아 군인들에게 전해지기 시작하면서 일본의 적군에 대한 러시아군의 적의가 누그러진 듯이 보인다. 확실히 마쓰야마는 그들이 처음에 두려워했던 지옥의 포로수용소가 아니었다.[27] 또한 러시아의 패배와 뒤이어 1905년 1월 말까지 이어진 신년 휴전은 일본 사병들의 사기를 진작시키기 위해 피의 일요일의 소식을 이용하려던 일본군의 의도가 그리 결실을 보지 못했음을 의미했다.

러일전쟁 중의 신년 휴전은 이런 상황이 전쟁터에서 왜 일어나는지에 대한 가치 있는 통찰을 제공한다. 한 가지를 들자면 그것이 공유

27 예를 들어 小木曾竜 · 小木曾美代子(1991), 『日露戰爭下の日本: ロシア人捕虜の妻の日記』, 東京: 新人物往來社 참조.

된 종교적 가치와 아무런 관련도 없었음은 분명하다. 오히려 그 휴전은 국제적 전쟁에서 문명화된 행위를 준수하려는 국제사회의 구성원으로서 교전국들이 공유한 가치에서 비롯된 것이었다. 이런 의미에서 1905년 1월의 신년 휴전과 1914년 12월의 크리스마스 휴전 사이에는 분명한 연관관계가 있다. 더욱이 국지적으로 적국의 전투병들이 정중하고 쾌활하게 교류하려 한 시도는 의식적이든 무의식적이든 간에 군대의 전투 명령을 거역하면서 이루어졌다. 그러므로 이런 행위는 전선의 장교들과 군인들이 군대 고위층에 반항한 행위로 이해될 수 있다. 그렇지 않으면 이것은 전쟁 피로의 징후로도 여겨질 수 있다. 어떻든 간에 1905년 1월 22일 피의 일요일에 대한 일본 군인의 태도는 1905년 1월 초에 시작된 신년 휴전이라는 독특한 경험으로 말미암아 전쟁터에서의 적대감이 일시적으로 약해진 매우 복잡한 상황에서 형성되었다.

(번역: 이미애)

III. '평민' 행상들의 정보전: 혁명 시대와 일본어 미디어의 항쟁

고영란(일본 니혼대학)

1. 머리말

1904년 2월에 조선과 만주의 주도권을 둘러싼 러일전쟁이 시작된다. 1905년 9월에는 포츠머스 강화조약에서 일본의 승리가 확인되고 일본은 조선과 만주 침략의 토대를 갖춰가게 된다. 당시 일본은 사카이 도시히코(堺利彦)가 회상하듯 "사회주의 운동 최초의 엄청난 비약"[1]의 시기였다. 그 비약의 원동력이 되었던 것은 사회주의자의 '비전론(非戰論)'이었다. 그러나 상황은 사회주의 운동의 수준만으로는 파악할 수 없는 일본어 미디어 환경의 재편과 복잡하게 얽혀서 전개되고 있었다. 이미 자본의 역학이 우선시 된 일본어 미디어 시장은 판매부수를 둘러싼 치열한 경쟁이 펼쳐지고 있었던 것이다. 많은 미디어가 정보 획득 면에서 속도전을 벌이고 있었고, 대량 인쇄 시스템을 토대로 더 많은 독자 획득을 목표로 한 시기이기도 했다. 이때 비전론의 '전도'를 자임하고 있던 주간 『평민신문(平民新聞)』, 러시아혁명에 대해 보도한 『직언(直言)』(『평민신문』의 후속 잡지)에서의 정보 발신 방법은 당시의 미디어 상황에서 생각하면 기이하다고도 할 수 있는 '사회주의 선전의 새로운 형식'을 만들어냈다.

1 「社會運動史話」, 『社會科學』 1928年 2月號.

그것을 잘 드러내고 있는 것이 아라하타 간손(荒畑寒村) 편 『사회주의 전도행상일기(社會主義傳道行商日記)』[2]의 표지이다. 두 청년이 끌고 있는 상자수레(箱車)는 당시 우유 배달용 수레 같은 모양이다. 이 수레차에 대한 최초의 언급은 1904년 3월 13일 『평민신문』의 「행상전도소식」란에 나온다. 도보로 전국을 돌면서 집회를 열고 수레에 '사회주의 책들'을 싣고 행상하며 다닌 것이 행상전도이다. 이 책을 쓴 아라하타 간손도 『직언』 시대에 행상을 한 경험이 있는데, 그의 상자수레에는 러시아혁명에 대한 관심을 강하게 드러낸 『직언』도 물론 들어 있었다.

사회주의 행상에 대해서는 이후 본문에서 서술하겠지만 이동 미디어로서의 '신체'의 문제는 이 시기 일본어 미디어에서 '러시아'라는 기호가 어떻게 편성되었는지, 평민사가 내건 정보의 '수신-전달자'로서의 '평민'이란 누구인가라는 물음과 함께 생각해야만 한다. 본 논문에서 필자는 이런 문제를 다루면서 1905년 혁명에 접근하고자 한다.

2. 『평민신문』에서 『직언』으로의 길

1903년 6월 말부터 전개된 '러일전쟁 개전(開戰)인가 비전(非戰)인

2 荒畑寒村 編(1971), 『社會主義傳道行商日記』, 東京: 新泉社.

가'를 둘러싼 논쟁은 당시의 신문계를 양분했다. 그 여파로 신문계는 "오사카에서는 보도신문의 시대"가 열리고, "도쿄에서는 3면 신문, 보도신문, 가정신문이 고용할기하며" "언론신문, 독립신문은 쇠퇴하는 쪽으로"[3] 치닫게 된다. 『오사카아사히 신문(大阪朝日新聞)』, 『도쿄아사히 신문(東京朝日新聞)』이 가장 강경한 주전론(主戰論)을 폈고, 『시사신보(時事新報)』, 『오사카마이니치 신문(大阪毎日新聞)』, 『국민신문(國民新聞)』 등도 개전을 주장했다. 비전의 입장을 취한 것은 이토 히로부미(伊藤博文) 계열의 『도쿄 일일신문(東京日日新聞)』, 시마다 사부로(島田三郎)의 『마이니치 신문(毎日新聞)』, 아키야마 데이스케(秋山定輔)의 『니로쿠 신보(二六新報)』, 구로이와 루이코(黒岩涙香)의 『요로즈 조보(萬朝報)』였다.

1903년 10월 8일 러시아가 만주에서 철수하겠다고 한 약속을 깬 날 『요로즈 조보』는 결국 비전론에서 개전론으로 전향한다. 루이코의 「전쟁은 피할 수 없는가(戰は避く可からざるか)」에 반발한 고토쿠 슈스이(幸德秋水, 1871~1911)와 사카이 도시히코는 같은 날 간다(神田)의 그리스도교 회관에서 열린 사회주의협회 주최의 '사회주의자 반전대회'에서 『요로즈 조보』를 퇴사한다고 밝혔고, 10월 13일에는 우치무라 간조(内村鑑三, 1861~1930)도 퇴사한다. 10월 12일자 『요로즈 조보』에는 이 세 사람의 이름으로 「퇴사의 변(退社の辞)」이 실렸다. 『요로즈 조보』가 전향한 날(10월 18일)에는 『마이니치 신문』 역시 「공동의 요구 최후의 결심(共同の要求最後の決心)」을 실으며 주전적 언설

3. 山本武利(1990), 『新聞記者の誕生-日本のメディアをつくった人々』, 東京: 新曜社.

을 제창하게 된다.

이 흐름은 각 신문의 경영상 문제에서 나온 판단이었다. 비전론을 주장했던 『니로쿠 신보』와 『요로즈 조보』는 당시 대중신문으로서 도쿄의 신문계를 이끌었다. 양쪽 모두 "센세이셔널리즘과 스캔들리즘 그리고 권력 비판이라는 형태로 '하등사회'의 독자층을 획득"[4]하고 있었다. 다시 말해 이들은 같은 독자층을 둘러싸고 적대적 경쟁관계에 있었다. 【표 1】[5]은 1903년 11월 26일자 『니로쿠 신보』에 실린 정보를 토대로 작성한 것인데, 이를 통해 '비전' 언설을 강하게 밀어붙이기 전에 10만 부를 넘었던 『요로즈 조보』의 발행 부수가 비전론의 영향으로 8만 부 전후까지 떨어지고 있음을 알 수 있다. 비슷한 상황에 있던 『니로쿠 신보』가 『요로즈 조보』보다 이른 1903년 9월 2일 사설 「금일의 기세가 멈추지 않으면 개전은 결국 막을 수 없다(今日の勢いにして止まずんば開戦は遂に已むべから

【표 1】 1903년 발행 신문명과 그 부수

신문	발행 부수
二六新報	142,340
大阪朝日新聞	104,000
大阪毎日新聞	92,355
萬朝報	87,000
報知新聞	83,395
東京朝日新聞	73,800
都新聞	45,000
時事新報	41,500
中央新聞	41,000
讀賣新聞	21,500
國民新聞	18,000
毎日新聞	14,000
中外商業新報	11,800
東京日日新聞	11,700
日本	10,000

4 小森陽一(1993), 「文學の時代」, 『文學』, 季刊第四巻 · 第二號, 4月, 東京: 岩波書店, p.7.

5 여기에서는 山本武利(1981), 『近代日本の新聞讀者層』, 東京: 法政大學出版局, p.412의 별표 5(A)를 사용했다.

ぎらん)』를 통해 개전이 불가피하다는 인식을 드러냈다. 그럼에도 불구하고 사주인 아키야마 데스케가 '러시아 스파이' 혐의를 받았기 때문에 1904년 여름 무렵에는 10만 부 이상이나 판매 부수가 줄어든다. 결국 비전 언설을 주창한 두 대중신문은 개전을 찬성하는 미디어들의 기세에 눌려 부수 확대 경쟁에서 밀려났다.

개전인가 비전인가와 관련된 『요로즈 조보』, 『니로쿠 신보』, 『마이니치 신문』의 전향은 당시 신문 미디어가 상업 저널리즘화했을 때의 숙명을 드러냈다. 러일전쟁을 둘러싼 외교와 내정의 복잡한 논의는 제쳐두고 그것이 비전인가 개전인가라는 단순한 도식으로 바꿔치기를 한다. 게다가 그것은 삼국간섭 때문에 청일전쟁의 승리를 충분히 보상받지 못했다는 의미가 담긴 '와신상담'(三宅雪嶺, 『日本』, 1985. 5. 15)이라는 굴절된 저널리즘의 슬로건과 겹친다. 결국 개전론에 담긴 피해의식과 정부 비판은 일본 내부에서는 마치 반권력적인 듯한 모습을 취한다. 이때 미디어의 선동에 의해 형성된 내셔널리즘은 "일러 충돌이라 하지만 실제로는 양국 제국주의의 충돌"(内村鑑三, 『萬朝報』, 1903. 9. 4)이라는 본질적인 인식을 억압하게 된다. 고모리 요이치(小森陽一)도 지적하고 있듯이 "이제 '정론(正論)'을 펼치던 우치무라 간조, 고토쿠 슈스이, 사카이 도시히코 같은 유명 기자의 시대는 끝난 것이다."[6] 그리고 이러한 흐름 속에서 평민사(平民社)의 결사라는 사건을 파악할 필요가 있다.

10월 10일 『요로즈 조보』를 퇴사한 사카이와 슈스이는 27일에는

6 小森陽一(1993).

경시청에 신문지 조례에 맞춰서 신고를 마치고 평민사를 창립했다. 평민사는 사회민주당이나 사회주의협회와 같이 치안유지법의 구속을 받는 결사가 아니라 신문지 조례에 의거하는 신문사로 신고를 했음에 주목하고자 한다. 신문지 조례에서 정한 정부 납부 보증금 1,000엔은 고토쿠 슈스이의 스승인 나카에 조민(中江兆民)의 지인 고지마 류타로(小島龍太郎)한테서 빌린 돈이었다. 사카이와 슈스이 두 사람이 퇴직했을 때의 2개월분 봉급 240엔만이 창업자금이었다. 그 밖에 독일에서 귀국한 의사이자 당시 직행단(直行團)을 결성한 가토 도키지로(加藤時次郎)가 750엔을 빌려주었다. 사회주의협회 회원인 야마네 고이치(山根吾一)의 협조를 받아 10월 16일부터 평민사 창립 업무를 시작할 수 있었다.[7] 11월 15일에 발간된 창간호는 12면, 제2호와 제8호는 10면이었지만 나머지는 8면으로 제작되었다. 사이즈는 타블로이드판이었고 5단 구성에 매주 일요일 발행이었다.

주간 『평민신문』 창간호는 5천 부를 인쇄했지만 매진되어 3천 부를 더 찍었다. 그 후에는 각 호 평균 3,300부 정도를 유지했다. 1904년 3월 6일 「평민사 농성의 기록(平民社籠城の記)」, 6월 5일 「농성 후의 평민사(籠城後の平民社)」에는 창간 이후 경영수지가 보고되어 있는데, 신문의 적자를 평민문고 등의 출판사업으로 메우고 있음을 알 수 있다. 또한 사원들의 급료는 3월 이후 2할 줄었고, 4월부터는 아예 무보수로 일을 했다. 결국 신문사 측은 7월 24일 「평민사 유지 방책(기부금 2천 엔 모집)(平民社維持の方策(寄付金二千円の募集))」을 통해서 기부금

7 『平民新聞』 第1號의 「發刊事情」, 第17號의 「平民社籠城の記」 참조.

모금을 발표했고, 매호마다 기부금에 관한 보고를 실었다. 이는 1920년대에 잡지 『전기(戰旗)』 등[8]의 사회주의 계열의 매체가 대대적으로 실시했던 기금모금의 선구적이라고 할 수도 있다. 그러나 출판시장에 '사회주의' 붐이 일어나 '발매금지'가 부가가치 기능을 했던 1920년대의 『전기』와[9] 같은 '성공'은 『평민신문』이 놓여 있던 언설공간과는 거리가 먼 이야기였다.

유지금 모금은 성공했고 1905년 1월까지 약 1,359엔이 모였다. 그렇지만 제52호(11월 6일)와 제53호(11월 13일) 사건 때문에 신문은 폐간 수순을 밟게 된다. 제54호(11월 20일) 1면 최상단의 「발매정지 다시 온다!!(發賣停止又來る!!)」, 「발매정지 다시 온다!!!」(發賣停止又々來る!!!)」에 의하면 제52호는 사설 「소학교사에게 고함(小學教師に告ぐ)」, 「소위 애국자의 낭패(所謂愛國者の狼狽)」, 「전쟁에 대한 교육자의 태도(戰爭に對する教育者の態度)」 등이 신문지 조례위반 혐의로 발매금지 처분을 받았다고 한다. 발행인 겸 편집책임자인 니시카와 고지로(西川光二郎, 1876~1940)는 금고 7개월, 벌금 50엔 그리고 인쇄인 고토쿠 슈스이는 금고 5개월, 벌금 50엔을 선고받았고, 인쇄소인 국광사(國光社)의 인쇄기계 1대가 몰수되었다. 제53호는 창립 1주년 기념호였는데, 슈스이와 사카이의 공역 「공산당 선언(共産黨宣言)」이 문제

8 Nippona Artista Prolcta Fcdcracio(에스페란토). 1928년 일본 프롤레타리아 예술연맹과 전위예술가연맹이 합쳐져서 결성. 일본 프롤레타리아 예술운동의 주력이 되었고 기관지 『戰旗』, 『NAPF』를 간행했다. 1931년에 해체되어 KOPF에 참여했다.

9 이에 대해서는 高榮蘭(2012), 「拡張する検閲〈帝國〉と〈非合法〉商品: 玄海灘に交錯する雑誌『戰旗』の讀者網」(十重田裕一他編, 『検閲 · メディア · 文學』, 東京: 新曜社)에서 상세히 논했다.

가 되어 발행 이전에 발매금지 처분을 받았다. 슈스이, 사카이, 니시카와는 각각 80엔의 벌금을 부과받았고 같은 날 열릴 예정이었던 '창립 1주년 기념 원유회'도 역시 금지되었다(「園遊會禁止の記」 第54號). 그로부터 4일 후 사회주의협회도 '안녕질서에 방해가 된다'는 이유로 치안경찰법에 따라 금지명령을 받게 된다. 제52호, 제53호에 관한 결심 재판은 1905년 2월 23일에 있었고, 『평민신문』은 발행금지 처분을 받고 폐간이 결정되었다.

『평민신문』 제64호 1면에 「종간의 변」이 실리는데, 종간호는 마르크스가 발행한 『신라인 신문』의 종간호를 따라 전체 페이지를 빨간색 잉크로 인쇄하여 항의 입장을 표명했다. 그러나 6면 기노시타 나오에(木下尚江, 1869~1937)의 「평민신문을 애도함(平民新聞を弔ふ)」 하단에는 「본지 폐간에 대한 주의(本紙廢刊に就ての注意)」가 배치되었고 『직언』이 『평민신문』의 '발전' 매체임을 강조하면서 '평민신문 선금(前金)'을 그대로 『직언』 쪽으로 이체할 것을 권유하고 있다. 같은 면 3단에는 위 재판에 의한 수백 엔의 벌금 또는 수백 엔의 손해금(인쇄기계 몰수 건)과 "지금 각종 말할 수 없는 비용을 요청"하기 위해 "운동기금 모금"을 간원하는 글이, 그리고 마지막 2단에는 주간신문 『직언』의 광고가 게재된다. 또한 2면에는 3단 구성으로 「러시아혁명의 불길(露國革命の火)」이 실려 있는데, 그것이 1면의 「종간의 변」과 마주보는 구성으로 되어 있다. 이것은 마치 『평민신문』에서 『직언』으로의 이행이 '비전론'에서 '러시아혁명'으로 쟁점이 이행함을 보여주는 것처럼 보인다. 이런 과정을 거쳐 1905년 2월 5일에 『직언』 제2권 제1호가 간행된다.

본 논문에서는 『평민신문』과 『직언』의 등장을 탄압과 저항이라는 이항대립적인 도식 속에서 보려는 것이 아니다. 평민사라는 공간을 만들어낸 사람들이 본래는 상업 저널리즘의 승자이고, 신문매체에서 자본을 만들어내는 구조를 잘 알고 있는 사람들이었음에 주목하고 싶다. 예를 들면 슈스이의 『요로즈 조보』 입사는 창간 다음 해(1893년)이고 사카이 도시히코의 입사는 1899년이며, 두 사람 모두 이 신문이 도쿄에서 가장 많은 부수(1900년 전후 약 30만 부)[10]를 발행하기까지 큰 공헌을 했다. 『요로즈 조보』에서 『평민신문』으로의 이동은 당시 상업 저널리즘의 움직임에 역행하는 듯한 모습으로 이루어지고 있지만 거기에서 '평민'이라는 말을 매개로 연출되는 독자공동체도 역시 긴밀한 그물망을 만들어내듯 형성되었다.

3. '러시아 스파이'와 싸우는 '평민' 행상들

비전론을 내건 『평민신문』과 『직언』은 러일전쟁기에 본격화한 상업 저널리즘적인 경쟁에서 물러난 신문인들(사카이 도시히코, 고토쿠 슈스이)에 의해 만들어진 매체이다. 비전론을 일관되게 주장한다는 것은 당시 혼란스러운 전장 보도와 관련 없음을 의미했다. 주지했듯이 러일전쟁은 근대 일본의 전쟁보도사에서 큰 획을 그은 사건이었다. 청일전쟁 이전, 톱 클래스로 하루 평균 3~4만 부의 발행 부수를 자랑했던 도쿄의 신문은 러일전쟁을 거치면서 발행 부수가 거의 20만 부 가까이 되었다. 예를 들면 비전론의 영향으로 한때 발행 부수가 8만 7천 부(1903년 11월)까지 떨어졌던 『요로즈 조보』는 사카이 도시히코, 고

10 山本武利(1981), 『近代日本の新聞讀者層』, p.96.

토쿠 슈스이, 우치무라 간조의 퇴사 이후에 개전론 중심의 러일전쟁 보도를 하면서 16만 부까지 회복한다.[11] 개전론이 판매에 미친 영향 그리고 어떤 논의가 대중의 지지를 얻었는지는 확실하다.

러일전쟁기 미디어 환경의 변화는 청일전쟁의 반복도 아니고 양적 확대도 아닌 큰 질적 변환을 포함했다. 우선 보도의 통신속도가 빨라졌고 속도성이 높아졌다는 것을 들 수 있을 것이다. 인쇄기술의 발전과 더불어 전장의 상황은 군대 내의 정보시스템을 사용하면서 순식간에 국내에 전해졌고 신문 보도로 연결되었다. 한편으로 또 청일전쟁에 비해 대상이 된 러시아의 국토에 상응하여 전쟁공간이 확대되었다. 발틱 함대의 항해가 전쟁의 초점이 된 것처럼 공간의 이동이 지구적 수준으로 확대되었고 그것을 의식하면서 국지적인 전략이 짜여졌다. 이러한 확대에 맞춰서 보다 많은 정보제공이 요청된 것도 이 전쟁의 특징이다.

또한 지면 구성방법도 사진인쇄가 증가하면서 세련되어졌고, 마리노니(Marinoni)식 윤전기를 도입하며 대량 인쇄가 가능해진 것이 신문보도에도 영향력을 미쳤다. 호외를 포함한 이런 신문보도는 전쟁을 방불케 하는 동시중계적 상상력을 바탕으로 독자의 감수성을 파악해 갔다. 또한 잡지의 경우 박문관(博文館)의 『러일전쟁 실기(露日戰爭實記)』(1904년 2월 창간)가 가장 잘 알려졌는데, 이런 순간(旬刊), 월간(月刊) 저널에서는 신문의 속도만큼은 아니었지만 신문지면에서는 파악할 수 없는 정보가 축적되었다. 또 전쟁을 둘러싼 역사 · 경제 · 지리 ·

---

11 여기에서 수치는 山本武利(1981), 『近代日本の新聞讀者層』, p.412의 별표 5 (A)와 (C)를 비교한 결과이다. (C)는 『廣告大福帳』, 1904년 10월호에 의한 것이다.

군사 등 다양한 수준에서 접근이 이루어졌으며 전쟁보도에 대한 해석의 틀을 제공하였다. 그 밖에도 단행본 형태, 환등(幻燈), 활동사진 등의 영상 혹은 재경군인회, 학교, 청년단 등의 조직에 의해서 빈번된 강연 등의 구술 미디어가 전쟁보도를 전하는 형태도 확대되고 있었다.[12]

이런 흐름 속에서 논문 도입부의 그림에 있는 『평민신문』 '행상전도'의 등장 그 자체가 이미 속도 경쟁이 치열한 전쟁보도 중심의 미디어 환경을 거스르는 것이었음은 확실하다. 1904년 3월 13일(제18호)에 「행상전도소식」란이 개설된 이후 후속지 『직언』이 폐간될 때까지 거의 매호마다 행상으로부터의 보도가 실린다. 그중에서 최연소 전도행상이었던 아라하타 간손의 「전도행상의 추억(傳道行商の思い出)」과 「직언 시절(直言時代)」을, 그리고 사카이 도시히코의 「평민사 시절(平民社時代)」을 실마리로 하여 전도행상에 대해 살펴보고자 한다. 덧붙여 말하자면 아라하타 간손은 러시아혁명에 많은 지면을 할애한 『직언』 시절, 러시아혁명을 포함하여 사회주의운동에 관한 정보를 가지고 동북지방으로 행상을 나간다.

도대체 아라하타 간손이나 사카이 도시히코의 기록을 제외하고 일본의 사회운동사를 쓰는 일이 가능하기나 할까. 그러나 아라하타라는 지명도에 비해 그의 '사상'은 거의 연구대상이 되지 않았다. 1887년부터 1981년까지 살았던 아라하타는 죽을 때까지 사회운동의 현장에 있었다. 운동의 현장에 있었던 세월도 길었거니와 그는 사회운동에 관한 많은 기록을 남기고 있다. 그래서 그의 많은 '사상'이라기보

12 紅野謙介(2004), 「想像の戰爭 戰場の記錄: 『愛弟通信』『第二軍從征日記』『大役小志』を中心に」(小森陽一 · 成田龍一 編, 『日露戰爭スタディーズ』, 東京: 紀伊國屋書店) 참조.

다 '증언'으로 사용되는 경우가 많았다. 이 점에서 사카이 도시히코와도 가까운 위치에 있다. 아라하타가 관동대지진 때 죽임을 당한 오스기 사카에(大杉榮)의 그림자라고 한다면, 사카이 도시히코 역시 대역사건으로 피살되면서 역사 속에서 영생을 얻은 고토쿠 슈스이의 그림자에 해당한다. 주역이 될 수 없는 사카이의 텍스트나 활동은 사회주의를 둘러싼 일본어 언설을 분석하는 데 참조항으로 사용되는 경우가 많기 때문이다.

사카이 도시히코는 「사회주의운동사화(社會主義運動史話)」에서 '전도행상'이라는 말에는 '크리스천적 경향'이 드러나 있었다는 것을 인정하면서도 다음과 같이 말한다.

> 그 운동들(평민사 운동: 인용자) 중에서 특히 눈부셨던 것은 '전도행상'이었는데 그것은 "전국 동지의 피를 들끓게 했고" "사회주의운동에 한 줌의 신성한 빛을 던졌다"고도 할 수 있었다. '열렬한 두 청년'(小田賴造, 山口義三)이 사회주의 서적을 가득 실은 붉은색 상자수레를 끌고, 하코네(箱根)를 넘어 도카이도(東海道)로 내려가고 나아가 산요(山陽)에서 시모노세키(下の關)까지 간 대장정에 보는 자도 듣는 자도 모두가 그 씩씩함에 감탄했다. 그때 오다(小田)는 시모노세키에서 야마구치(山口)와 헤어지고 규슈(九州)를 일주했다. 그 후 후카오 아키라(深尾韶), 아라하타 가쓰조(荒畑勝三) 등의 청년도 역시 지방으로 '전도행상'을 다녔다.[13]

---

13 『中央公論』에 1931년 1월부터 연재된 「社會主義運動史話」에 따른다. 堺利彦(1970), 『堺利彦全集』 6, 東京: 法律文化社, p.205 참조.

사카이는 '전도행상'을 이렇게 일본의 사회운동을 일으킨 기념비적인 운동으로 평가하고 있다. 아라하타 간손에 의하면 이는 "선전과 장사를 결합시킨 새로운 운동형식"(p.41)[14]이었지만 "당시에는 선전이라는 말이 거의 사용되지 않았고 늘 전도라고 일컬어졌다"(p.43)고 한다. 실제로 평민사와 관련된 기노시타 나오에나 우치무라 간조는 그리스도교 신자였고, 오스기 사카에조차 이때는 에비나 단조(海老名彈正)의 문하에 있었다. 더구나 아직 충분한 사회주의 이론이 소개되지 않았던 이 시기에 '사회주의'는 신앙에 가까운 메타포를 통해 표현되곤 했다.

위에서 사카이가 말했듯 '전도행상'을 시작한 오다 라이조(小田頼造)는 무종교였지만 "새로운 종교, 새로운 윤리는 곧 사회주의"(p.44)라는 입장을 갖고 있었다. 그와 함께 '전도행상'을 나간 야마구치 요시조(山口義三)는 기독교 세례를 받았는데, 「나는 어떻게 해서 사회주의자가 되었는가」(予は如何にして社會主義者となりし乎)(『平民新聞』 44)에서 사회주의를 '세계인류의 대종교'에 빗대고 있다. 또한 「전도행상을 위해 도쿄를 떠나면서」(傳道行商のために京を發するに臨みて)(『平民新聞』 47)에서는 "일본 전역에서 동지 제군과 만나 함께 이 주의(主義)를 나누고, 함께 이 복음 선전에 진력하겠다"고 선언했다.

이 글의 첫 장에 있는 그림은 이 두 사람을 묘사한 것이다. '전도행상'이라는 제목은 빗속 흙탕길에서 무거운 상자수레를 끌고 가는 두 사람의 모습이 마치 고난 속에서 포교하러 가는 선교사의 모습을

---

14 이후 荒畑寒村, 「『直言』の時代」, 「傳道行商の思い出」의 인용은 荒畑寒村(1976), 『荒畑寒村著作集』 1, 東京: 平凡社에서의 페이지만 명기한다.

환기시키는 효과를 내고 있다. 실제로 두 사람 이후에 평민사의 전도 행상에 나서는 젊은 청년들은 수레를 끌고 도쿄를 떠나 지방으로 내려간다. 그 여정은 말할 것도 없이 "시세의 불리함, 정부의 박해, 관헌의 관성(冠省) 그리고 산하(山河)의 험난함, 풍설(風雪)의 혹독함을 헤쳐 나가야만"(p.46) 하는 것이었다.

이들의 활동경비는 평민문고를 반액으로 구입해 직접 판매한 수입으로 조달되었다. 그들은 우선 『평민신문』, 『직언』의 개인 독자, 전국 각지에 산재해 있던 사회주의 단체를 방문하면서 담화회를 열거나 강연회를 열어 사회주의협회 회원을 모았다. 역시 "목적은 문자 그대로 사회주의 서적을 파는 것"(p.47)이었다. 「행상전도소식」란에는 날짜마다 마치 일지와 같이 행상 기록, 강연회나 담화회 횟수, 도움 준 사람들의 이름, 책 판매 매상 등에 대한 보고가 기록되었다. 그 기록에 따르면 창간 1주년 기념사업의 일환으로 마르크스 · 엥겔스 공저 「공산당선언」을 사카이 도시히코, 고토쿠 슈스이가 공역해서 실은 1904년 11월 13일자 신문(제53호)이 발매금지되었다. 번역자들은 '질서괴란죄'로 처벌을 받았으며, 그 이후 평민행상에 대한 당국의 탄압이 혹독해졌다. 행상에 협력하는 자는 물론 그들의 숙소까지 단속하는 바람에 묵을 곳을 찾을 수 없는 날도 늘어갔다.

또한 전도행상은 여러 방식으로 '러시아 스파이'라는 말과 연결되게 된다. 이 말은 평민사의 비전론이나 러시아혁명의 논의에서 등장하는 '노국(露國)'이라는 글자와 친연성이 있었기 때문이다.

① 오다는 이미 두 번의 지바(千葉) 현 행상경험이 있어 다소 요령을 터득했겠지만 야마구치가 빠른 말로 유창하게 사회주의 이론을 읊

어대는 것을 듣고 필시 상대방도 놀랐을 것이라고 생각된다. 그중에는 아예 상대하지 않는 자도 있고 심한 경우는 러시아 스파이라거나 매국노라고 욕하는 자도 있었다(p.48).

② 미토(水戸) 시의 동지에게 경찰로부터 다음과 같은 명령이 도착해 있었다. "이번에 평민사에서 아라하타라는 자가 방문할 것이다. 그는 금전을 강하게 요청하러 오는 자이니 만나지 말라. 또 들리는 바에 따르면 그는 러시아 스파이라고 한다." '러시아 스파이'라는 악랄한 유행어를 내뱉다[15]니 대정부가 왜 사회당의 말단에 불과한 나와 대결을 하려 하는가.

'러시아 스파이'라는 말은 담화회 때(①)나 경찰의 지시(②)에서 나왔다. 그에 대한 반응이 ①"도를 넘어서는" ②"악랄한 유행어"라는 말로 표현되듯이 '러시아 스파이'라는 말은 그것을 제기하는 사람의 정동을 뒤흔드는 힘을 갖고 있었다. 아라하타가 경찰들의 방해로 숙소가 없어 어려움을 겪을 때, 그를 재워준 기독교 강의소의 다카시마(高島)는 아라하타를 "러시아 스파이라고 욕먹고 나라의 적이라고 조롱당하면서 이 어리석은 마을에 기독교의 복음"을 전하러 온 사람이라고 소개했다고 한다.

'러시아 스파이'라는 말은 1903년 여름 끝 무렵 일본의 신문에 등장하여 1904년에 『니로쿠 신보』 사장인 아키야마 데스케의 '러시아 스파이' 사건을 둘러싼 보도가 과열되면서 널리 퍼진다.[16] '러시아 스

15 「東北傳道行商日記(五)」, 『直言』 2(15), 1905. 5. 14.

16 '러시아 스파이(露探)'라는 말의 작용에 대해서는 奥武則(2007), 『露探: 日露戰爭期の

파이' 사건의 영향으로 당시 도쿄 신문계를 이끌고 있던 『니로쿠 신보』는 1903년 11월 약 14만 부에서 1904년 10월에는 3만 2천 부[17]까지 발행 부수가 줄어든다. 당시 사람들의 '러시아 스파이'에 대한 반응은 '공로증[恐露病]'[18], "유행하는 독어(毒語) '러시아 스파이'"[19] 같은 말에서 잘 드러나 있다. 특히 기노시타 나오에는 『유행하는 독어 '러시아 스파이'』에서 "열성적인 비전론자이자 가장 엄격한 정교회 신도"인 친구가 러시아 스파이라 모욕을 당했고, 학교에서 "네 아버지는 러시아 스파이라고 욕먹은 딸이 집에 돌아와 슬피 울었던" 적이 있다는 사실을 전하고 있다. 여기에서는 주로 정교회에 대한 공격이 비판적으로 논해지고 있는데, '비전론' 역시 '러시아 스파이'라는 기호와 연결될 위태로운 위치에 있었음을 알 수 있다.

1905년 9월 5일, 포츠담조약을 반대한 민중들의 히비야(日比谷) 방화사건이 보여주듯이 개전론에 열광한 민중의 분노의 방향은 『평민신문』의 그것과 일치하지는 않는다. 1905년 8월 10일부터 미국 포츠머스에서는 강화회의가 열렸다. 러시아와의 교섭에 난항을 겪지만 그 사실이 거의 전해지지 않은 일본에서는 교섭 결과로 러시아로부터 엄청난 액수의 돈과 영토를 얻을 수 있으리라는 기대가 높아졌다. 결과적으로 일본은 조선반도를 실질적 지배하에 두는 데 성공했고, 만주에서의 러시아군 철수, 다롄 · 뤼순의 조차권을 비롯하여 가라후토 남

メディアと國民意識』(東京: 中央公論新社) 참조.

17 데이터는 각주 10과 같다.

18 陸羯南(1903), 「恐露病の一奇因」, 『日本』, 1903. 6. 26(『陸羯南全集』 8, 東京: みすず書房, 1972, p.115).

19 木下尚江(1903), 「流行の毒語『露探』」, 『毎日新聞』, 1903. 3. 4.

반부에 대한 권리, 창춘에서 뤼순까지의 동청철도 남만주 지선(支線) 등도 얻어냈다. 문제는 배상금 쪽이다. '배상 없음'이라는 강화 결과에 대해 『국민신문』 이외의 주요 미디어(『아사히 신문』, 『요로즈 조보』, 『니로쿠 신보』 등)는 비판적이었고 강화 반대 주장을 폈다.

같은 해 9월 5일 히비야 공원에서 강화 반대 '국민대회'가 열렸다. 3만 명의 군중이 모였는데, 그곳에서 생긴 군중과 경찰 사이의 충돌이 히비야 방화사건으로 이어진다. 마에다 아이(前田愛)는 1905년 4월 3일에 히비야 공원에서 열린 러일전쟁의 전승축하회에 모인 10만 명의 군중이 9월 5일 국민대회에 참가한 군중과 아마도 '본질적인 차이가 없다'고 한 후 양쪽 사건을 다음과 같이 정리했다.

> 히비야의 전승축하회는 '서로 면식도 없던 이들'에게 연대감을 불러 일으키고 민족감정을 북돋기 위해 지배층이 고안한 상투적인 행사에 불과했다. 지배층이 만들어낸 대중운동의 방식이 그 의도와는 달리 도시 민중폭동의 전제조건을 마련하는 계기가 되었다. 여기에 필연적인 역사의 아이러니가 은폐되어 있다.[20]

개전 지지에서 강화조약 반대에 이르기까지 이런 민중을 독자로서 상정하면서 지면을 차지하고 있던 것은 『요로즈 조보』, 『아사히 신문』, 『니로쿠 신보』등 주요 신문 미디어이다. 이 매체들의 국민대회 지지는 당연한 결과라고 볼 수도 있다. 그와 동시에 강화 찬성을 표

20 前田愛(1978), 『幻景の明治』(朝日選書 121), 東京: 朝日新聞社, p.232.

명한 『국민신문』이 민중의 습격을 받은 것도 어쩌면 당연한 말로라고 볼 수 있다. 개전론은 물론 강화문제를 둘러싼 찬반논의의 장에 참여하지 않는 평민사는 대중과 친화적인 매체가 될 수 없었다.

히비야 방화사건을 진압하기 위해서 정부는 9월 6일 밤, 두 개의 긴급칙령을 내렸다. 하나는 국내 치안유지를 위해 발령한 행정계엄(계엄령)이었고, 또 하나는 신문잡지 발행금지령이다. 이 조치로 인해 오랫동안 발행금지에 처해진 것은 강화 반대에는 가담하지 않은 『직언』이다. 결국 히비야 방화사건의 민중과 가장 먼 거리에 있었던 『직언』이 히비야 방화사건의 여파로 폐간되었고, 10월 9일에는 평민사도 해산하게 된다.

평민사 해산극을 권력의 탄압이라는 문맥만으로 파악해서는 안 된다. 해산의 직접적인 원인은 신문잡지 발행금지령 때문이다. 그러나 평민사의 '행상전도'가 고난의 가시밭길이었던 것은 주류의 지지를 얻을 수 없는 사상을 '전도'하러 나선 탓이다. 평민사가 심각한 경영난에 시달린 것은 혹독한 탄압 때문이었을 뿐 아니라 비전론, 러시아혁명을 전하는 기사가 만들어낸 '러시아 스파이'라는 기호와의 친연성 때문이기도 했던 것이다.

그렇다면 소위 민중, 특히 노동자계급을 지지기반으로 확보할 수 없었던 『평민신문』, 『직언』에서 '평민'이란 어떤 의미로 사용되고 있었을까.

4. '평민'과 '신평민'을 둘러싼 아슬아슬한 경계

『평민신문』 창간호에 실린 「선언」의 평민주의에 대한 항목에는 "우리는 인류의 사유가 완전하도록 민주주의를 신봉한다. 그렇기 때문에 가문의 좋고 나쁨, 재산의 많고 적음, 남녀의 차별로 인해 생기는 계급을 타파하고 모든 압제 속박을 제거하기를 원한다"고 쓰여 있다. 이것을 「발간의 서(發刊の序)」에 있는 "평민신문은 인류동포가 언젠가 평민주의, 사회주의, 평화주의의 이상향에 도달하는 데 도움이 되고자 창간한다"는 구절과 함께 생각하면 '평민주의'란 '인류동포'를 상정하면서 신분제도, 자본, 젠더에 의해 만들어진 계급제도의 타파를 목적으로 하는 것임을 알 수 있다.

사카이 도시히코와 고토쿠 슈스이는 「공산당 선언」을 번역할 때 Bourgeois와 Proletariat에 '신사(紳士)'와 '평민(平民)'이라는 역어를 각각 대응시켰다.[21] Proletariat와 역어 '평민'의 관계에 대해 사카이는 "'평민'이라는 역어는 당시 '평민사' '평민신문' 등을 생각하면 그 뉘앙스를 잘 알 수 있다. 그러나 당시에도 '평민'만으로는 충분치 않았다. 그래서 어떤 곳에는 '평민, 즉 근대 노동자계급'이라고 써두었다"고 회상한다.[22] 물론 『평민신문』이라는 이름이 Proletariat에서 유래한 것은 아니다. 창간 당시에 멤버들은 「공산당 선언」을 포함하여 사회주의 관련 서적을 별로 읽지 않았다. 그렇기 때문에 평민신문 창간 1주년 기획으로 「공산당 선언」을 번역하면서 Proletariat의 역어로 그

---

21 玉岡敦(2009), 「『共産黨宣言』邦譯史における幸徳秋水/堺利彦譯(1904, 1906)の位置」, 『大原社會問題硏究所雜誌』 603, p.16.

22 堺利彦(1930), 「共産黨宣言日本語譯の話」, 『勞農』 1930年 3月號.

들이 즐겨 사용한 '평민'이라는 말을 선택했다고 보아야 한다.

『평민신문』에서 『직언』으로 이행한 후에도 지면 구성은 거의 같았다. 그중에서 눈에 띄는 변화라고 한다면 「내외 시사(內外時事)」 코너에 「러시아혁명의 불길」 등, 러시아혁명을 전하는 기사가 늘어났다는 것이다. 기사 내용을 보면 러시아에서 일어나고 있는 '민중', '인민', '농민', '여성'들의 운동에 주목하는 기사가 많았다. 특히 '러시아 사회당'을 중심으로 구미의 사회당이 혁명운동과 어떻게 연대하고 있는지에 관한 기사가 눈에 띈다. 표현 레벨에서 보면 '평민'이라는 말은 주로 사회당 멤버에 대해 사용되었다. 예를 들면 러시아 정부를 지지하고자 하는 프랑스 정부의 움직임에 대해 "프랑스의 평민(특히 사회당)은 그것을 기꺼워하지 않는다"(『直言』, 1905. 2. 5)는 표현 등이 그것이다.

평민사 멤버의 연대와 정동에 관련되는 표현 역시 주로 러시아 사회당 멤버에 대한 기사에서 볼 수 있다. 예를 들면 고토쿠 슈스이는 「러시아혁명의 조모」에서 1904년 8월에 암스테르담의 만국사회당대회에서 '러시아혁명사회당' 대표로 참가한 브레시코프스카야(Breshkovskaya)에 주목했고, 미국에서 모인 혁명운동 자금을 갖고 러시아로 귀국하겠다는 그녀의 계획을 밝혔다. 그녀의 '대담한 계획'에 대해 "끓어오르는 부끄러움과 감동 때문에 무슨 말로 맺어야 할지 모르겠다"고 격렬한 감정을 토로하면서 '러시아혁명의 조모(祖母) 만세!'라는 말로 글을 맺고 있다.[23]

---

23 幸德秋水(1905), 「露國革命の祖母」, 『直言』 2(2).

그렇다면 『평민신문』에서 '평민'이라는 프레임은 어떻게 짜여진 것일까. 평민사를 만든 멤버가 대중신문인 『요로즈 조보』와 『니로쿠 신보』 출신이었던 것을 다시 확인해 보자. 『요로즈 조보』, 특히 『니로쿠 신보』를 지지하는 독자층에는 노동자계급이 많이 포함되어 있었다. 1901년에 『니로쿠 신보』는 독자 대상의 노동자 대간담회를 개최하는데, 그것은 일본 최초의 메이데이라고 일컬어지는 대규모의 미디어 이벤트였다. "5만여 명의 회원을 획득했지만 치안경찰법 제8조에 의거하여" 집회인원을 5천 명으로 제한할 정도로 대성황이었다.[24] 간담회가 『니로쿠』 신문 확장정책의 수단이라는 것을 알면서도 가타야마 센(片山潜, 1859～1933)이 노동조합기성회를 통해 후원한 결과이다.

이런 대중신문의 판매정책을 숙지한 고토쿠 슈스이, 사카이 도시히코, 니시카와 고지로가 만든 『평민신문』을 야마모토 다케토시(山本武利)는 "모든 점에서 하층계급과는 인연이 먼 신문"[25]이었다고 말했다. 『평민신문』도 『직언』도 '신문과 독자'란을 설치하고 독자의 감상이나 편지를 게재할 때는 반드시 평민사 측의 코멘트를 붙였다. 그 편지 중에는 "평민신문이 좀 더 평이한 문장을 사용한다면 그에 따라 독자수를 늘릴 수 있고 그 주의(主義)의 목적을 이루는 것도 1년 혹은 10년이 빨라질 것이다"(『平民新聞』, 1904. 4. 24)라는 구절을 볼 수 있다.

지식인 독자층을 상정하고 있었다는 점이 자연스레 노출이 된 것이다. 그렇다면 도대체 '평민'이라는 말은 어떤 공동체를 만들어냈

---

24 『風俗畵報』, 1901. 4. 15.

25 山本武利(1981), p.161.

을까. 일지 형식의 「전도행상 기록」 코너 마지막에는 '이번 한 주'라는 요약 항목이 있고, 책 판매 부수의 보고와 함께 "○명의 동지를 만듦"이라는 표현이 보인다. 이처럼 전도활동의 큰 목적의 하나는 '동지'를 늘리는 것이다. 한편 「동지의 운동」란에는 전국 각지에 있는 평민구락부 강연회나 평민사 다과회의 상세한 내용을 병치해서 평민사의 독자가 서로의 활동을 확인하는 형태를 취하고 있다. 전국의 독자이름을 알고 싶다는 문의가 쇄도해서 만들어진 「평민신문 직간접 독자 통계표」[26]를 통해 드러나는 것은 서로가 평민사를 지지하는 독자공동체의 멤버인 것을 확인함으로써 어딘가에 있을 '동지'와 연결되고 싶다는 강한 욕망이다.

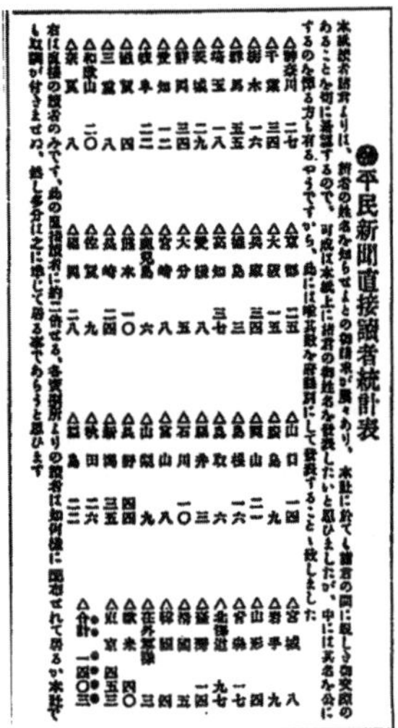

◉平民新聞直接讀者統計表

本紙讀者諸君よりは、諸君の姓名を知らせよとの御請求が屢々あり、本社に於ても讀者の間に親しき御交際のあることを切に希望するので、可成は本紙上に諸君の御姓名を登表したいと思ひましたが、中には其名を公にするのを憚る方も有るやうですから、先には唯其數を府縣別にして發表することゝ致しました

府県	数	府県	数	府県	数	府県	数
△神奈川	二七	△京都	二五	△山口	一四	△宮城	八
△千葉	三四	△大阪	一五	△廣島	九	△岩手	九
△栃木	一六	△兵庫	三四	△岡山	二一	△山形	四
△群馬	五五	△徳島	三	△島根	一六	△青森	一七
△埼玉	一八	△高知	三七	△鳥取	六	△北海道	九七
△茨城	二九	△愛媛	八	△福井	三	△沖繩	一四
△靜岡	三四	△大分	五	△石川	一〇	△韓國	五
△愛知	一二	△宮崎	八	△富山	八	△清國	四
△岐阜	二二	△鹿兒島	六	△山梨	九	△在外軍隊	三
△滋賀	四	△熊本	一〇	△長野	四四	△歐米	四〇
△三重	八	△長崎	二四	△新潟	三五	△東京	四五三
△和歌山	二〇	△佐賀	九	△秋田	二六	△合計	一四〇三
△奈良	八	△福岡	二八	△福島	二三		

右は直接の讀者のみです、此の直接讀者に約二倍する、各賣捌所よりの讀者は如何樣に[illegible]されて居るか本社でも取調が付きませぬ、然し多分は之に準じて居る者であらうと思ひます

러시아혁명을 둘러싼 기사에서 '평민'은 구미 나라들의 사회당 멤버를 표현할 때 사용되었다. 또한 『직언』의 1905년 2월 19일호에 게재된 '사회주의 운동 통계'에는 구미의 사회주의 운동만이 전경화되었다. 따라서 소위 '일본'이라는 내셔널한 영토 밖의 '평민'의 의미와 『평민신문』이 사용하는 '평민'의 의미를 비교해야 한다. 그와 동시에 '평민'이라는 말이 평민사의 독자공동체를 단결시키는 기능을 했던 점에 주목해야 한다.

---

26 「平民新聞直接讀者統計表」, 『平民新聞』, 1904. 7. 10.

평민사에서 '평민'이라는 말이 아슬아슬한 경계를 만들어내고 있는 것은 중심 멤버가 사용하는 '평민'을 '신평민'이라는 말과 구분해서 사용하는 것에서도 엿볼 수 있을 것이다. '신평민'이란 피차별부락민(구 백정계급)을 가리키는 말이다. 메이지 시기에 들어 피차별부락의 이민족 기원은 일본인의 경계를 편성하기 위해 동원된 적이 많았다. 사카이 도시히코를 비롯하여 많은 사회주의자는 피차별부락민에 대한 혹독한 차별을 비판하는 글을 썼다.

사카이 도시히코의 「인종적 반감(人種的反感)」은 1903년 7월 20일 『요로즈 조보』에 실렸는데, 원래 이 글은 7월 18일에 열린 대일본 동포융화회를 지원하기 위해 쓴 것이다. 대일본 동포융화회는 창립총회만 열고 활동은 하지 않았지만 부락개선운동을 위해 결성된 최초의 전국 네트워크였다고 한다.[27]

아키사다 요시카즈(秋定嘉和)는 당시 사카이 도시히코가 "서구 문명도 인종 차별로 파탄날 것이라고 했고, 피차별에 대한 '동정'을 말할 뿐"이었다고 지적했다.[28] 아키사다는 "사카이는 신분투쟁의 의미를 몰랐다. 그는 운동 속에 신분투쟁의 과제를 두는 것조차 고려하지 않았다"[29]고 비판했다. 이런 아키사다의 비판 이후 '인종적 반감'에

27 小正路淑泰(1998), 「堺利彦と部落問題: 身分 · 階級 · 性別の交叉」, 『初期社會主義研究』 11.

28 秋定嘉和(1993), 『近代と被差別部落』, 部落解放研究所, p.173.

29 秋定嘉和(1973), 「部落解放運動と共産主義: 初期水平社お階級運動參加をめぐって」(渡部徹飛 · 鳥井雅道, 『日本社會主義運動史論』, 東京: 三一書房).
1965년에 부락문제연구소에서 발행된 『부락문제 세미나 4(部落問題セミナー 4)』에서 마하라 데쓰오(馬原鉄男)는 사카이의 「인종적 반감」이 "부락 이민족 기원설을 취하면서 동시에 인간평등의 입장에서 제국주의적 민족억압에 대해 부락민의 '민족적 자

대해서도 같은 방향에서 비판적 평가가 이루어진 것은 확실하다. 그러나 민족이라는 말을 '신분과 계급'이라는 필터를 통해서 다시 정리하는 작업 자체가 1920년대 프롤레타리아 운동 속에서 격렬하게 논의된 문제였다. 그렇기 때문에 아키사다의 인식에는 수평사 창립 당시 일본이 식민지를 영유한 제국이었다는 점이 결여되어 있다고 할 수 있다.

사카이의 글은 러일전쟁 후의 논의이다. 거기에는 '비전' 언설과 유사한 구도가 보인다는 점에 주목해야 한다. 또한 이 구도는 두 가지 점에서 같은 시기에 비전론을 쓴 고토쿠 슈스이나 기노시타 나오에의 '신평민' 논의와도 겹친다. 우선, 일본을 '우수한 백인종'과 '열등한 황인종'이라는 대립구도에 넣지 않는다. 대신 그 구도를 설명할 때 열등한 황인종 차별의 예로서 부락차별과 조선에 대한 '경멸'을 함께 들고 있을 뿐이다.

두 번째는 인종적 차이에 근거하는 차별을 비판하지만 차별되는 대상으로서 부락, 아이누, 조선인, 중국인을 교환 가능한 기호로 사용하고 있다는 점이다. 구미와의 동등한 관계를 형성할 수 있는 것은 일본인만으로 한정시킴으로써 차별문제가 해소된다 하더라도 '일본' 대 '신평민, 아이누, 조선인, 중국인'의 위계관계는 유지된다. 이 구도는 『평민신문』, 『직언』에서 '평민'이라는 말을 매개로 일본의 사회주의자와 구미의 사회주의자의 관계가 대등하게 제시되고 있다는 점에서도

결'의 권리를 요청했다. 그리고 사카이의 사상은 사노 마나부(佐野學)를 비롯한 초기 수평운동의 이론가에게 영향을 미쳤고, 수평운동의 격렬한 실천 활동에 이론적 기초를 제공했다"고 평가한다. 아키사다의 비판은 마하라와 유사한 논의라고 볼 수 있다.

재확인할 수 있다.

예를 들면 사카이 도시히코의 「인종적 반감」에서 '반감'이란 우수한 인종이 열등한 인종에게 갖는 반감, 차별을 의미한다. '러시아인의 유대인에 대한 인종적 반감'이나 '미국인의 흑인에 대한 인종적 반감'이 '일본 내의 열등한 인종'인 아이누에 대한 '냉대'나 '신평민'에 대한 '경멸'과 같은 선상의 행동으로 다루어지고 있다. 또한 여기에서 '일본인'이란 '우수한 백인종'과 '열등한 황인종'의 사이에 끼어 '고충 많은 사람'이다. 그에 따라 '열등한 황인종'으로서의 중국인, 조선인과의 차이가 발생하는 것이다.

> 지금 일본인이 행하는 것을 보라. 한편으로는 백인의 경멸을 분개하면서 한편으로는 지나인을 조소하고, 조선인을 욕보이고, 자기가 하기 싫은 일을 다른 이에게 전가한다. 그러나 그것은 고생해본 사람의 마음가짐이 아니다. (중략) 일본인으로 하여금 그 근린 국민들을 깊이 경애하도록 하고, 함께 인종동포의 대의를 제창하여 구미 백인과 나란히 세계의 일을 대처한다면 그때야말로 비로소 동양의 문명은 진실로 위대한 광휘를 발휘하게 될 것이다. 그리고 우리는 믿는다. 이것이 실로 일본 인종이 하늘로부터 부여받은 천명이라고.[30]

'경애'할 대상으로서의 '지나인, 조선인'이란 일본인이 "구미 백인과 나란히 세계의 일을 대처"할 때 그 대상이 되는 '인종'이다.

30 堺利彦(1903), 「人種的反感」, 『萬朝報』, 1903. 7. 20.

한편 이 같은 구조는 "어떻게 조선을 구할까"라는 말로 시작하는 기노시타 나오에의 「경애하는 조선」에서는 '고대의 유대'에 비유되는 조선과 '침략자' 일본의 위계관계에서도 발견할 수 있다. 나오에는 "조선인 입장에서는 지나(支那)와 러시아와 일본이 침략자가 됨에 있어서 하등 다르지 않다"고 하면서도 조선인에게 가장 큰 피해를 주는 것은 '조선정부, 황제'라고 한다. 그러므로 조선의 왕실과 정부를 교도하려고 하는 일본정부의 방침이 최선은 아니라고 한다. 즉, 다른 나라의 지배를 피하기 위해서는 조선인이 "국가적 관념을 부정"하도록 이끌어야 한다는 것이다.[31] 여기에서 나오에가 '일본'을 포함하여 모든 '국가'의 해체를 주장하고 있었던 것이 아님은 확실하다. 결국 '유대인'이라는 말을 매개로 하여 조선과 '신평민'의 접점을 만들어내는 것이다.

이런 구조는 '신평민'에 관한 글에서 조선이 나오고, 한일병합을 비판한 고토쿠 슈스이의 「조선병탄론을 평한다」에서 '신평민'이라는 말이 나타나는 것과 동일한 것이고, 두 개의 단어는 상호작용을 하게 된다.

> 『신인』의 논자는 더욱더 "슬라브민족이 얼마나 이민족에게 악감정을 품고 있는지는 그들이 유태민족을 대하는 것에 명백하다. (……) 한국인이 러시아인과 합동하려고 한다면 (……) 합동이 아니라 병탄이다. 한인은 결국 사역당할 뿐이다"라고 주장한다.
>
> 내가 보는 바에 따르면 일본민족이 얼마나 이민족에게 악감정을 품고 있는지는 그들이 일컫는 신평민에 대한 것에서도 명백하다. 일

31 「敬愛なる朝鮮」, 『平民新聞』 32, 1904. 6. 19.

본인이 얼마나 한국인을 경멸하고 학대했는지는 양심이 있는 자가 항상 개탄하는 바가 아닌가. 한국인이 일본인과 합동하고자 하는 일이 있다면, 그것은 합동이 아니라 병탄이다. 한국인은 결국 사역당할 뿐이다. (……) 일본이 문명을 위하여 싸워 동양의 각국을 지도한다고 하지만 그 공명정대함이 어찌 오로지 이에 이르는가.[32]

여기에서 강조되는 것은 "동양의 각국을 지도"하는 일본이 "공명정대"해야 한다는 것이다. 슈스이는 당시 조선에 대한 군사적인 강제병합에 반대하고 경제적 팽창을 주장한다. 이를 생각할 때 이 인용문에서 병합을 비판하는 것은 일본의 팽창을 둘러싼 의견 차이로 보아야 할 것이다.

『평민신문』, 『직언』이 내건 '평민'이란 실은 일본 내부의 프롤레타리아트, 특히 평민사나 일본사회주의운동의 '동지-독자공동체'를 가리키는 말이다. '평민'과 '신평민'이라는 말의 경계가 드러내는 것은 '평민'이라는 프레임이 일본의 최하층계급인 '신평민'을 배제하는 식으로 편성되고 있다는 것이다. '신평민'이라는 말과 접속되는 '조선'이, '평민'이라는 말의 자장에 끌어들여진 적이 없음은 두말 할 것도 없다. 1905년 러시아혁명을 둘러싼 언설이 만들어내는, 일본의 외부에서 연대해야 할 '평민'이란 러시아 사회당이나 각 나라의 사회당 멤버를 축으로 하는 구미의 사회주의 운동가들이었기 때문이다.

(번역: 김미정)

---

32 幸徳秋水(1904), 「朝鮮併呑論を評す」, 『平民新聞』 36.

IV. 러일전쟁 전후 일본 혁명가들의 톨스토이 수용 양상

임경화(연세대학교 국학연구원)

1. 사상의 디딤돌로서의 톨스토이

김산과 님 웨일즈의 저서 『아리랑』의[1] 주인공으로 널리 알려진 조선인 혁명가 장지락(1905~1938)이 한때 톨스토이주의에 심취했던 것은 의외로 잘 알려져 있지 않다. 장지락은 3·1 독립운동 직후에 중국에 건너가 마르크스나 레닌의 저작들을 학습한 후 공산주의자가 되어 중국 공산당의 혁명운동과 조선민족해방전선의 구축을 결부시키고자 진력했지만 이윽고 '트로츠키 분자' '일본의 특무' 등의 혐의로 처형된 비운의 혁명가이다. 그런데 그가 실은 중학교 시절부터 톨스토이(Lev Nikolayevich Tolstoy, 1828~1910)의 저작들을 읽기 시작해 공산주의자가 되고 나서도 "톨스토이 책을 주머니에 넣고 다니면서 거의 매일같이 읽었"던 것이다.[2] 그중에서도 특히 『인생 독본』을 가장 좋아했는데, 춘추사(春秋社)에서 간행된 4권짜리 문고본[3]은 항상 품에 지니고 다니며 몇 번이고 다시 읽었다고 한다.[4] 게다가 그는 자신의

1 Kim San & Nym Wales, *Song of Ariran: The Life Story of a Korean Rebel*, New York: The John Day Company, 1941. 인용은 님 웨일즈 · 김산(2005), 송영인 옮김, 『아리랑: 조선인 혁명가 김산의 불꽃 같은 삶』(개정3판), 동녘.

2 님 웨일즈 · 김산(2005), p.196.

3 トルストイ(1933), 八住利雄 譯, 『人生讀本』 1-4, 春秋社.

4 님 웨일즈 · 김산(2005), p.198.

이러한 사상 편력은 독특한 것이 아니며 "극동의 현대 사상가나 작가 중에서 한때 톨스토이주의자가 아니었던 사람이 있을까"[5]라고 말해 당시의 동아시아 지식인들 사이에 보편성을 가진 것으로 인식하고 있었다. 나아가 "톨스토이주의는 어떤 것으로든 발전할 수 있다. 그의 철학은 인간 사유의 모든 면에 적용 가능한 보편적인 것이다. 그의 철학은 무정부주의로 나아가는 논리적인 디딤돌이기도 했고 헤겔 변증법으로, 또 마르크스주의 이론으로 나아가는 논리적인 디딤돌이기도 했다"[6]고 하여, 톨스토이주의를 발판으로 해서 무정부주의와 마르크스주의로 분기해 나아가는, 혁명 사상의 두 가지 경로를 지적하고 있다. 장지락의 경우는 후자의 경로를 걸은 혁명가였다고 할 수 있는데, 그럼에도 "사람들이 옛날 선생님을 좋아하듯이"[7] 톨스토이를 손에서 놓으려 하지 않았던 것이다. 이것은 톨스토이가 가졌던 다양한 모순에 대해 신랄한 비판을 반복하면서도 그 타당한 평가와 계승은 무산계급에 의해서 비로소 가능하다고 했던 레닌(Vladimir Lenin, 1870~1924)이나 1928년에 톨스토이 탄생 백주년 기념제를 성대하게 거행하고 93권에 이르는 톨스토이 저작집을 국가사업으로 완성한[8] 소련 사회의 톨스토이 수용과의 유사함을 느끼게 한다.

러시아와 일본은 모두 급격한 산업화를 통해 자본의 집적과 집중을 강력히 추진했던 비서구 후발 자본주의국가로서 그에 따른 사회문

5 님 웨일즈 · 김산(2005), p.196.

6 님 웨일즈 · 김산(2005), p.196.

7 님 웨일즈 · 김산(2005), p.196.

8 ア · ルナチヤ-ルスキイ(1928), 「トルストイ記念祭とその意義」, 『マルクス主義者の見たトルストイ』, 叢文閣, pp.117-118.

제도 나날이 심각해져 가는 한편으로, 국가적 차원에서는 강력한 군국주의에 기반한 대외 팽창정책을 추진하며 이러한 사회모순을 봉합하고자 했다는 공통점을 가진다. 따라서 일찍이 서구 문명을 비판하고 근대국가와 군사주의에 저항했던 톨스토이의 사상은 러시아뿐만 아니라 일본의 혁명가들에게도 다대한 영향을 미쳤고 그들 사이에서 다양한 방식으로 전유되어 갔다. 그런데 그중에는 톨스토이 사상에 심각한 모순을 느끼고 대치하면서 스스로의 사상을 발전시켜 나갔던 사람들이 있다. 앞에서 장지락이 간파했던 톨스토이를 디딤돌로 하여 무정부주의와 마르크스주의로 분기해 가는 사상 경로의 두 가지 조류는 실은 러일전쟁과 1905년 러시아혁명 시기의 혁명가들에 의해서 보다 명료하게 드러난 것이기도 하다. 당시 톨스토이는 언론매체를 통해 전쟁이나 혁명에 관한 자신의 주장을 적극적으로 발신하고 있었다. 그것은 러시아와 일본의 사회주의자들의 격렬한 반응을 야기한 후에 이윽고 사상의 분기를 촉발하게 된다.

본고에서는 당시 톨스토이주의를 디딤돌로 삼아 무정부주의로 향한 고토쿠 슈스이 등의 초기 사회주의자들과 톨스토이를 비판하며 레닌주의를 전면에 내세워 갔던 레닌 등의 두 가지 조류에 특히 주목하고자 한다. 그들은 톨스토이주의자들도 아니었고, 그들의 혁명사상을 성숙시켰던 계기가 톨스토이에게만 있었던 것도 아니었으며, 더욱이 서로 상대의 존재를 의식했던 형적도 거의 없다.[9] 하지만 러일전쟁 기

---

9 『平民新聞』 제27호(1904년 5월 15일)에 번역 게재된 「러시아 사회민주당의 격문(露國社會民主黨の檄文)」이 당시 멘셰비키가 주도권을 쥐고 있던 당 기관지 『이스크라』 제61호(1904년 3월 18일)에 실린 레닌의 「러시아 프롤레타리아트에게」였던 것은 판명되어 있다. 격문에 "전쟁에 반대하여 항의한 일본 사회민주당 만세!"라는 언급이 있는 점

간을 통해 반전 평화운동의 상징이었던 톨스토이에 주목하면서도 급기야 혁명이라고 하는 다음 단계로 나아갈 때에 그 차이점을 명확히 구별하고 극복하지 않으면 안 되는 사상 단계 중 하나로 여겼다는 공통점을 가진다. 물론 러일전쟁이 발단이 되어 일어난 러시아혁명의 한가운데에서 톨스토이와 대치하고 있었던 레닌 등과 강권적인 국민통합에 의한 군사국가 체제를 더욱더 강력하게 갖추어 갔던 전승 후의 일본을 살았던 고토쿠 등의 초기 사회주의자들과는 톨스토이를 발판으로 삼아 도달한 혁명사상도 명확히 다른 모습을 보였던 것은 당연한 결과라고 할 수도 있다. 하지만 고토쿠 등은 일본의 초창기 사회주의운동을 대표했고, 레닌은 소련사회가 국가적으로 톨스토이를 기념하는 근거를 제공했다[10]는 점에서 일본과 러시아 혁명가들의 톨스토이 전유방식의 전형을 읽어낼 수 있을 것이다. 이에 본고에서는 동시대에 전개된 레닌의 톨스토이 비판[11]을 염두에 두면서, 톨스토이와 일본 초기 사회주의자들과의 관계를 주로 『평민신문』(1903년 11월~1905년 1월)과 그 후속 잡지들을 통해 확인하고자 한다. 그들은 톨스토

으로 미루어 고토쿠 그룹의 행동을 알고 있었던 것으로 보인다. 단, 『平民新聞』은 "러시아에 있는 우리 동지 '러시아 사회민주당' 중앙위원"이 배포한 것으로 소개하고 있어 레닌의 존재를 알지는 못했다. 飛鳥井雅道(1967), 「ロシア第一次革命と幸德秋水」, 『思想』 520 참조.

10 ア・ルナチャールスキイ(1928), p.115.

11 본고에서는 레닌이 톨스토이에 관해서 논한 두 편의 글을 대상으로 한다. ① В.И. Ленин, Лев Толстой как зеркало русской революции, Пролетарий, No. 35, 1908; ② В.И. Ленин, Л.Н. Толстой, Социал-Демократ, No. 18, 1910. 각각의 인용은 다음과 같은 역문에 의거한다. ① レーニン(1928), 「ロシヤ革命の鏡としてのレフ・トルストイ」, 國際文化硏究會 譯, 『マルクス主義者の見たトルストイ』, 叢文閣; ② ニコライ・レーニン(1928), 「トルストイ論」, 『文藝戰線』 5(8).

이 사상을 어떻게 수용하고 소화한 후 그것을 극복하고 다음 스텝으로 나아갔을까.

2. 평민사의 톨스토이주의 수용 초기: 幸德秋水(톨스토이)?

유명한 러시아문학 연구자 야나기 도미코(柳富子)가 이미 지적하고 있듯이 메이지 시기에 일본으로 유입된 러시아 작가 중에서 "문학, 종교사상, 사회운동 등의 분야에 걸친 영향의 깊이, 시야의 넓이라는 측면에서" 톨스토이만큼 격렬한 반향을 불러일으킨 작가는 없었다.[12] 일본에서 톨스토이의 존재를 알려준 『전쟁과 평화』의 초역인 『泣花怨柳 北欧血戦余塵』(森體 譯, 忠愛社)이 간행된 것은 1886년인데, 거기에서 그리 멀지 않은 시기부터 초기 사회주의자들의 톨스토이 수용은 시작되었을 것으로 보인다.

이미 기독교 사회주의자로서 1901년에 사회민주당 결성에 참가했던 '일본 사회주의의 아버지' 아베 이소오(安部磯雄, 1865~1949)는 「톨스토이 백작의 종교」에서 톨스토이의 『나의 종교』를 소개하면서 다음과 같이 말한다. "그는 사해형제(四海兄弟)의 대의를 실행함에 있어서 '악에 적대하지 말라'고 하는 소극적인 교훈과 '적을 사랑하라'고 하는 적극적인 교훈을 씨실과 날실로 삼아 간단하면서도 명백하고, 직접적이면서도 준열한 신종교—아니 기독교 설교의 새로운 설명—를 요구하는 것을 확신했다. 그는 '악에 적대하지 말라'는 교훈을 엄수하기 때문에 절대적 비전(非戰)론을 주창한다. 그는 '적을 사랑하

12 柳富子(1998), 『トルストイと日本』, 早稲田大學出版部, p.3.

라'는 교훈 속에 인류적 계급적 구별을 박멸해야 한다는 뜻을 담고 있음을 믿기에, 또한 계급적인 구별은 대개는 통치자와 피통치자, 관리와 비관리와 같은 인위적인 제도에서 생겨난 것임을 알기에 그는 노동의 필요를 열심히 설파하고 인민의 다수를 차지하는 노동자를 위하여 크게 기염을 토했다."[13] 이처럼 아베는 반전사상, 계급철폐, 노동주의와 같은 톨스토이 사상의 급진적인 부분을 언급하고 있다. 물론 민우사(民友社)의 '12문호' 시리즈로 도쿠토미 로카(德富蘆花, 1868~1927)가 집필한 일본 최초의 톨스토이 전기에도 예를 들면 "조세는 납부하는 것이 아니다, 국가나 정부 따위는 없어도 되는 것이다, 전쟁은 대죄악이므로 병역에 복무할 의무는 없다, 토지는 공유로 해야 하는 것, 사해가 모두 일가인 동포이므로 국경의 구별은 무용지물", "애국심과 기독교는 양립할 수 없음을 논하는 목소리는 여기에서 나온다"[14]는 등의 기술이 보이므로, 톨스토이의 급진적 사회개혁사상은 그 삶의 방식에 대한 관심과 함께 이미 일본 지식인들 사이에 널리 알려졌을 것이다.

한편으로 일본 최초의 노동운동 기관지 『노동세계(勞動世界)』에 기고했던 시절부터 아베는 "사회당을 무정부당 혹은 허무당과 동일시하려는 데에 이르면 속단도 정도가 심하다고 해야 할 것이다. 파괴적인 측면에서 그들은 쉽게 결합할 수 있지만 현대 사회를 어떻게 개조할지와 같은 건설적인 측면에 이르면 그들은 도저히 일치할 수 없다. 동일시되는 것은 단순히 피상적인 것일 뿐이다. 그 진의에 이르면 그

---

13 安部磯雄(1895), 「トルストイ伯の宗教」, 『六合雜誌』 175, 六合雜誌社.

14 德富蘆花(1897), 『トルストイ』(十二文豪 10), 民友社, p.33.

저 커다란 차이가 있을 뿐만 아니라 실로 빙탄지간(氷炭之間)처럼 서로 용납할 수 없는 점이 있다"[15]고 언급하여 사회당이 폭렬탄이나 암살 등의 이미지가 강한 나로드니키(허무당)나 무정부주의와는 다른 비폭력, 합법 정당이라는 점을 강조하고 있었다. 그 때문에 톨스토이의 절대평화주의에 기초한 친사회주의적인 주장은 사회당의 이미지를 구축하는 데 특히 유효했을 것으로 보인다. 이것은 "톨스토이 옹의 논의 중에는 극렬 허무당도 심상치 않은 점도 많고, 직간접적으로 정부의 공격에 해당하는 점도 참으로 많다. 그러나 그 주의의 공명정대함, 수단의 평화온당함에 정부는 그저 미간을 찌푸릴 뿐, 도저히 아무것도 하지 못하는 것이다"[16]라고 서술한 로카의 전기도 원군이 되었을 것이다.

더욱이 일본 초창기의 사회주의는 가타야마 센, 아베 이소오, 기노시타 나오에, 니시카와 고지로 등과 같은 사람들의 기독교적인 인도주의에 기초를 두고 있었기 때문에 일본에서의 톨스토이와 사회주의의 결합은 더욱더 강해져 갔다. 여기에는 1901년의 사회민주당 결성에 참가한 유일한 비기독교도 멤버였다가 이윽고 초기 사회주의를 대표하는 존재가 되어 갔던 고토쿠 슈스이도 예외는 아니었다. 고토쿠는 『20세기의 괴물 제국주의(廿世紀之怪物帝國主義)』(警醒社書店, 1901)에서 제국주의를 애국심과 군국주의가 결합한 형태로 보고 '세계적 대혁명운동'을 개시하여 제국주의에 '과학적 사회주의'와 '형제

15 安部磯雄(1898), 「虛無黨無政府黨及び社會黨」, 『勞働世界』 5.

16 德富蘆花(1897), p.38.

애의 세계주의'를 대치시킴으로써 극복해야 한다[17]고 역설하였다. 스스로 사회주의자임을 선언하는 의미를 지닌 저서였는데, 그 서두에는 "전편의 주장은 구미의 식자들이 이미 고인하고 통어(通語)한 바이나. 그리하여 현재 톨스토이나 졸라나 존 멀리나 베벨이나 브라이언이 그 최고를 이룬다"[18]고 하여 자신의 집필에 영향을 미친 인물들의 이름을 열거했는데, 사회주의자도 아닌 톨스토이가 필두로 올라와 있는 점만을 보아도 알 수 있다.

그런 한편으로, 일본 초기 사회주의 역사에서 톨스토이의 수용은 기독교 사회주의자들과 비기독교/유물론적 사회주의자들의 유기적 결합을 상징하는 것이기도 했다. 이러한 양 날개를 가진 사회주의자들의 동거는 1903년에 결성된 사회주의 결사인 평민사로도 계승되어 갔다. 평민사는 일본과 러시아의 군사적 충돌이 발생하고 일본 사회 전체가 주전론(主戰論)으로 기울어갔을 때 비전론을 주장하며 논진을 펼쳤던 고토쿠와 사카이 도시히코 등의 비기독교 사회주의자들이 중심이 되어 결성되었다. 이들은 '일본 사회주의 유일의 기관신문'이라는 이름을 내걸고 주간 『평민신문』을 발행했는데, 여기에서는 아베 이소오처럼 기독교적인 절대평화론을 주장하는 사람들로부터 고토쿠처럼 맹자의 인정론(仁政論)에 기초한 반전평화론과 사회주의적인 반전론을 겸비한 논자들에 이르기까지 다양한 사상을 소유한 사람들이 반전평화론 하나로 통일되어 있었다. 창간호에 게재된 '평민사 동인'의 「선언(宣言)」에도 평민주의(=민주주의), 사회주의와 함께 "인종의

17 幸徳秋水(2004), 山泉進 校注, 『帝國主義』, 岩波書店, p.117.

18 幸徳秋水(2004), p.5.

구별, 정체(政体)의 차이를 불문하고 전 세계적으로 군비를 철폐하고 전쟁을 금절하고자 한다"는 평화주의가 주창되었으며, 그것을 실현하는 수단도 "국법이 허락하는 범위" 안에서 "폭력에 호소하여 한때 쾌거를 이루려는 행위 등은 절대로 부인한다"는 내용이 강조되어 있었다.[19]

물론 맹자의 인정론에 기초한 유교적인 평화론을 전개한 이 신문의 기사에 "우리가 발칙하게도 평화론을 주장하는 것을 보면 충군애국의 재조재야의 제 호걸은 혹은 이것으로 예수교 냄새 나는 박래한 이단이라고 하여 하나같이 배척하려고 할 것이다"[20]라고 전제를 두어야 했던 점에서도 알 수 있듯이 당시 반전평화를 주장하는 세력은 기독교도들이 중심이었다. 더욱이 당시의 미디어에서는 비전론을 주장한다고 하여 톨스토이와 평민사를 동일시했는데,[21] 그것은 "고토쿠 슈스이(幸德秋水) 네 글자에 톨스토이라고 방훈(傍訓)을 달려고 생각했었다"[22]거나 "톨스토이의 무저항주의의 흐름을 이어 비전론을 주장하는 사람들은 우리나라에서도 왕왕 보게 된다"[23]는 등의 기술에서도 알 수 있다. 그렇다고 해도 평민사는 비전론을 전면에 내세움으로써 그때까지 강단에만 머물러 있었던 초기 사회주의자들을 현실세력으로서 처음으로 일본사회에 등장시키는 역할을 했던 것[24]은 사

---

19 「宣言」, 『平民新聞』 1, 1903. 11. 15.

20 「孟子の國際観」, 『平民新聞』 11, 1904. 1. 24.

21 山泉進(2005), 「平民社の非戰論とトルストイ: トルストイ『日露戰爭論』の反響」, 『帝國を撃て: 平民社100年國際シンポジウム』, 論創社.

22 覆面論士, 「古今人物鏡(其九十)」, 『讀賣新聞』, 1904. 8. 8.

23 「トルストイ派歟革命黨歟」, 『革命評論』 6, 1906. 11. 25.

24 木下尚江(1905), 「時事評論」, 『新紀元』 1.

실이다. 역설적이게도 전쟁은, 일본에서 전쟁에 반대했던 중심 사상의 하나였던 사회주의 사상을 선전하고 심화시키는 절호의 기회로도 작용했던 것이다.

그런가 하면 비전론을 대표하던 신문이었던 『요로즈 조보』가 여론에 휩쓸려 주전론으로 전향했을 때 고토쿠 등과 함께 비전론을 주장하며 신문사를 떠난 사람 중에는 톨스토이에 영향을 받으며 무교회주의와 절대평화주의를 주창했던 우치무라 간조 같은 기독교 사상가도 있었다. 우치무라는 고토쿠의 『20세기의 괴물 제국주의』에 서문을 써서 "자네는 기독교 신자는 아니지만 세상의 이른바, 애국심이라는 것을 몹시 미워한다. 자네는 한 번도 해외의 자유국에서 유학한 적이 없음에도 불구하고, 성실한 사회주의자다"[25]라고 평하기도 했다. 하지만 1903년에 「기독교와 사회주의」가 발표되었을 때는 양자를 혼동하여 기독교를 위험시 하는 경향도 있다고 하며 사회주의와 명확히 구별하여 거리를 두고자 했다.[26] 이것은 평민사 측도 마찬가지였는데, 당시 우치무라와 평민사의 비전론은 어떻게 다른지를 묻는 독자들의 질문이 있었다. 이에 대해 평민사는 "우치무라 군은 개인주의자로 한 개인의 영혼을 구하고 한 개인의 도덕만 나아지면 사회는 자연히 개량된다고 주장하고, 사회주의자는 사회의 조직제도 전체를 개혁하지 않으면 안 된다고 하는 것입니다. 우치무라 군은 개인을 본위로 해서 보고 평민신문은 사회를 본위로 해서 보는 것입니다"[27]라고 답변했다.

25 幸德秋水(2004), p.4.

26 神擇惣一郎(1974), 「内村鑑三と社會主義」, 『早稲田商學』 247.

27 「讀者と記者」, 『平民新聞』 27, 1904. 5. 15.

3. 비전론을 둘러싼 톨스토이와 초기 사회주의자들의 대립: 개인주의와 사회주의

톨스토이의 비전론은 러일전쟁 이전부터 초기 사회주의자들에게 수용되어 있었다. 예를 들면, 기독교 사회주의자였던 니시카와 고지로는 『사회주의(社會主義)』(『勞動世界』의 후속지)에서 톨스토이의 전쟁론을 1903년 초의 시점에서 다음과 같이 소개하고 있다. 니시카와는 우선 톨스토이가 전쟁의 원인으로 재산분배의 불평등, 군인의 존재, 종교가와 교육가의 잘못된 교육의 세 가지를 들고, 전쟁의 폐지방법으로서 정부에 박해를 받으면서도 종교의 신조에 기초하여 양심적 병역거부를 일관한 두호보르교도의 비폭력, 불복종운동의 예를 들어 양심의 명령만을 듣고 군대를 거부하라고 주장한 것을 소개하고 나서 자신이 생각하는 전쟁 폐지 방법을 다음과 같이 언급하고 있다.

> 톨스토이 옹이 주장하는 전쟁폐지 방법은 참으로 흥미로운 것인데, 나는 이 방법이 극히 존중되어야 할 방법이라는 것을 믿는 자이지만 이 외에 사회주의운동에 크게 희망을 걸고 있는 자입니다.
>
> 사회주의 운동이 목적을 달성하여 재산의 불평등이 대지에서 없어지면 군대가 없어지고 전쟁이 없어질 터이므로 나는 톨스토이 옹의 주장을 듣고 그와 같이 하여 평화주의를 위해 진력하는 한편으로, 사회주의운동을 통해 평화주의를 위해 진력할 생각입니다. (……) 나는 오로지 위의 두 방법에 의해 전쟁을 폐지하고자 하는 자입니다.[28]

---

28 白熊生(1903), 「トルストイの戰爭論を讀む」, 『社會主義』 11.

니시카와는 평민사 결사에도 참가했는데, 『평민신문』 창간호에는 니시카와가 톨스토이의 이 전쟁론에 대해 언급한 내용을 비전론 강연회에서 소개한 것이 기록되어 있다.[29] 이처럼 초기의 평민사에서는 선쟁을 폐지하기 위한 '두 방법'이 공존할 수 있었다. 그들은 개인의 내면적인 완성과 종교성(도덕성) 회복에 기초한 사회의 근본적인 개조를 사회 시스템의 변혁에 기초한 정의의 실현이라는 방향에서 보충해 가면서 톨스토이의 비전론을 수용했다고 할 수 있다. 이와 같은 톨스토이 전쟁론의 수용 양상은 이 신문에서 흔히 볼 수 있는 것이었다.

예를 들면 미국 필라델피아 『북미(北米)』 신문에 실린 인터뷰 기사에서 톨스토이가 언급한 "나는 러시아 편도 들지 않고 일본 편도 들지 않고 그저 그 정부 때문에 속아서 평화, 양심, 종교를 배반하고 전쟁을 하도록 강요당한 양국 노동자의 편이다"[30]라는 발언을 소개하거나 톨스토이가 요코이 도키오(横井時雄, 1857~1927)에게 보낸 편지에서 "당신은 (……) 마치 애국심에 선악의 두 종류가 있는 것처럼 말했다. 애국심이 어떤 경우에 선하다는 것은 커다란 오해이며, 일단 어떤 종류의 애국심은 선하다고 하는 것은 곧 가장 커다란 폐해를 향해 문을 여는 것이다. 애국심과 기독교는 양 극단의 명칭으로 양자는 도저히 일치할 수 없는 것이다. (……) 극동을 애국심에서 초래되는 모든 재해로부터 구해내는 것은 인류에게 최대의 행복이 될 것이다"[31]라는 부분을 소개하고 있다. 혹은 "이번 전쟁은 양국 인민의 전쟁이

---

29 「非戰論講演會の記」, 『平民新聞』 1, 1903. 11. 15.

30 「トルストイ氏と戰爭」, 『平民新聞』 25, 1904. 5. 1.

31 「トルストイ翁の手簡」, 『平民新聞』 27, 1904. 5. 15.

아니라 황백 양 인종의 전쟁"이며 "문명국인 러시아의 승리는 인류의 이익이다"라는 한 프랑스 신문기자에 답하는 형식으로 문명론을 설파하는 톨스토이의 기사를 전하기도 했다. 톨스토이는 "나의 안중에 인종의 구별은 없다. 문제는 다만 인류가 이 전쟁으로 인해 무슨 이익을 얻는 바가 있는가에 있다"고 답한 후에 "구주는 왜 문명이라고 하는가, 구주인은 기교에 능할 뿐만 아니라 철도, 전신, 전화를 발명했다는 것뿐이다. 나의 견해로는 이 문명들은 진정으로 오래된 문명의 발명이 아니라 야만의 발명에 불과할 뿐이며 인간의 가장 열등한 욕정을 채울 뿐이다. 이 발명들은 추호도 인간의 도덕을 향상시킬 수 없을 뿐만 아니라 오히려 그 폐해를 늘릴 뿐"이며 "노동을 소멸시키는 기계의 발명이라 해도 그저 인간의 욕정을 도발할 뿐이고 오히려 노동을 경시하는 풍조를 조장하는 것을 공격하고, 기차의 발명이 갑의 장소에서 을의 장소로 급속히 인간을 운반하는 것이 무슨 쓸모가 있을까, 인간의 숭고함은 노동에 있다 (……) 일본인은 구주의 결점을 모방했다"고 서구 물질문명에 대한 비판을 가하고 "어느 쪽 국민의 승리가 인류에 도움이 될지를 예정할 수 있겠는가"하고 반문했던 기사를 「세계의 신문」란에서 소개하기도 했다.[32]

그런데 『The London Times』(1904년 6월 27일자)에 실린 톨스토이의 러일전쟁론 「Count Tolstoy on the War: "Bethink Yourselves!"」의 번역 「톨스토이 옹의 러일전쟁론(トルストイ翁の日露戦争論)」이 『평민신문』 제39호(1904년 8월 7일) 지상에 소개되자 일본 내에 뜨거운 반

32 「トルストイ氏の文明論」, 『平民新聞』 29, 1904. 5. 29.

응을 불러일으키는 한편으로, 기독교 사회주의자들과 고토쿠 그룹 사이에 유지되었던 밸런스가 무너지기 시작했다. 고토쿠와 사카이가 함께 번역한 이 글은 순식간에 8,000부가 팔렸고 단행본으로도 출판되었다.[33] 『평민신문』 지면에는 「토옹 전쟁론 중에 나타난 한 농부를 기리며 읊은 노래」라는 연작 와카[和歌]가 기고되기도 했다. 이것은 톨스토이가 글 말미에 참전을 위해 극동으로 향하면서 "징집을 거부하지는 못하지만 나는 절대로 일본인 가족을 고독하게 만들지 않겠다"[34]는 의지를 담은 편지를 톨스토이에게 보낸 한 농부를 소개한 것에 대한 독자의 응답이었다. 거기에는 "러시아인, 일본인이라고 남들은 말하지만, 당신의 눈에 구별 있으랴" 등의 내용이 담겨 있다.[35] 또한 『평민신문』이나 사회주의 서적 등을 짐수레에 싣고 다니며 사회주의 전도행상을 벌였던 야마구치 고켄(山口孤剣)도 이에 감동하여 「톨스토이」라는 제목의 시를 기고하기도 했다.

실로 고귀한 십자가는 / 크루프 대포에 보호되고
영취산의 사랑의 종 / 피의 정원에 전쟁을 외치는
절규로 바뀌는 문명이여 / 인간은 짐승과 악수했네
"아아 말세는 다가왔다"
언어 차이, 피부 색깔 / 살육하고 살육당할 운명인가
악마의 사진에 빛나도록 / '전쟁'이라는 이름을 불내우지 않을 텐가

---

33 平民社 譯(1904), 『トルストイの日露戰爭論』, 文明堂.

34 「トルストイ翁の日露戰爭論」, 『平民新聞』 39, 1904. 8. 7.

35 星山安(1904), 「卜翁戰爭論に現はれたる一農夫をしぬびて詠める歌」, 『平民新聞』 43.

눈물의 씨실 날실로 / 짜낸 사랑의 글
성스러운 하늘 불에 닿게 하라
보라 북구의 가을 깊어 / 황혼 빛 열으니
누런 안개 자욱한 해안가 / 바위에 막힌 찬 물결이여
채찍 휘두르며 흰 수염의 / 노인은 높이 외치거늘
"회개하라 인간이여"[36]

그들은 톨스토이의 러일전쟁론에 대한 주전론자들의 공격에 맞서 "톨스토이에 대한 일본 논객의 의견은, 비전론은 러시아에는 적절하지만 일본에는 바람직하지 않다는 것에 귀착하는 대단히 편의적인 논법"[37]이라고 비판하며 공동으로 대처했다. 하지만 정작 번역자인 고토쿠 자신은 "나는 본래 옹이 전쟁의 죄악, 해독 및 그로부터 생기는 일반사회의 위험을 절절히 충고하는 것을 보고 감탄과 숭경을 금할 수 없다"고 하면서도 전쟁의 원인과 폐지의 방법을 둘러싸고 긍정만 할 수는 없다고 하여 그 다음 호에 「톨스토이 옹의 비전론을 평한다」라는 사설을 통해 다음과 같이 비판했다.

(옹은) 전쟁이 발생하는 원인은 사람들이 진정한 종교를 상실했기 때문이다, 따라서 이것을 구하기 위해서는 사람들로 하여금 스스로 회개하여 신의 뜻에 따르게 해야 한다. 즉, 이웃을 사랑하고 자신이 바라는 바를 남에게 베풀어야 한다는 말인 것 같다. 단지 이런 것

36 孤剣(1904), 「トルストイ」, 『平民新聞』 56.

37 「卜翁と日本の論壇」, 『平民新聞』 40, 1904. 8. 14.

에 지나지 않는다면 내가 어찌 실망하지 않을 수 있겠는가. (……) 우리 사회주의자들이 비전론을 외치는 것은 그 구제방법과 목적이 이와 같이 망막한 것이 아니다. 나는 이 점에서 일관된 논리를 가지고 실제로 기획을 한다. 내 소견에 따르면 지금의 국제전쟁은 톨스토이 옹이 말한 바와 같이 단지 사람들이 예수의 교리를 망각했기 때문이 아니라 실로 열국 간의 격심한 경제적 경쟁에 기인한다. 그리고 열국 간의 격심한 경제적 경쟁은 현재의 사회조직이 자본가제도를 그 기초로 삼는 데에 있다. 고로 장래에 국제간 전쟁을 절멸시켜 그 참상을 피하고자 한다면 지금의 자본가제도를 전복시켜 사회주의적 제도로 이를 대신하지 않으면 안 된다. 사회주의적 제도가 한번 확립되어 만민이 평등하게 그 생을 다하게 되면 그들은 무엇이 괴로워 비참한 전쟁을 재촉할 필요가 있겠는가.

이런데도 요컨대 톨스토이 옹은 전쟁의 원인을 개인의 타락에 돌린다. 고로 회개하라고 가르쳐서 그것을 구하고자 한다. 나의 사회주의는 전쟁의 원인을 경제적 경쟁에 돌린다. 고로 경제적 경쟁을 폐기하여 그것을 막으려고 한다. 이것이 내가 옹을 절대 따를 수 없는 이유이다.[38]

이와 같은 비판은 레닌에 의한 톨스토이 비판, 즉 "위기의 원인 및 탈출 수단에 대한 몰이해"[39]와 통하는 것으로, 당시 사회주의자들

---

38 幸徳秋水(1904),「トルストイ翁の非戦論を評す」,『平民新聞』40.

39 レーニン(1928),「ロシヤ革命の鏡としてのレフ・トルストイ」, 國際文化研究會 譯,『マルクス主義者の見たトルストイ』, 叢文閣.

이 널리 공유하고 있는 톨스토이에 대한 이해이기도 했다. 평민사의 입장에서 본다면 같이 비전론을 주장하던 우치무라 간조에 대한 비판을 톨스토이에게도 적용시킨 것이 된다. 단행본으로 발매된 『톨스토이의 러일전쟁론』에도 책 말미에 고토쿠의 이 사설이 첨부되어 있었다.[40]

하지만 고토쿠의 이 사설 바로 아래 단의 지면에는 「일본에서의 톨스토이의 영향(The Influence of Tolstoi in Japan)」이라는 영문 기사가 게재되어 있는데, 이는 톨스토이의 비전론에 대해 고토쿠와는 다른 평가를 내리고 있음을 말해준다.

> 문학자나 종교가로서의 톨스토이의 사명은 아마도 반군국주의의 그것만큼은 두드러지지 않는다. 현재 일본인의 눈에 비친 그의 이미지는 시공을 초월하여 대담하게 그의 원리를 선언하는 무저항주의의 거대한 화신으로 비친다. (……) 러시아 사람들은 톨스토이가 러시아에서 추방당하는 것을 목도하느니 만주를 잃는 것이 더 낫다. 러시아 정부가 톨스토이에게 상대적으로 많은 언론의 자유를 부여한다는 사실은 끊임없이 전쟁에 반대하여 저항하는 일본의 사회주의자들에게 간접적으로 영향을 미친다. 러시아 정부 같이 전제적인 정부가 톨스토이에게 관대하다면 더 세련되고 입헌적인 것처럼 보이려는 일본정부가 사회주의자들에게 관대한 자세를 취할 것은 의심할 여지가 없다.[41]

40 平民社 譯(1904), pp.59-63.

41 「The Influence of Tolstoi in Japan」, 『平民新聞』 40, 1904. 8. 14.

이 영문 기사는 톨스토이의 무저항주의가 일본에서 반전운동을 전개하고 있는 사회주의자들에게 심대한 영향을 미치고 있음을 강조한다. 또한 양국 정부와의 관계에서 일본의 사회주의자들과 톨스토이를 유사한 위치에 놓고, 러시아 정부의 톨스토이에 대한 관대함에 빗대어 일본정부의 사회주의자들에 대한 탄압을 에둘러 비판하기도 했다.

『평민신문』 영문란을 담당한 것은 아베 이소오였다. 평민사의 동지들은 아베의 명의로 톨스토이에게 신문을 보냈는데, 거의 1년 후에 톨스토이한테서 '친애하는 친구 아베 이소오에게'로 시작되는 답장이 도착하여 그 전문이 『직언』에 번역 게재되었다. 그런데 이 편지에서 톨스토이는 "나는 일본에서 친하게 서로 교류할 수 있는 친구들을 갖게 되고 공동 활동가들을 알게 된 것을 생각하면 실로 그 기쁨을 누를 수 없다"고 하면서도 다음과 같이 사회주의에 대해 신랄하게 비판했다.

> 나는 사회주의에 찬성하지 않는 것을 자네에게 고하지 않을 수 없다. 나는 일본의 혜경(慧敬)하고 정력 넘치는 인민의 가장 진보한 부분이 이런 취약하고 공상적인 데다가 오류투성이의 사회주의를 구주에서 들여온 것을 슬퍼한다. 구주에서는 사회주의는 이제 이미 유기되고 있다. 사회주의는 인간 성정의 가장 천박한 부분의 만족(즉, 그 물질적인 행복)을 목적으로 한다. 그런데 그 행복은 결코 그 창도하는 수단에 의해 도달될 수 있는 것이 아니다. 인간의 진정한 행복은 정신적이고 도덕적이며, 그 안에 물질적인 행복을 포함한다. 그리고 이 고상한 목적은 국민 및 인간을 조직한 일체 단위의 종교적

이고 도덕적인 완성에 의해서만 도달된다. 종교라고 하면 나는 인간 일체에 통하는 신의 법칙에 대한 합리적 신앙을 의미한다고 생각한다. 이것을 실제로 드러내는 것은 모든 사람을 사랑하고 모든 사람에게 내가 바라는 바를 행하는 데에 있다. 이 법은 사회주의 및 기타의 취약한 모든 주의에 비해 그다지 유효하지 않은 것처럼 보일 수도 있지만 나는 이것을 유일한 진법으로 삼는다. 그리고 그 오류투성이(게다가 도저히 그 목적에 도달할 수 없는)의 모든 주의를 드러내려는 모든 운동은 이 유일한 진법의 사용을 방해하고 현재 정당한 인류와 각 개인의 행복의 정도에 도달하지 못하게 한다.[42]

하지만 이 답장에 대해서는 "옹과 같은 위인이 여전히 사회주의 및 사회문제 해석법에 대해 천박한 일반인과 같은 오해에 빠진 것을 보고 깊이 슬퍼하지 않을 수 없다[43]는 서두의 소개 글이 달려 있어 상호간에 서로의 사상을 '천박하다'고 비판하고 있는 것을 알 수 있다. 톨스토이의 러일전쟁론 수용을 둘러싸고 사회주의자들 사이에 균열이 계속되고 있음은 명백하다.

하지만 그럼에도 불구하고 여전히 톨스토이는 혁명가들에게 삶의 이상을 제시한 모범적인 실천자로서 존경을 받고 있었음은 고토쿠가 옥중에서 보낸 편지에서도 분명히 알 수 있다. 사카이에게 보낸 편지에서 고토쿠는 "출옥 후의 욕망" 네 가지를 열거하는 중에 "홋카이도 혹은 조선에 전원을 사서 수백 명의 농부와 이상적인 생활을 하면

42 「トルストイ翁の返書」,『直言』30, 1905. 8.

43 위의 글.

서 조용히 하늘의 진리를 양성하는"[44] 것을 네 번째 욕망으로 들고 있다. 여기에는 조선에 대한 무지나 경제적 침략행위에 대한 무자각이 의도치 않게 노정되어 있음은 부정할 수 없지만[45] 톨스토이주의자들이 '문화적인 신앙공동체(культурные скиты)'라 불리는 콜로니를 건설한 것과 유사한 이상세계를 실현하고자 하는 기분도 읽어낼 수 있다. 톨스토이는 여전히 사회주의자들의 이상이기도 했으며 평민사에서 발행한 톨스토이 그림엽서는 인기를 모았다.[46]

4. 1905년 러시아혁명과 톨스토이의 혁명론을 둘러싸고: 무저항주의와 혁명주의

초기 사회주의자들 사이에서 톨스토이주의를 둘러싸고 내부 분열을 초래한 또 하나의 핵심 주장은 톨스토이가 내세운 무저항주의였다. 레닌은 톨스토이 탄생 80주년(1908)을 맞아 패배한 혁명을 돌아보며 쓴 톨스토이론에서 이것을 "악에 대한 무저항"이라 부르고 "첫 번째 혁명전 패배의 가장 중대한 원인"[47]으로까지 꼽았는데, 일본의 혁명가들 사이에서도 톨스토이의 무저항주의에는 비판적인 사람들이 있었다. 이 분열은 고토쿠 슈스이 등의 초기 사회주의자들이 '직접행동론'으로 기울어갔던 것과 관련이 있다.

---

44 幸徳秋水(1905), 「巣鴨だより」, 『直言』 22

45 石坂浩一(1993), 『近代日本の社會主義と朝鮮』, 社會評論社, p.33.

46 당시 평민사는 1주년 기념으로 "명사 초상 평민사 그림엽서"라는 이름으로 히라후쿠 하쿠스이(平福百穂)가 도안한 마르크스, 엥겔스, 라살레, 베벨, 톨스토이, 크로포트킨의 초상 엽서(1세트 6매)를 판매했다.

47 レーニン(1928), p.9.

다만, 러일전쟁 이후 정부의 탄압 등으로 1905년 1월에 주간 『평민신문』이 폐간된 이후에는 평민사의 후속 기관지 『직언』(1904년 1월~1905년 9월)이 이를 계승했으며, 유물론적 사회주의자들이 중심이 되어 발행한 『히카리(光)』(1905년 11월~1906년 12월), 기독교 사회주의자들이 발행한 『신기원(新紀元)』(1905년 11월~1906년 11월) 등의 미디어에서 톨스토이에 대한 언급이 현저히 줄어든 것은 사실이다. 전쟁이 끝나고 비전론의 역할도 종료되면서 평화론에 관한 관심이 점차 사라져 『신기원』만이 주로 이슈화되었다. 하지만 이들도 이전만큼은 톨스토이에 주목하지 않았다. 그들이 "사회주의는 물질적 기독교"이고 "기독교는 정신적 사회주의"라고 하여[48] 기본적으로 기독교와 사회주의 사상을 동일시했던 것도 이유가 되었을 것이다. 이렇게 러일전쟁기에 비전론에 기초한 연대적 관계는 러시아혁명의 새로운 움직임 속에서 재정립될 것이 요청되었던 것이다. 이것을 주도한 것이 자유민권 좌파에 뿌리를 둔 유물론적 사회주의자들을 대표했던 고토쿠 그룹과 뒤에서 언급할 혁명평론사 동인들이었다.

고토쿠 그룹은 재미의 러시아 동지들로부터 관련 자료들을 직접 소개받거나 하면서 러시아혁명 발발의 계기를 만들었던 사회혁명당의 암살활동 등을 포함해 혁명의 진행 상황을 상당히 정확히 파악하고 있었다.[49] 고토쿠는 사회주의의 실현을 위해서는 투표권이나 총파업 등을 무기로 하는 경제상의 혁명 못지않게 폭력을 사용하는 정치상의 혁명이 중요한데 러시아혁명에서는 암살수단보다는 총파업이

48 「新紀元チラシ」, 『新紀元』 10, 1906. 8.

49 飛鳥井雅道(1967).

훨씬 공과를 올리고 있다고 보았다. 하지만 러시아의 폭압적 전제정치 아래에서는 이 두 혁명운동이 동시에 전개될 수밖에 없었던 점도 인식하고 있었다.[50] 그런데 정치활동뿐만 아니라 언론출판의 자유까지 억압당하는 전후 일본의 상황 속에서 사민주의적 사상과 보통선거운동을 중심으로 한 의회주의적 합법주의 운동방침에 회의를 느끼며 그들은 일본의 사회주의운동의 현실을 차츰 러시아의 상황과 겹쳐 가기 시작했다. 러시아혁명을 지켜본 후의 고토쿠 그룹은 크로포트킨의 영향을 받은 상호부조에 기초한 무정부공산주의 사상과 직접행동으로 사상적으로 전환해 간다. 물론 톨스토이도 병역 거부나 납세 거부 등과 같은 비폭력 직접행동을 강조했고, 고토쿠가 직접행동으로 상정했던 것도 생디칼리슴이 강조했던 총파업이기도 했다. 하지만 초기의 직접행동은 전투성의 상징으로 혁명적 폭력과 연결되기도 했으며,[51] 그러한 의미에서 아나키즘의 '행동을 통한 선전선동'을 배제하지 않았다.

이러한 흐름을 한편에 두었을 때, 초기 사회주의자들의 톨스토이 수용의 변화 양상을 추측해 볼 수 있는 예가 있다. 바로 쑨원(孫文, 1866~1925), 쑹자오런(宋教仁, 1882~1913) 등이 1905년에 조직한 중국동맹회에 참가했던 미야자키 도텐(宮崎滔天, 1871~1922), 가야노 나가토모(萱野長知, 1873~1947), 이케 고키치(池亨吉, 1873~1954) 등의 일본인들이 중국과 러시아의 혁명을 돕고 양자를 연결하기 위해 1906년 9월에 창간한 『혁명평론(革命評論)』이 그 예다. 이들은 세계평화와

---

50 幸德秋水(1905), 「露國革命が與ふる教訓」, 『直言』 2(3).

51 에이프릴 카터(2007), 조효제 역, 『직접행동: 21세기 민주주의, 거인과 싸우다』, 교양인, pp.46-52.

문명의 달성을 위해서는 이 양대 전제무단국가에서 혁명을 일으켜 그 정체를 변혁하지 않으면 안 된다는 시대인식에 기초하여 당시 일본에서 발행되었던 중국동맹회의 기관지인 『민보(民報)』와의 연계 속에서 러시아혁명을 주축으로 한 세계혁명에 관한 정보를 소개하여 혁명주의를 고취하고자 했다.[52] 이에 대해서는 고토쿠 슈스이도 "한 번에 다 읽었는데 통쾌함이 비할 바 없어 깊이 감사드린다. 전편에 혁명의 기운과 운동 상황을 유감없이 보도했다"는 감상을 남겼고,[53] 『신기원』도 "러일전쟁은 끝났다. 러시아혁명은 시작되었다. '혁명'의 경종은 세계의 동포를 성파(醒破)하여 피와 불을 바라게 한다. 『혁명평론』이 태어난 것은 당연한 기세라고 할 수 있다"고 하는 논평을 내어놓았다.[54]

그런데 혁명평론사 동인들은 혁명을 위해서는 "테러리즘을 채용하는 것은 공통된 주장"[55]이었기 때문에 톨스토이의 무저항주의는 받아들여지기 힘들었다. 그 괴리가 표명된 것은 "자기의 면전에서 백발노모가 학살되는 장면을 목격한 한 유태인 청년"이 "톨스토이파를 부정하고 혁명당이 되었다"는 런던 데일리 뉴스에 실린 기사를 소개하며 "아아, 당당한 개종이구나. 생각건대 오늘날의 러시아와 같은 국정에 처해서 무턱대고 무저항의 도덕을 설파하는 것은 범죄적인 어리석음(criminal stupidity)"이라고까지 쓴 기사[56]일 것이다.

---

52 勞動運動史硏究會 編(1962), 「解說」, 『東京社會新聞 · 革命評論』(明治社會主義史料集 8), 明治文献資料刊行會.

53 「飛雁紛々」, 『革命評論』 2, 1906. 9. 20.

54 「飛雁紛々」, 『革命評論』 5, 1906. 11. 10.

55 勞動運動史硏究會 編(1962).

56 「トルストイ派歟革命黨歟」, 『革命評論』 6, 1906. 11. 25.

다만, 『혁명평론』에 모인 사람들은 일본에 대한 분석과 비판 및 그에 입각한 변혁의 구상 같은 것은 가지고 있지 않았다.[57] 그런 탓에 고토쿠도 앞에서 언급한 것처럼 이 잡지에 성원을 보내는 한편으로 "우리가 그것(혁명)에 참가하지 않으면 안 되는 까닭의 이의(理義)를 기회 있을 때 설명해준다면 금상첨화일 것"[58]이라는 첨언을 했던 것이다. 그들의 일본에 대한 태도를 알 수 있는 몇 안 되는 글이 중간에 동인으로 참가한 기타 잇키(北一輝, 1883~1937)가 집필한 「자살과 암살(自殺と暗殺)」이다. 이 기사에는 러일전쟁 이후에 번민으로 인해 자살하는 사람들이 증가하는 사회현상에 대해 "일본의 역사는 황실의 역사로 만세일계 천지와 함께 무궁하고 국민은 모두 빠짐없이 존왕충군의 신민일 뿐이다. 그런데 그리스로마의 역사를 보고 크롬웰의 시해를 읽고 프랑스 대혁명으로 인해 마음이 들떠 멋대로 비교연구를 하여 마침내는 똑같이 자기의 주권으로 평가하려고 하기 때문에 번민이 있는 것이 아닌가"라고 언급한 후 "번민적 자살자가 일변하여 혁명적 암살자가 되는 일을 막기" 위해서는 "국가를 부정, 조세의 거절, 징병의 준거(峻拒)"를 주장하는 "톨스토이의 이름을 금해야 한다"고까지 주장하고 있다.[59] 결국 톨스토이의 비전론은 좋지만 일본의 비전론은 안 된다고 했던 주전론자들[60]과 마찬가지로 톨스토이의 사상은

---

57 1906년 일본사회당 창립에 참가했던 요시카와 모리쿠니(吉川守圀)가 집필한 『荊逆星霜史: 日本社會主義運動側面史』(不二屋書房, 1936)에는 『혁명평론』에 대해 "일본의 문제에 대해서는 전혀 언급하지 않고 주로 지나혁명을 목표로 한" 점에서 "아무래도 어쩐지 조금 부족한 곳이 많았다"고 기술하고 있다.

58 「飛雁紛々」, 『革命評論』 2, 1906. 9. 20.

59 外柔(北一輝)(1906), 「自殺と暗殺」, 『革命評論』 6.

60 앞의 「卜翁と日本の論壇」 참조.

전제무단국 러시아에는 도움이 되지만 일본에는 불필요할 뿐만 아니라 해롭다는 논리라고 할 수 있겠다.

그런데 『혁명평론』 자체는 러시아와 중국의 혁명을 돕는다는 명분을 내걸고 있었기 때문에 톨스토이와의 인맥적인 연결도 있었다. 톨스토이는 특히 도텐의 형인 미야자키 다미조(宮崎民蔵, 1865~1928)가 추진했던 토지 평등 향유 복권 운동에 강한 관심을 표명했다. 그로 인해 톨스토이는 당시 집필했던 『러시아혁명의 의미(О значении русской революции, Посредник)』(1906)[61]를 그의 대리자인 블라디미르 체르트코프(Vladimir Grigoryevich Chertkov, 1854~1936)를 통해 일본에 소개하고자 했다. 이것은 러시아혁명의 의미와 혁명의 와중에 있는 러시아인들은 무엇을 해야 할 것인가에 대해 자신의 주장을 설파한 논문이다. 체르트코프는 『혁명평론』 기자 앞으로 논문과 "톨스토이는 귀 신문을 통독하고 그 사상이 자신의 사상과 동일한 것임을 발견하고 귀 신문에 대해 흥미를 가지고 있습니다"라는 내용의 편지[62]를 보내서 번역 출판을 의뢰했다. 『혁명평론』 관계자들은 곧바로 번역에 착수하여 『러시아혁명의 의의(露國革命の意義)』의 출판 예고를 수차례 내기도 했다.[63]

하지만 실제로 원본이 『민권의 귀취(民權之歸趣)』(好友社, 1908)라는 제목으로 와다 사부로(和田三郎, 1871~1926)와 이케 고키치가 번역하여 전17장 중 전반부 8장만으로 일본에서 출판된 것은 1908년의 일이다.

---

61 초판은 압수되었으나 곧바로 영어판으로 번역되었다(The meaning of the Russian Revolution). 그 후 1907년에 러시아 출판사 Врублевского에서 다시 러어판이 간행되었다.

62 「トルストイ伯代理者の手翰」, 『革命評論』 9, 1907. 2. 25.

63 「予告」, 『革命評論』 9 · 10, 1907. 2. 25, 3. 25.

번역자의 「서언」에는 타이틀을 바꾼 이유로 원서를 통독해 본 결과 가장 선명한 인상을 받은 논지였기 때문이라고 언급하고 있고, 자신들은 톨스토이의 가르침에 대한 맹목적인 숭배자가 아님을 강조하고 있다.[64] 하지만 실제로는 아마도 사회주의에 대한 탄압이 한층 강화되어 『혁명평론』도 1907년 3월에 제10호로 폐간되어 버린 것, 번역자 중 한 명인 이케가 중국혁명에 참가한 것과 관계가 있을 것으로 보인다.

여기에서 일본어로 번역된 제8장까지의 부분과 번역되지 않았던 후반부의 내용을 확인함으로써 그들이 위험시했거나 혹은 무시했던 톨스토이 사상의 한 측면을 파악할 수도 있을 것이다. 우선, 제8장까지의 전반부는 권력의 속성에 관한 것이다. 권력이란 폭력에 기초한 것이며, 러시아의 비노동계급은 권력과의 투쟁을 통해 인민 다수에게 권력이 이양되는 제도를 만드는, 이른바 서구식 혁명을 지향한다. 그러나 권력이 폭력에 기초하여 성립되는 이상 그 체제의 타락은 막을 수 없기 때문에 러시아인은 서양의 전철을 밟지 말아야 한다는 부분까지가 전반부의 내용에 해당한다. 한편, 제9장부터 제17장까지는 그렇다면 러시아인은 무엇을 해야 할 것인가에 대해 서술되었다. 즉, 권력에 대한 의식적인 불복종을 철저히 하고 서양물질문명을 부정하고 농경공동체로 돌아가 진정한 독립을 달성해야 한다고 설파되어 있다. 차르 권력의 전복이 아니라 철저한 불복종을 설파하는 것에 핵심이 있지만 톨스토이의 무저항 · 불복종의 혁명사상은 일본에는 충분히 전달되지는 않았던 것이다.

64 レオ・トルストイ(1908), 和田三郎・池亨吉 共譯, 『民權之歸趣』, 好友社.

본서가 일본에서 어느 정도 읽혔는지를 확인할 수 있는 자료는 없지만 초기 사회주의 주류파였던 고토쿠 그룹은 러시아혁명의 학습 등을 통해 이미 사회혁명당과 같은 러시아혁명 세력의 직접행동 노선에 다가가고 있었기 때문에 갈수록 톨스토이와의 거리는 멀어졌을 것으로 보인다. 그들은 독일 사민당의 보통선거운동에 기초한 의회정책 노선의 취약함을 강조하는 한편으로, 강권적인 군사국가 일본에서는 전제정권에 맞서 경제적 혁명과 정치적 혁명의 양쪽을 수행하는 러시아혁명을 참고해야 한다는 것을 점차 주장하게 된다. 톨스토이주의가 러시아 국정에는 적합하지 않다는 『혁명평론』의 비판은 고토쿠 그룹처럼 러시아의 국정과 일본의 국정을 겹쳐 볼 때에 유효한 견해로 받아들여졌을 것이다. 하지만 탄압의 광풍만이 휘몰아쳤을 뿐, 일본에 혁명은 도래하지 않았다.

한편, 레닌은 러시아혁명의 실패를 돌아보며 톨스토이 작품들의 사상적 내용은 관권적 교회도, 지주도, 지주적 정부도 철저히 소탕하고 모든 낡은 형태와 토지소유제도를 절멸시켜 토지를 해방하고 경찰적 계급국가 대신에 자유롭고 동류의 소농민 공동체사회를 창건하려는 농민들의 노력의 반영이며 그와 같은 공동사회의 출현은 차르 권력의 강제 전복이 필수라고 했다. 그러나 "정치에 대한 톨스토이적 절제, 정치에 대한 톨스토이적 부정, 그에 대한 흥미와 이해의 결여"와 "악에 대한 무저항"은 조직화된 혁명적 투쟁을 거부하여 혁명의 패배를 초래했다고 파악했다.[65] 레닌에게는 이와 같은 "절규할 만한 모

65 國際文化研究會 譯(1928).

순"을 노정한 전형적인 농민혁명가로서의 톨스토이 사상의 약점, 결함이 러시아혁명을 통해 드러난 것으로 비친 결과일 것이다. 이것이 톨스토이 탄생 80주년 기념행사에 "위대한 구도자"를 칭송하는 주류적인 흐름을 거스르며 레닌이 러시아혁명과의 관련 속에서 톨스토이를 역사적으로 자리매김하려고 했던 이유였을 것이다. 1928년의 톨스토이 탄생 100주년 기념행사를 즈음해서 소련공산당 기관지 『프라우다(Правда)』에 발표된 「톨스토이에 관한 테제」는 레닌의 톨스토이 비판을 기초로 톨스토이의 역사적 의의를 다섯 가지로 정리한다. 첫째, 톨스토이는 현대의 모든 병폐(국가, 교회, 자본주의, 군국주의, 내셔널리즘 등에 관한)에 대해 과감한 문제제기를 했다. 둘째, 이에 대해 혁명과 의회적 문제 해결을 포기하고 반동적이고 공상적인 무저항주의를 주장했다. 셋째, 전체적으로 유해한 톨스토이의 사상은 부르주아혁명 도래기에 농민부르주아혁명의 특수성을 표현했다. 넷째, 톨스토이는 창작에서 가부장적이고 피동적인 농민대중을 이상화했다. 다섯째, 그럼에도 불구하고 천재적 작가로서 긍정적인 문학적 유산을 남겼다.[66]

이 테제에 비추어 보면 일본의 초기 사회주의자들은 첫째 의의에 열광하고 둘째 의의에 실망한 후 톨스토이의 사회주의적 전유를 포기했다고 할 수 있다. 그 최대 이유는 당시 일본의 정치상황과 밀접한 관계가 있었다.

---

66 ソウエート中央藝術局(1928), 「トルストイに關するテーゼ」, 國際文化硏究會 譯, 『マルクス主義者の見たトルストイ』, 叢文閣.

5. 톨스토이의 죽음과 초기 사회주의의 종언

톨스토이는 1910년 11월 20일에 타계했다. 같은 해 5월 25일에 다수의 사회주의자, 무정부주의자의 체포, 검거로 시작되어 1911년 1월에 고토쿠를 비롯한 12명의 처형으로 이어진 대역사건이 일본의 사회주의자들에게 혹독한 압박과 침묵을 강요했던 '겨울의 시대'의 도래를 고했던 시간들과 겹친다. 그 때문에 초기 사회주의자들 중에서는 러일전쟁과 러시아혁명 전후의 톨스토이와 교류했던 자신들의 운동의 역사를 회고하면서 그의 죽음을 애도할 수 있는 사람은 거의 남아있지 않았다. 톨스토이의 추도 특집을 기획한 잡지들도 별로 없었는데, 그 가운데 눈길을 끄는 것이 번역이나 집필 등으로 톨스토이의 일본 수용에 관여했던 도쿠토미 로카, 우치다 로안(内田魯庵), 노보리 쇼무(昇曙夢), 이시카와 잔게쓰(石川殘月) 등을 포함한 9명의 추도문을 「위인 톨스토이(偉人トルストイ)」라는 제목으로 게재한 『학생문예(學生文藝)』이다. 추도문들은 대문호 톨스토이의 위대함을 칭송하는 글과 톨스토이의 위대함을 인정하면서도 그 비판에 무게가 실린 글로 대별된다. 후자의 예를 먼저 보면 번역가인 이시카와 잔게쓰는 톨스토이는 "정의를 위해 살았던 인물로, 그가 남긴 귀감은 영원히 불멸"한다고 하면서도 그 계승을 위해서는 위인의 위대함뿐만 아니라 결점도 알아야 한다며 "톨스토이가 포회(抱懷)한 극단적인 무정부, 무국가주의도 세상의 수많은 사상이 천박한 무리들의 흉중에 자리잡고 있어 그 오해는 결국 국가에 유해한 결과를 초래할 것"이라고 했다.[67] 다카

67 石川残月(1911), 「杜伯と其事業」, 『學生文藝』 2(2), 聚精堂.

하시 고로(高橋五郎) 또한 톨스토이가 "전쟁을 극단적으로 부정하고 있는 것"을 비판하며 "전쟁이란 인간으로 치면 흡사 암과 같은 것으로, 잘 드는 칼로 이것을 잘라내지 않으면 아무것도 할 수 없는 것이다. 그러한 의미에서 전쟁은 반드시 나쁘다고는 할 수 없다. 톨스토이는 요컨대 응용의 묘라는 것을 모른다"고 주장했다.[68] 어느 것도 당시 대역사건이라는 반국가주의 세력에 대한 철저한 탄압을 통해 제국주의화를 완성하려 했던 메이지 일본의 노선에 추종하는 것임은 자명하다.

그런가 하면 전자의 경우는 우치다 로안이나 노보리 쇼무처럼 톨스토이를 석가나 예수와 같은 위대한 성인, 현인으로 묘사하는 추도문이 있는 한편으로, 로카나 가네코 지쿠스이(金子筑水), 나카자토 가이잔(中里介山)은 톨스토이를 이상과 현실 사이의 모순 속에서 번뇌하면서도 분투한 위인으로 그렸다는 점이 주목된다. 우선 로카나 치쿠스이는 톨스토이가 귀족적이고 번잡한 생활과 공산주의적 이상 혹은 무아의 경지 사이에서 번민 끝에 가출함으로써 스스로의 이상을 실천에 옮긴 것을 강조했다.[69] 가이잔 또한 톨스토이는 "근대의 모순이나 상처, 현실에서의 고뇌를 스스로 대표했다"고 했는데, 그 원인은 "완전히 무저항주의에서 왔으며," 톨스토이는 "폭력이나 권력으로 사람을 억압하는 것을 반칙으로" 여기고 그 모순 속에서 분투했던 사람이라고 평가한 점이 색다르다. 더욱이 가이잔은 글 말미에 "톨스토이는

68 高橋五郎(1911),「狂的哲人」,『學生文藝』2(2), 聚精堂.

69 德富蘆花(1911),「面白いお爺さん」,『學生文藝』2(2); 金子筑水(1911),「輓近思想界の最強者」,『學生文藝』2(2), 聚精堂.

러시아에게는 커다란 구적(仇敵)이었으며 톨스토이 자신도 적수가 되어 있었음에도 불구하고 황제는 '러시아의 자랑'을 잃었다며 크게 슬퍼했다고 한다. 아량이 있지 않은가"라고 덧붙였다.[70] 이 추도 특집이 대역사건으로 고토쿠 슈스이 등이 처형당한 직후에 나온 것임을 감안하면 『평민신문』에 기고하며 초기 사회주의의 영향을 받았던 가이잔이 당국의 사회주의자들에 대한 탄압의 잔혹함을 넌지시나마 비판한 것으로 보인다.

그런가 하면 톨스토이 사상에 공명하며 별다른 갈등 없이 독자적으로 전유했던 우치무라 간조도 자신이 주필을 담당했던 성서 잡지 『성서 연구(聖書之研究)』 1910년 12월호에 짤막한 추도문을 남겼다. 그는 "옹이 싫어하던 것이 둘 있었다. 그 하나는 전쟁이었고 다른 하나는 교회였다. 그는 전쟁을 싫어했기 때문에 전쟁을 도운 교회를 싫어했던 것이다. (……) 교회는 톨스토이를 파문하고, 하나님은 교회를 파문하셨다. 이러한 하나님의 충성된 종을 파문하지 않을 수 없었던 교회의 운명은 이미 결정되었다"고 하여 자신의 무교회주의의 실천과 반전평화의 신념을 톨스토이의 계보 위에 놓았다.[71] 하지만 톨스토이가 교회와 유착하여 폭력을 요구하는 기관으로, 철저한 불복종의 대상으로 여겼던 국가에 대해서는 언급이 없었다. 이것은 그가 1907년 시점에서 "기독교와 비슷하면서 가장 그것이 아닌 것이 오늘 우리나라에서 외쳐지고 있는 사회주의"인데, 거기에는 "경건이 없다. 순종이 없다. 평화가 없다. 이는 다만 불평과 반항과 파괴의 정신이

---

70 中里介山(1911), 「奮闘の人」, 『學生文藝』 2(2), 聚精堂.

71 内村鑑三(1975), 『内村鑑三全集』 3, 雪友社, pp.535-536.

다"라고 하여 사회주의에 대한 비판을 한층 높이기 시작한 것과 관계가 있을 것이다.[72]

한편, 톨스토이의 모순에 주목해 왔던 레닌도 『소치알 데모크랏(Социал-Демократ)』에 새로이 「톨스토이론(Л.Н. Толстой)」이라는 짧은 추도문을 발표했다. 러시아혁명에 있어서의 톨스토이의 의미를 다시 한번 자리매김하는 글이었다. 우선 레닌은 1905년 러시아혁명을 부르주아 농민혁명으로 규정하고 톨스토이의 세계적 의의는 러시아혁명의 그것을 반영한 것이라고 했다. 그런 다음에 톨스토이가 주장한 국가, 교회, 토지사유재산, 자본주의 등에 대한 비판에는 이미 "원시적인 농민 민주주의"나 "가부장제적 농민"의 이상을 반영하는 정치 부정설이나 도덕적 자기완성설, 신앙생활 찬미를 내세우는 "과거에 속하는 것"과 러시아의 프롤레타리아트가 천명하는 전제나 지주적 토지영유제에 타격을 가하여 "인간에 의한 인간의 착취가 없는 신사회를 창조하는, 사회주의적인 투사에 협력하는 미래에 속하는 것"의 두 방향이 있다고 했다. 그리고 전자의 한계를 극복하는, 이른바 지양의 과정을 거쳐 후자로부터 톨스토이주의가 가지는 역사적인 의의를 발견하고자 했다.[73] 이와 같은 이해는 이윽고 소련 사회의 톨스토이 수용의 기반이 되었다. 톨스토이의 대리인이었던 체르트코프가 전개했던 양심적 병역거부 제도 도입의 촉구도 1919년 1월에 승인되어 소련은 세계에서 병역거부를 인정한 세 번째 국가가 되었다. 체

72 内村鑑三(1975), p.516.

73 В.И. Ленин (1910), Л.Н. Толстой, Социал-Демократ, No. 18. 인용은 ニコライ・レーニン(1928), 「トルストイ論」, 『文藝戰線』 5(8).

르트코프는 붉은 군대의 양심적 병역거부 심사위원장을 역임했으며 이후에도 톨스토이 전집의 편찬에 진력하게 된다.[74]

그러나 일본에서는 대역사건으로 톨스토이주의의 급진적인 부분, 즉 레닌이 말하는 '미래에 속하는 것'의 수용도 일단의 종언을 고하게 된다. 그 대신에 높은 도덕성, 정신성에 기초한 온건한 개인주의, 인도주의 부분이 부각되어 위대한 문호나 성인, 현인으로서의 수용으로 한정되어 인생론이라는 형태로 널리 읽히게 되었다. 서두의 장지락이 품속에 지니며 자주 꺼내보던 그 인생론이다. 이로써 반문명과 반국가 사상, 반전론이 소거되고 인격수양이나 개량화된 기독교적 윤리가 강조되어 근대적 국가주의의 지배 담론에 종속된 톨스토이 사상이 조선에 소개될 토양도 정비된 것이다.[75] 톨스토이 소개의 선두에 섰던 최남선은 『少年』 지에 톨스토이 서거 특집호를 꾸려 8 · 5조 288행에 이르는 장편 추도시[76]와 함께 톨스토이 서거 추도문을 재빨리 게재했다. 거기에서 톨스토이는 다수 인민의 생애를 접하고 "세바스토폴의 勇士" "文壇의 新驍將" 등의 명성을 버리고 참회를 통해 예수나 소크라테스처럼 번뇌에서 해탈한 위대한 인격의 소유자이자, 현대 문명을 기탄없이 비평한 선지자로 그려졌다. 물론 톨스토이가 현대 문명이 비참한 원인을 국가와 교회의 탓으로 돌리고 극력 반항한 정신적

---

74 자세한 경위에 대해서는 Е. И. Гетель(1997), "Объединенный совет религиозных общин и групп как одно из проявлений русского пацифизма", Долгий путь российского пацифизма, М., ИВИ РАН, pp.301-320.

75 박노자(2007), 『우리가 몰랐던 동아시아』, 한겨레출판, pp.69-76.

76 최남선(1910), 「톨쓰토이先生을 哭함」, 『少年』 3(9). 인용은 최남선(1973), 『六堂崔南善全集』 5, 玄岩社, pp.402-406.

무정부주의자라는 기술도 하지만 톨스토이는 이상 실현 방법의 온건함을 내세워 극렬한 이미지를 떨쳐내고자 했다는 점을 강조했다.[77] 그런 의미에서 최남선의 톨스토이 이해는 특히 우치다 로안이나 노보리 쇼무 등의 수용방식에 근사하며, 초기 사회주의자들의 톨스토이 전유 과정은 거의 참조되지 않았다. 한편 사회운동가로서의 톨스토이 이미지가 일본에서 다시 부활한 것은 1917년 러시아혁명 이후 소련 사회에 의해 톨스토이가 평가될 때를 기다리지 않으면 안 되었다.

77 최남선(1910), 「톨스토이 小傳」, 『少年』 3-9. 인용은 최남선(1973), 『六堂崔南善全集』 10, 玄岩社, pp.62-74.

V. 일본 아시아주의자의 1905년 러시아혁명 및 중국혁명 인식: 『혁명평론』의 검토를 중심으로

이정희(인천대학교 중국학술원)

1. 머리말

본고는 1905년 러시아혁명 기간 중 일본 도쿄에서 발행된 잡지 『혁명평론』을 통해 일본의 아시아주의자가 러시아혁명 및 중국혁명을 어떻게 인식하고 있었는지 검토한 것이다.

1905년 러시아혁명이 일본에 미친 영향을 분석한 기존의 연구 성과는 주로 일본의 사회주의자, 일본에 망명한 러시아 및 중국의 혁명가에 초점이 맞춰져 있었다. 먼저 러시아혁명이 일본의 사회주의자들에게 미친 영향에 대해서는 이다 가나에(飯田鼎)의 연구가 대표적인데, 그는 메이지 말기 일본 사회주의자의 대표적인 두 노선인 가타야마 센의 의회정책론과 고토쿠 슈스이의 직접행동론의 주요 생성원인이 러시아혁명에 있다고 지적했다.[1]

러시아혁명 기간 중 일본에 망명한 러시아혁명가의 일본 내 활동에 주목한 연구는 러시아 혁명가 중에서도 특히 니콜라이 러셀(1850~1930)에 관한 연구가 상대적으로 풍부한 편이며, 와다 하루키

1 飯田鼎(1973), 「1905年のロシア革命と日本の社會主義: ヨーロッパ勞動運動の日本の社會主義への影響」, 『三田學會雜誌』 66(1), 慶應義塾經濟學會. 의회정책론은 노동자의 보통선거를 통해, 직접행동론은 노동자 총파업이라는 수단을 통해 일본의 사회 개혁과 혁명을 실현하려는 것이다.

(和田春樹)의 연구가 대표적이다.[2] 러셀은 1905년 5월부터 1910년 10월까지 일본에 체재하면서 나가사키에서 발행된 러시아어 신문 『볼랴』의 편집장을 지내며 『혁명평론』과 교류했고 당시 일본에서 체류하고 있었던 쑨원과도 만났다.

한편, 쑨원이 러시아혁명 기간 중인 1905년 7월 19일부터 1907년 3월 4일까지 약 10개월간 일본에 체재한 사실에 주목하여 러시아혁명이 쑨원과 같은 일본 체류 중국인 혁명가에 미친 영향에 대해 다룬 연구성과도 있다. 러시아의 쟈반스키는 중국동맹회의 기관지인 『민보』에 러시아혁명에 관해 많은 지면이 할애되어 있는 것을 들어 중국의 혁명가에 대한 영향도 적지 않았다고 주장했다.[3]

본고는 기존 연구에서 별로 주목하지 않았던 1905년 러시아혁명이 일본의 아시아주의자에게 미친 영향을 살펴보려 한다. 일본의 아시아주의에 대해서는 아직 학계에서 명확한 정의가 내려진 것은 아니지만 일본의 아시아주의 논고의 고전으로 평가받는 다케우치 요시미(竹內好)의 「일본의 아시아주의」는 아시아주의를 다음과 같이 정의했다. 첫째 구미 열강의 아시아 침략에 저항하기 위해 아시아 모든 민족이 일본을 맹주로 단결하자는 주장, 둘째 아시아 국가 간의 연대, 특히 중일 연대의 지향, 셋째 시대적 추이[4]에 따라 팽창주의, 침략주의

2 和田春樹(1973), 『ニコライ・ラッセル: 國境を超えるナロードニキ』 上・下, 中央公論社.

3 エス・エリ・チフヴィンスキ(1975), 「孫文とロシア・ナロードニキ」, 日ソ歷史學シンポジウム組織委員會 編, 『革命ロシアと日本: 第1回日ソ歷史學シンポジウムの記錄』, 弘文堂, pp.133-145.

4 하자마 나오키(狹間直樹)는 아시아주의의 시기 구분을 3단계로 나눠 분석했다. 초기는 동아시아 국가 간의 관계가 대등한 시기인 1880~1900년, 중기는 구미 열강과 협

성향을 표출, 넷째 우익도 좌익도 아니며 기존의 사상에 의탁하여 자신의 이념을 표출하기 때문에 사상적 계보가 불명확함의 네 가지가 그것이다.[5]

이러한 아시아주의의 상호 모순되고 복잡하게 얽힌 특성 때문에 아시아주의에 대한 기존 연구는 일본제국주의 침략의 사상적 도구로 평가하는 시각과 아시아 연대를 중요시한 시각 그리고 침략과 연대를 동시에 고려하는 시각 등으로 나뉘어 전개되어 왔다.[6]

본고가 주목하는 『혁명평론』은 아시아주의자에 의해 러시아혁명 기간 중인 1906년 9월 5일 창간된 후 매월 1~2회 발행되다 1907년 3월 25일 제10호로 정간된, 7개월의 단명에 그친 잡지이다. 이 잡지는 사상 계보가 불명확한 아시아주의자들이 펴낸 잡지라는 특성 때문에 상당 기간 역사의 뒤안길에 사장되어 있었다.

이 잡지 관련 기존 연구 성과는 크게 『혁명평론』 자체를 소개한 연구와 『혁명평론』 참여 동인과 동 잡지의 관계에 대해 검토한 연구로 나눠볼 수 있다. 나가이 가즈미(永井算巳)와 하야시 시게루(林茂)는 동 잡지의 발간 경위, 참여 동인, 지면의 내용을 소개했다. 미야자키 류스케(宮崎龍介)는 동 잡지의 편집장 역할을 한 미야자키 도텐의 장남으로 당시 중학교 2학년 학생으로서 『혁명평론』에 참가한 동인을

조하면서 일본의 우위를 축으로 하는 1901~1927년, 말기는 일본을 정점으로 일본의 이익만을 목적으로 하는 1928~1945년. 狭間直樹(2001), 「アジア主義とはなにか」, 『東亞』 410, pp.70-71.

5 竹内好(1963), 「日本のアジア主義」, 『日本とアジア』(문고판, 1993), 筑摩書房, pp.287-354.

6 일본 아시아주의 연구의 국내외 경향을 소개한 것으로는 채수도(2004), 「근대 일본의 '아시아주의' 운동」, 『대구사학』 81, 대구사학회 참조.

근거리에서 관찰한 것을 소개했다.[7]

『혁명평론』과 참여 동인의 관계를 검토한 다음과 같은 연구도 있다. 오타 마사오(太田雅夫)는 중일국교정상화의 시대적 분위기 속에서 미야자키 도텐을 『혁명평론』과 관련시켜 검토했다. 특히 그는 잡지 발행 시의 미야자키 도텐 및 관계자의 서간을 새롭게 발굴, 『혁명평론』의 발간 경위, 필명의 고찰, 종간의 이유에 대해 새로운 사실을 밝혀냄으로써 『혁명평론』 연구를 한 단계 높였다. 우에무라 기미오(上村希美雄)는 『혁명평론』의 동인으로 참가한 와다 사부로와 이케 고키치에 대해 상세히 소개했다. 사키무라 요시오(崎村義郞)와 구보타 분지(久保田文次)는 동인인 가야노 나가토모에 대해 소개했다.

그러나 기존의 『혁명평론』 연구 가운데 이 잡지를 일본의 아시아주의자들이 발행하는 잡지로 자리매김하고 분석한 연구나 이들 아시아주의자 동인이 이 잡지를 통해 1905년 러시아혁명과 중국혁명을 어떻게 인식하고 있었는지에 대한 고찰은 없었다. 『혁명평론』은 혁명을 주제로 한 많은 기사와 평론을 게재했는데, 그 가운데 가장 많은 내용을 차지한 것은 러시아혁명과 중국혁명이었다.

본고는 이러한 문제의식 하에 아시아주의자가 1905년 러시아혁명 기간 중 『혁명평론』을 발행한 목적이 무엇인지, 러시아혁명을 어떻게 인식하고 있었으며, 러시아혁명 보도로 자신들이 의도하던 중국혁명과 어떻게 연결시키려고 했는지, 당시의 일본을 어떻게 인식하고 있었는지 등에 대한 문제를 검토한다.

---

7 宮崎龍介(1966), 「『革命評論』の人々」, 社會文庫 編, 『社會主義無政府主義者人物研究史料(2)』, 柏書房.

2. 『혁명평론』 및 참여 동인 소개

『혁명평론』의 아시아주의자 동인

『혁명평론』이 창간될 무렵의 움직임은 『혁명평론』 제2호 「편집일지」에 상세히 기술되어 있다. 참여 동인들은 1906년 8월 12일 가야노 나가토모가 머물고 있던 도쿄 고비키초(木挽町)의 후생관에서 잡지 발행을 결의했다. 동인들은 같은 달 18일 '혁명평론사'의 사무소 임대계약을 체결하고, 기요후지 고시치로(淸藤幸七郞, 1872~1931)는 22일 경시청에 잡지 발행 신고서 및 보증금을 납부하고 발행 절차를 마쳤다. 동인들은 23일 아오야마(靑山)의 공성관(公盛館)에서 제1회 편집회의를 개최하고 업무를 분담했으며 동인들의 사무소 입주는 9월 1일에 완료되었다. 같은 달 3일에는 '혁명평론사(革命評論社)'의 빨간 간판이 세워지고 창간호가 인쇄된 것은 4일, 발행일은 5일이었다.

「편집일지」만 보면 『혁명평론』 발행이 약 3주간이라는 짧은 기간에 이뤄진 것으로 보이지만 동인이 모두 한자리에 모이게 된 경위는 보다 복잡했다. 8월 12일 이전 『혁명평론』 동인들이 모이게 된 경위는 미야자키 도텐의 사촌으로 당시 도쿄 제국대학에 재학중이던 쓰키지 노부오(築地宣雄)가 8월 14일 도텐의 형인 미야자키 다미조에게 보낸 서간에 잘 드러나 있다.

> 가야노 씨는 일러전쟁 때 만주 마적(滿洲義軍: 역자)의 두목이었습니다. 귀국하여 도쿄에 있을 때 공교롭게도 새로운 동지 와다, 이케 두 사람과 연결되었습니다. 이윽고 마적인 가야노 자신도 혁명 열기에 심취하여 혁명의 의의를 이해하고 혁명에 열심인 동지의 말석에 앉

> 게 된 것을 스스로 매우 자랑스럽게 여겼습니다. 동지의 한 명이 된 가야노 씨에 대해서는 잘 알고 계실 것으로 사료되어 이만 줄이고 바로 이케, 와다 두 명에 대해 말씀드리겠습니다. 두 명은 도라조(寅藏) 숙부(미야자키 도텐: 역자)와 다음의 경위로 서로 알게 되었습니다. 이케, 와다 두 명은 모두 약 30살의 신문기자(번역기자)였습니다. 두 사람은 훨씬 이전부터 혁명사상을 기꺼이 받아들이고 즐겁게 혁명 연구를 하고 있었습니다. 그러나 세상에서 동지를 찾아볼 수 없다고, 특히 일본인 가운데서 친구를 찾을 수 없다고 단념하고 침묵, 탄식하면서 긴 세월을 보냈습니다. 그러던 어느 날 아침 와다 씨가 의군에서 돌아온 가야노 씨와 학창시절 동창으로 친구인 것을 인연으로 서로 만나 혁명을 담론하게 되었습니다. 가야노 씨의 진보가 미야자키 모씨(미야자키 도텐: 역자) 등과의 교류에 의한 것이라는 사실을 듣게 되었습니다. 가야노 씨의 주선으로 (미야자키 도텐을: 역자) 소개받은 이케, 와다 두 명은 지나당(중국동맹회: 역자)과 악수하기에 이르렀습니다. 이것은 5, 6월이 지난 후의 일입니다.[8]

이러한 서간을 통해 동인들이 모인 경위를 살펴보면 그 중심에 미야자키 도텐이 있다는 것을 알 수 있다. 위 서간에 등장하지는 않지만 동인의 한 명인 기요후지 고시치로는 미야자키 도텐과 동향인 구마모토 현(熊本縣) 출신으로, 그보다 한 살 아래이며 어릴 때부터 그와 친구 사이였다. 그는 도텐과 쑨원의 중국혁명 활동을 초창기 때

8 太田雅夫(1972), 「浪漫的革命觀の挫折: 宮崎滔天と『革命評論』」, 『展望』 164, 筑摩書房, p.138.

부터 돕고 있었다. 그는 대표적인 아시아주의 단체인 흑룡회(黑龍會, 1901~1946) 소속으로 활동했으며, 1902년 출판된 도텐의 『33년의 꿈(三十三年の夢)』에 쑨원과 함께 서문을 썼다.[9]

창간 동인으로 참가하지는 않았지만 『혁명평론』에서 중요한 역할을 한 히라야마 슈(平山周, 1870~1940)도 미야자키 도텐의 동지였다. 히라야마는 후쿠오카(福岡) 출신으로 1896년 도텐과 함께 태국 이민 사업을 함께 하였고, 1897년 외무성의 촉탁으로 도텐과 함께 중국의 비밀결사 조사를 위해 중국에 파견되었으며, 도텐과 함께 쑨원의 중국혁명 활동을 지원했다. 그는 『33년의 꿈』에도 자주 등장하며 미야자키, 기요후지와 함께 1905년 도쿄에서 결성된 중국동맹회를 지원하고 있었다.[10]

가야노 나가토모가 미야자키와 교류하기 시작한 것은 1898년경 홍콩에서였다. 그는 미야자키, 히라야마와 함께 쑨원의 혁명 활동을 지원하고 있었으며 흑룡회에 가입하였고 1904년 러일전쟁 당시 러시아군의 후방교란을 목적으로 흑룡회 주도로 조직된 '만주의군'에 참가했다.[11] 앞에서 언급한 쓰키지의 서간에 등장하는 만주 마적은 바로 '만주의군'을 가리킨다.

---

9 宮崎滔天(1902), 『三十三年の夢』(문고판, 1993), 岩波書店, pp.9-10. 이 책은 미야자키 도텐이 33년 동안 걸어온 인생의 회고록이다. 쑨원을 만나 중국혁명운동을 지원하고 직접 참가한 경험을 토대로 쓴 것으로, 일본에선 '일본의 명저'로 평가받는 책이다. 孫文記念館 編(2012), 『孫文 · 日本關係人名錄(增訂版)』, 孫文記念會, p.55.

10 히라야마는 당시 조사한 것을 정리하여 1911년에 『지나혁명 및 비밀결사(支那革命黨及秘密結社)』를 간행했다. 이 책은 중국의 비밀결사와 관련된 초창기의 뛰어난 연구 성과의 하나로 꼽힌다.

11 崎村義郎 著 · 久保田文次 編(1996), 『萱野長知研究』, 高知市民圖書館, pp.39-42.

미야자키, 기요후지, 히라야마가 규슈 출신인 것과 달리 가야노는 시코쿠(四國)의 고치 현(高知縣) 출신이었다. 그는 같은 고치 현 출신으로 메이지 시기 일본 자유민권운동의 지도자이자 자유당의 설립자인 이타가키 다이스케(板垣退助, 1837~1919)의 영향을 많이 받았다. 그리고 고치에서 오사카(大阪)로 나가 '오사카 시사통신사'의 사원으로 일하다 중국으로 건너가 광둥(廣東), 홍콩 등지에서 신문통신원으로서 일할 때 쑨원 등의 중국혁명운동의 존재를 알게 되었다.[12]

가야노 나가토모의 동향 출신 친구인 와다 사부로와 이케 고키치는 앞 네 명의 동인과는 약간 다른 길을 걸어온 인물이었다.

와다 사부로는 가야노 나가토모보다 2년 빠른 1871년에 고치 현에서 태어났으며 가야노와 초등학교 동창이었다. 그는 1897년 3월 메이지 학원(明治學院)의 신학부를 졸업한 후 오사카의 『간사이 청년(關西青年)』의 편집에 관여한 것을 시작으로, 고치 현의 지방지인 『도요 신문(土陽新聞)』, 도쿄의 『중앙일보(中央日報)』의 기자를 역임했다. 1902년에는 그가 평생 존경한 이타가키 다이스케의 비서로서 『자유당사(自由黨史)』의 편집에 관여했다.[13] 미야자키 류스케는 후년 와다 사부로에 대해 "말수가 적은 학구파의 사람으로 사상적으로는 상당히 진보적이었다. 나는 이 사람한테 바쿠닌에 대해 이야기를 들은 것을 기억하고 있다"고 회고했다.[14] 와다 사부로가 무정부주의와 공화주의

---

12 萱野長知(1940), 『中華民國革命秘笈』(復刻版, 2004), 帝國地方行政學會, p.803; 宮崎滔天 · 萱野長知 · 北一輝(2008), 『アジア主義者たちの聲 中: 革命評論社』, 書肆心水, p.31.

13 上村希美雄(1996), 『宮崎兄弟傳 アジア篇(中)』, 葦書房, p.481.

14 宮崎龍介(1966), p.107.

사상에 상당히 경도되어 있었던 것은 사실이다.[15]

가야노 나가토모의 또 한 명의 동향 친구인 이케 고키치는 만 11세 때 기독교 목사인 우에무라 마사히사(上村正久, 1858~1925)로부터 고치 현에서 세례를 받았으며, 앞의 쓰키지의 서간에 의하면 경건한 기독교인의 삶을 살고 있었다. 그의 사상 형성에 큰 영향을 준 형 호소카와 기요시(細川潔)는 자유당의 대표적인 웅변가였다. 호소카와는 1892년 목사가 되어 이케가 『혁명평론』 동인으로 참가할 때는 도쿄 신주쿠에 있는 교회의 목사로 활동하고 있었다.[16]

이케 고키치는 '이케 고로(池皐雨郎)'라는 필명으로 시집 『누흔집(涙痕集)』(1898년), 『가부라야(かぶら矢)』(1905년)를 출판하는 등 『혁명평론』 참가 이전에 이미 시인으로서도 꽤 주목받고 있던 인물이었다. 또한 미야자키 류스케가 그에 대해 "영어에 능통한 사람으로 온건한 사회주의자였던 것 같다. 혁명평론사의 사람들과 쑨원 간의 대화는 이 사람이 통역을 담당했다"고 회고했듯이 그는 특히 영어에 능통했다.[17] 이케 고키치는 자신의 영어 실력을 발휘하여 영문 서적을 잇달아 번역·출판했다. 『세 개의 보옥(3個の寶玉)』과 『천로역정(天路歴程)』은 그의 대표적인 번역서인데, 두 권 모두 기독교와 깊은 관계가 있다.

위에서 살펴본 바와 같이 가야노의 소개로 『혁명평론』에 참가한 와다와 이케는 아시아주의자와는 무관한 길을 걸어온 인물이었다. 그

---

15 崎村義郎 著·久保田文次 編(1996), p.49.

16 上村希美雄(1996), p.483.

17 宮崎龍介(1966), p.107.

러나 와다 사부로와 이케 고키치는 『혁명평론』 참가와 함께 중국동맹회에 가입하고 『혁명평론』 정간 즈음에는 중국혁명운동의 지원활동에 참가했다. 특히, 이케는 쑨원의 요청으로 1907년 12월 조순 혁명군의 진남관 요쇄 돌파(鎭南館要塞突破), 윈난 혁명군(雲南革命軍)의 봉기를 취재했다. 그는 이 취재기를 1908년 5월부터 2개월간 『오사카아사히 신문』에 「지나혁명 실견기(支那革命實見記)」라는 제목으로 게재하고, 이 기사를 모아 1911년 11월에 책으로 출판했다. 또한 1911년 신해혁명 때 친중의회(親中義會)를 조직하여 중국을 방문, 쑨원의 비서로도 일했다.[18]

한편, 『혁명평론』의 창간 동인은 아니지만 도중에 참가한 기타 잇키는 니가타 현(新潟縣) 사도(佐島) 출신으로, 앞의 6명의 창간 동인과 지역적인 연고가 전혀 없었으며 중국동맹회를 지원하는 활동에도 참가한 적이 없었다. 그러나 기타 잇키는 1906년 11월 『혁명평론』에 참가할 당시, 그해 5월 출판된 저서 『국체론 및 순정사회주의론』으로 꽤 유명한 인물이었다. 사회주의 그룹은 기타 잇키를 자신의 진영으로 끌어들이려 했지만 그는 일본의 사회주의 이념은 외국에서 직수입한 것으로 아직 미숙하다고 판단하고 거절했다.[19] 기타 잇키는 『혁명평론』 창간 동인인 기요후지 고시치로의 소개로 참가하였고,[20] 곧바로 중국동맹회에 가입했다. 『혁명평론』 정간 이후에는 흑룡회에 가입하고, 흑룡회의 파견으로 신해혁명에 직접 참가했다. 기타 잇키가 신해

---

18 孫文記念館 編(2012), p.29.

19 竹内好(1963), p.338, 416; 社會文庫 編(1964), 『社會主義無政府主義者人物硏究史料(1)』, 柏書房, p.237.

20 社會文庫 編(1964), p.237.

혁명의 체험기를 책으로 출판한 것이 유명한 『지나혁명외사(支那革命外史)』이다.[21] 그는 1920~30년대 일본의 대표적인 아시아주의자이자 파시스트로 활동했다.

이상의 논의를 정리하면 다음과 같다. 『혁명평론』의 창간 동인 가운데 미야자키, 히라야마, 기요후지, 가야노는 이미 중국혁명 활동에 참가하거나 지원활동에 관여하고 있던 아시아주의자였으며, 가야노의 소개로 참가한 이케, 와다는 『혁명평론』 참가 이후 중국동맹회에 가입하고 중국혁명을 지원하는 활동을 통해 아시아주의자로서의 면모를 갖췄다. 기타 잇키도 이케, 와다와 같은 경우로 『혁명평론』 참가 후 아시아주의 단체인 흑룡회에 가입하고 신해혁명에 직접 참가하는 등 아시아주의자로서의 길을 걷게 되었다. 따라서 이케, 와다, 기타에게 『혁명평론』 동인 참가는 그들이 아시아주의자가 되는 중요한 계기였다고 할 수 있다.

『혁명평론』 발행의 목적

아시아주의 성향의 동인 6명은 왜 1906년 9월의 시점에서 잡지 『혁명평론』을 발행한 것일까. 당시 1905년 러시아혁명에 대한 일본의 일반적인 인식은 러일전쟁의 적대국인 러시아에서 일어난 혁명이었기 때문에 다소 복잡했다. 일본 외무성의 전 정무국장인 나카타 다카노리(中田敬義, 1858~1943)는 전쟁을 하루빨리 끝내고 일본이 승전하기 위해 "혁명운동은 더욱더 치열해지기를 바란다"[22]고 했는데, 러시

---

21 長谷川義記(1969), 『北一輝』, 紀伊國屋書店, pp.34-35.

22 中田敬義(1905), 「露國の動亂と將來の形勢」, 『東洋經濟新報』 330, pp.10-11.

아혁명에 대한 이러한 인식은 일반대중도 공유하고 있었다.

일본 내의 러일전쟁에 관한 여론은 개전론(開戰論) 혹은 주전론이 압도적으로 우세했다. 사회주의 그룹이 일부도 개전론 및 주전론으로 기울었으며, 반전론을 주장하는 인물은 사회주의자인 고토쿠 슈스이와 사카이 도시히코 그리고 기독교 사상가인 우치무라 간조 정도에 불과했다.[23]

아시아주의 단체인 현양사(玄洋社, 1881~1946)와 흑룡회는 물론 주전론을 주창했다. 기타 잇키도 『혁명평론』의 동인 참가 이전에는 열렬한 주전론자의 한 명이었다.[24] 기타 잇키가 고토쿠 슈스이 등이 발행하는 『평민신문』의 적극적인 요청에도 참가하지 않은 이유 중 하나도 그들이 반전론자였다는 것이 작용했을 것이다. 가야노 나가토모는 『혁명평론』 참가 이전 흑룡회의 일원으로 만주의군에 적극 가담한 인물이기 때문에 주전론자라는 것은 말할 필요도 없다. 다른 동인들도 만주와 조선을 자신의 세력권으로 편입시키려는 러시아의 침략야욕을 분쇄하기 위한 러일전쟁의 개전론 및 주전론에 기본적으로 찬성하고 있었다.

러일전쟁은 1905년 9월 포츠머스 강화조약 체결로 일본의 승전으로 끝났다. 그러나 러시아혁명은 강화조약 체결 이후에도 지속되었으며 농촌지역의 폭동은 1905년 가을에 정점에 달해 군대가 진압에 나서지 않으면 안 될 지경이었다. 위기에 처한 러시아정부는 1905년 10

23 山室信一(2005), 『日露戰爭の世紀: 連鎖視點から見る日本と世界』, 岩波書店, pp.107-108.

24 松本健一(1996), 『北一輝論』, 講談社, p.240.

월 민권의 승인, 정당 설립 허가, 보통 선거권 확대를 골자로 한 개혁안을 제시하여 혁명은 점차 하강 국면에 들어갔다. 이때부터 혁명 참가자에 대한 정부의 탄압은 더욱 가혹해졌다. 의회인 두마가 해산되고, 정부의 이러한 반동적인 조치에 혁명가는 정부의 요인을 암살하는 것으로 대항했다. 러시아정부는 다시 이에 대한 보복으로 1천 명에 달하는 혁명가들을 공개 처형했다. 『혁명평론』 창간 전후 시기의 러시아혁명의 상황은 대충 이러한 상태였다.

1906년 9월 5일 발행된 『혁명평론』의 창간호는 발간사에서 잡지 발행의 취지를 다음과 같이 밝혔다.

> 러시아는 유럽의 문명에 뒤떨어져 야만의 구투(舊套)를 덮어쓰고 식욕을 충족시키는 데 급급한 나라였다. 그러나 일부의 인사(人士)는 훨씬 이전부터 혁명의 여신을 기쁘게 받아들여 대외적으로 알려지지 않는 사이 열정을 불태워 왔다. 공교롭게도 일러전쟁의 좋은 기회를 포착하여 공화민주정치 이외에 토지공유의 대의를 기치로 내걸고 칼로 일어나 지금은 분투, 격투의 와중에 있다. 오호(嗚呼), 그들은 정치혁명과 사회혁명을 일거에 수행하려는 것이다. 구미의 정치혁명에 비해 일보 전진한 것이다.[25]

미야자키 도텐이 쓴 이 발간사는 유럽에서 후진국인 러시아가 유럽의 혁명사상을 수용하여 정치혁명과 사회혁명을 동시에 달성하려는

---

25 宮崎滔天(1906), 「發刊の辭」, 『革命評論』 1, p.1.

것을 매우 높게 평가한 것이다. 그리고 같은 발간사에서 미야자키 도텐은 러시아혁명과 함께 중국혁명에 대해서도 다음과 같이 언급했다.

> 머리를 돌려 동방의 늙은 제국 지나의 현상을 봐라. 과거(科擧)의 폐지는 새로운 학문의 발흥을 낳고, 청년 학생의 해외 유학으로 이어지고, 사상이 혁명되고 혁명을 숭배하고 있다. 이것이 전도(傳道)되어 그 영역은 지금 천만의 세력으로 확대되고 있다. 그런데 그 주장이 러시아혁명당과 서로 일치하는 것은 이상한 것이 아니다. 생각건대 그들이 발흥할 시기는 세인의 예상 이상으로 급속해질 것이다.[26]

즉, 미야자키 도텐은 러시아혁명이 현재 혁명의 기운이 점점 높아지고 있는 중국에 영향을 주어 중국혁명의 도래를 앞당길 것이라고 말하는데, 여기에서 두 혁명을 연계시키려는 의도가 숨어 있음을 확인할 수 있다. 가야노가 그의 자서전에 쓴 잡지 발행의 목적도 내용적으로 비슷하다.

> 당시 우리들 일본인으로서 중국동맹회에 가입하는 동지들 사이에 지나와 러시아는 세계 2대 전제국으로, 무단 압정으로 자유를 억압하여 세계평화를 저해하고 있기 때문에 만약 세계평화와 문명의 발달을 기하려 한다면 반드시 이 두 전제 무단국(武斷國)에 혁명을 일으켜 그 정체(政體)를 변혁하지 않으면 안 된다. 이런 점에서 지나와

26 宮崎滔天(1906), p.1.

러시아의 혁명을 돕기 위해 『혁명평론』이라는 월 2회 잡지를 발행하여 중국동맹회의 기관지인 『민보』와 서로 상응하며 활발히 혁명주의를 고취했다.[27]

즉, 가야노는 『혁명평론』 발행의 이유를 세계 평화를 위해 2대 전제국인 중국과 러시아의 혁명을 도와주어 성공시키는 데 있다고 밝히고 있다. 그러나 더 정확하게 말하자면 "일러전쟁에서 패배한 러시아 내에서 머리를 들고 있던 러시아혁명운동과 중국혁명운동 사이에 어떤 연결고리를 만들어 보려고 의도"[28]한 것이며, 궁극적으로는 중국혁명을 일으켜 성공시키는 데 있었다. 와다 사부로는 "청의 황제는 러시아 황제를 좇아 똑같은 궤도(軌道)를 밟고 있다. (……) 러시아는 이미 선풍(旋風)이 불어 날씨가 거칠어지고 세찬 비가 자주 내리는 때에, 청은 짙은 구름 속에 아직 비는 내리지 않는"[29] 상태로 비유하며 중국혁명이 큰 과제로 남아 있다는 것을 드러냈다.

그렇다면 왜 『혁명평론』 동인들은 중국혁명을 지원하고 성공시키려 했을까. 이것은 일본의 아시아주의의 성격과 본질을 파악하는 데 매우 중요한 문제이다. 그와 관련하여 미야자키 도텐 연구자인 우에무라 기미오와 가야노 나카토모 연구자인 사키무라 요시로의 다음과 같은 지적은 시사하는 바가 크다.

---

27 萱野長知(1940), p.189.

28 宮崎龍介(1966), p.106.

29 鳳梨(1905), 「雜錄: 露淸の革命は急速なれ」, 『革命評論』 1, p.4.

도텐은 구미의 아시아 침략이 더욱 적극적으로 추진되면 중국은 분할되고 조선은 멸망하며 그렇게 될 경우 일본의 독립 유지도 어려워지고, 사회개혁을 할 여유가 없다고 생각한 것이다. 중국이 분할되어 조선이 멸망하는 것을 좌시하여 일본 일국이 구미의 침략에 저항하는 것보다 대국인 중국과 연대하여 함께 저항하는 편이 낫다. 그러나 지금의 청조는 부패하여 도저히 구미에 대항할 실력도 기력도 없다. 그러나 중국 · 조선에도 개혁 · 혁명에 의해 자국의 독립과 근대화를 목표로 하는 세력이 있기 때문에 일본 · 일본인은 그러한 세력과 제휴해야 한다. 중국이 자립하고 일본의 독립이 보증되어야 비로소 형인 다미조가 주장하는 사회개혁과 입헌정치의 확립, 자유민권을 철저히 실현할 수 있다.[30]

요컨대 미야자키 도텐이 중국혁명에 참가하는 것은 중국을 위한 것이기도 하지만 궁극적으로는 일본의 정치개혁, 사회개혁을 성공시키기 위한 데 있었다는 것이다. 이러한 의도를 확인할 수 있는 기타 잇키의 중요한 발언이 있다. 그가 1910년경 모교인 사도중학교의 가시쿠라 잇토쿠(栢倉一德) 교장을 방문했을 때 "일본은 현재 앞이 막힌 상태에 놓여 있다. 지나의 혁명이 성공하면 반드시 일본에도 영향이 미친다. 그런 의미에서도 지나의 혁명운동을 도와줄 필요가 있다"[31]고 말했다는 것이다.

당시 일본은 천황제국가에서 근대 국민국가로 완전히 이양되지

30 崎村義郎 著 · 久保田文次 編(1996), p.20. 미야자키 다미조에 대해서는 후술한다.
31 松本健一(1996), p.50.

않은 상태에서 입헌정치가 제대로 실현되지 않고 있었고 또한 '국권'에 압도되어 '민권'이 신장되지 못하고 있었으며, 러일전쟁의 승전에도 불구하고 배상금을 받아내지 못한 데 대한 분노가 이른바 히비야 방화사건[32]으로 분출했다. 이러한 상황에 직면한 『혁명평론』의 참가 동인은 일본의 내적 동인(動因)으로는 이 난국을 돌파하는 데 한계가 있고 외적 동인, 즉 중국혁명 성공을 통해 우회적으로 내적 동인을 유발하려고 의도했던 것으로 해석할 수 있다.

3. 『혁명평론』의 러시아혁명 및 중국혁명운동 인식과 일본관

러시아혁명 및 중국혁명 인식

『혁명평론』이 1905년 러시아혁명과 관련하여 어떤 내용의 글을 게재했는지 구체적으로 살펴보기 전에 잡지의 지면 구성을 보도록 하자.

『혁명평론』의 겉모양은 가로 27cm, 세로 39cm이다. '革命評論'의 제자(題字)는 붉은 글씨로 되어 있고 매호 붉은색으로 인쇄되었다. 『혁명평론』 전용의 지면은 8면, 부록으로 '토지복권동지회(土地復權同志會)'의 회보가 2면, 총 10면이었다. '토지복권동지회'는 미야자키 도텐의 형인 미야자키 다미조가 토지평등의 향유(享有)를 회복하자는 취지에서 1902년 설립한 단체로, 미야자키 다미조는 『혁명평론』 창간 직전에 자신들의 운동을 사회에 알리기 위해 전국 유세에 돌입

32 이 사건은 1905년 9월 5일 도쿄의 히비야 공원에서 포츠머스 강화조약에 반대하는 집회를 계기로 발생한 폭동사건을 말한다. 이 사건으로 도쿄는 무정부상태가 되었으며 일본정부는 계엄령을 선포했다.

했다. 이를 위해 그 동지회의 회보가 필요하여 『혁명평론』의 두 개 면을 빌린 것이다.

『혁명평론』 제2호의 지면 구성을 보면 다음과 같다.

제1면은 와다 사부로의 「제왕 암살의 시대」라는 권두 평론을 게재했고, 그 하단은 영문으로 지면의 토픽을 소개했다. 제2면은 「구주 혁명의 대세」란으로 러시아혁명과 기타 유럽 각국의 혁명 상황을 상세히 소개했다. 제3면은 「지나입헌문제」의 평론을 실었는데, 다른 호의 제3면은 주로 「동아기사(東亞紀事)」란으로 중국혁명운동의 각종 움직임을 소개했다. 제4면은 「잡록」 코너로 혁명에 관한 평론을 게재했고, 제5면은 주로 혁명 관련 단편소설을 게재했다. 제6면은 「지사의 풍골」로 유명한 동서양의 혁명가를 소개했다. 제7면은 중국혁명에 대한 평론을 게재했으며, 제8면은 혁명 관련 시(詩), 독자투고란인 「비안분(飛雁粉)」, 편집일지, 각종 잡지 및 책자의 광고를 게재했다. 제9면과 제10면은 『혁명평론』의 부록으로 「토지복권동지회 기사(土地復權同志會紀事)」를 게재했다.

이러한 지면 구성은 각 호에 따라 약간의 차이는 있지만 제10호까지 큰 변화는 없었다. 전반적으로 볼 때 러시아혁명 관련 논평과 기사는 제1호에서 제3호까지가 많았고 그 뒤로는 중국혁명 관련 기사와 논평이 압도적으로 많이 실렸다.

【표 1】은 『혁명평론』의 기사 및 논평 가운데 러시아혁명과 관련된 것을 정리한 것이다. 『혁명평론』의 동인들은 실명을 쓰지 않고 필명을 썼기 때문에 필자 파악이 쉽지 않지만 기존의 연구 성과로 거의 밝혀져 있어 정리해 보았다.

【표 1】『혁명평론』 지면 중 1905년 러시아혁명 관련 평론 및 기사 목록

호수	발행 연월일	필 명	실 명	제 목
제1호	1906. 09. 05.	斷水樓主人	池	혁명 문
		懷仁	和田	구주혁명의 대세
		於長崎KF生	福住克己	러시아 폭정의 일반(上)
		鳳梨	萱野	러청의 혁명은 급속히 되기를
		南窓	宮崎	8월 말의 러시아
		斷水樓主人	池	단편소설: 혁명입문서(上)
		U·R生	池	지사의 풍골: 미하일 바쿠닌
제2호	1906. 09. 20.	懷仁	和田	제왕암살의 시대(역사적 관찰)
		懷仁	和田	구주혁명의 대세: 권리문제와 사회문제
		靈南子	池	런던타임즈 혁명관
		於長崎KF生	福住克己	러시아 폭정 일반(中)
		U·R生	池	잡록: 혁명의 변
		斷水樓主人	池	단편소설: 러시아 황제의 개
		葭湖	和田	지사의 풍골: 스테프냐크
제3호	1906. 10. 05.	懷仁	和田	러시아혁명당의 사명
		懷仁	和田	구주혁명의 대세: 암살의 러시아
		–	–	런던타임즈 혁명관
		於長崎KF生	福住克己	러시아 폭정 일반(下)
		斷水樓主人	池	단편소설: 러시아 황제의 개
		–	–	지사의 풍골: 베라 자술리치
제4호	1906. 10. 20.	懷仁	和田	암살과 사상의 변천
		懷仁	和田	구주혁명의 대세
		–	–	런던타임즈 혁명관
		葭湖譯	和田	적나라한 러시아 황제
		虛無黨亡命客	中野寅吉	단편소설: 독침(上)

第5호	1906. 11. 10.	斷水樓主人	池	혁명과 문학
		懷仁	和田	구주혁명의 대세
		–	–	런던타임즈 혁명관
		懷仁	和田	러시아혁명 장렬담(一)
		虛無黨亡命客	中野寅吉	단편소설: 독침(下)
		眠火山樓主人	池	지사의 풍골: 샤를로타 코르데
第6호	1906. 11. 25.	懷仁	和田	구주혁명의 대세: 고압수단의 일반
		–	–	런던타임즈 혁명관
		斷水樓主人	池	비소설 사실담: 위기일발
		葭湖	和田	지사의 풍골: 크로포트킨
第7호	1907. 01. 01.	懷仁	和田	혁명의 신년을 맞이하여
第8호	1907. 02. 05.	dansuiro	池	The near–sightedness Of “Kokumin”
		懷仁	和田	구주혁명의 대세
		懷仁	和田	미신론
		懷仁	和田	지사의 풍골: 게르슈니
第9호	1907. 02. 25.	懷仁	和田	구주혁명의 대세
		–	–	톨스토이 백작 대리자의 서한
		–	–	예고: 『러시아혁명의 의의』 출판
第10호	1907. 03. 25.	懷仁	和田	구주혁명의 대세
		–	–	톨스토이 대리자의 서한
		–	–	예고: 『러시아혁명의 의의』 출판

※『혁명평론』 각호를 근거로 필자가 작성

【표 1】을 보면 러시아혁명 관련 글은 와다 사부로와 이케 고키치가 주로 담당한 것을 알 수 있다. 이케의 러시아혁명 관련 글은 뛰어난 문학적 재능과 영어 번역 능력을 발휘한 시나 단편소설의 창작과 번역 등을 중심으로 한 문학작품이 많았다. 그는 창간호 1면의 투르

게네프(1818~1883)의 작품 「혁명 문」을 번역해 소개한 것을 시작으로, 러시아혁명을 소재로 한 단편소설 「혁명 입문서」, 「러시아 황제의 개」 등을 발표했다. 창간호 6면에 무정부주의의 원조인 러시아의 바쿠닌(1814~1876)을 「지사의 풍골」이라는 제명의 난에 실기도 했다.

와다 사부로는 저널리스트 출신으로 주로 러시아혁명 관련 논평을 담당하여 러시아혁명 보도를 주도했다. 와다 사부로는 제2호에서 정치혁명을 권리문제로, 사회혁명을 생활문제로 평이하게 풀이하여 러시아혁명을 소개했다. 그는 18세기의 유럽혁명은 주로 헌법, 정체(政體), 의회와 같은 인민의 권리를 해결하는 것이 목적이었다고 말하고, 현재의 러시아혁명은 이러한 권리문제뿐 아니라 생활문제인 토지균분의 해결을 동시에 달성하려는 것이라고 소개한다. 이어 이런 이유를 들어 이 혁명에 대해 "동정을 표한다"고 말하는 것을 넘어 "부럽다"고 했다.[33]

또한 와다 사부로는 러시아혁명가들을 "존경하는 러시아혁명의 지사"로 부르고, 이들 지사들에게 동정을 표하는 뜻으로 "사람은 세계 도처에 충만하고", 이들 지지자들은 "천지의 정기를 호흡하고 인도(人道)의 대의에 근거하여 탄탄한 공도(公道)를 걷는, 피와 눈물이 흘러넘치는 인사"들이라고 소개하며, 러시아혁명가들의 주장이 세계적으로 큰 지지를 얻고 있다고 말했다.[34]

한편, 러시아혁명가들이 정부 요인을 암살하는 테러리즘의 수단에 의존하는 것에 대해서는 일본의 사회주의자조차 매우 비판적이었

33 懷仁(1906), 「歐洲革命の大勢: 權利問題と生活問題」, 『革命評論』 2, p.2.

34 鳳梨(1906), 「雜錄: 露淸の革命は急速なれ」, 『革命評論』 1, p.4.

는데,[35] 『혁명평론』은 이 문제를 어떻게 받아들이고 있었을까. 결론부터 말하자면 매우 긍정적이면서도 옹호하는 자세를 취했다.

와다 사부로는 많은 지면을 통해 테러리즘의 정당성에 대해 논하는 글을 제2호의 「제왕 암살의 시대」에 실었다. 그는 "불의하며 간악한 제왕을 죽여 신에게 바치는 것이야말로 최고의 희생"이라는, 로마 제정시대의 철학자인 세네카(Lucius Annaeus Seneca)의 말을 인용하고 19세기 말 프랑스, 스페인, 오스트리아 등지에서 제왕, 제후의 암살이 잇따라 일어난 사실을 언급하며 역사적으로 접근했다. 그리고 러시아혁명가들이 "제왕을 암살하려는 것은 제도가 그들의 이상과 맞지 않기 때문이며 주권자의 인격을 문제시하는 것은 아니다"라고 옹호하고, 러시아혁명가들은 "천부인권을 절대적으로 자각하고 있어 하늘은 사람 위에 사람을 만들지 않는다는 철학적 신앙을 가지고 있다"고 소개했다.

또한 러시아혁명가의 훌륭한 점은 "그 철학적 사색에 그치지 않고 바로 다이너마이트로 이상을 도처에서 실천하는 데 있다"고 지적하며 다시 한번 그들의 테러리즘을 긍정했다.[36] 와다 사부로는 또 다른 글에서도 러시아혁명가의 테러리즘에 대해 "압제 무법한 정부 혹은 권력자에게 행하는 정당방위이다. 즉, 다스리는 사람과 지배당하는 사람 사이의 전쟁에 다름 아니다"라고 테러리즘의 정당성을 옹호했다.[37]

한편, 『혁명평론』의 중국혁명 보도는 이전부터 중국혁명운동에

---

35 勞動運動史硏究會 編(1960), 『明治社會主義史料集 第2集: 光』, 明治文獻資料刊行會, p.86.

36 懷仁(1906), 「帝王暗殺の時代(歷史的觀察)」, 『革命評論』 2, p.1.

37 懷仁(1907), 「歐洲革命の大勢 天誅主義(上)」, 『革命評論』 10, p.3.

관여하고 있던 미야자키, 와다, 가야노 등이 주로 담당했다. 중국혁명은 『혁명평론』 발간 당시 1905년 러시아혁명처럼 일어나고 있는 것이 아니라 앞으로 일으켜 성공시켜야 할 혁명이었다. 그래서 『혁명평론』은 지면을 통해 중국혁명을 일으켜야 하는 대의, 중국동맹회의 활동 및 중국 각지에서 발생하고 있는 혁명운동의 소개, 중국인 유학생 격려를 주요 내용으로 게재했다.

특히 『혁명평론』은 중국혁명이 일어날 수 있는 원인에 대해서 다음과 같은 내용의 평론을 게재했다. 즉, 청의 관리사회에 부패가 만연해 있다는 것(「청의 관리사회」, 『혁명평론』 6), 비밀결사와 같은 혁명단체가 예전부터 존재하고 있었다는 것(「지나의 비밀결사」, 『혁명평론』 4), 쑨원의 중국혁명은 기존의 민족주의의 틀을 벗어나 민권, 민생을 함께 해결하려는 차원 높은 혁명을 표방하고 있다는 것(「지나혁명의 과거, 현재 및 미래」, 『혁명평론』 9), 현재 중국 각지에서 혁명운동이 격렬하게 진행되고 있다는 것(「지나혁명의 과거, 현재 및 미래」, 『혁명평론』 9) 등을 들었다.

또한 『혁명평론』은 중국의 혁명가들에게 많은 것을 학습할 것을 주문했다. 특히 러시아혁명가가 자신을 희생하면서까지 테러리즘으로 불리한 정세를 극복하는 데 반해 중국의 혁명가들은 이와 같은 정신이 결여되어 있다고 비판했다.[38] 이것은 러시아혁명과 중국혁명을 연계시켜 보려는 『혁명평론』 동인의 의도가 잘 드러나 있는 것으로 볼 수 있다.

---

38 南窓(1907), 「支那革命の大勢」, 『革命評論』 10, p.2.

『혁명평론』의 일본관

아시아주의의 대표적인 단체로 그 원조라 할 수 있는 현양사의 3대 사칙(社則)은 '황실 봉대(皇室奉戴)', '본국 애중(本國愛重)', '민권 신장(民權伸張)'이었다. 가야노 나가토모와 기타 잇키가 참가한 흑룡회는 현양사를 모태로 탄생한 아시아주의 단체이다. 일본의 아시아주의는 기본적으로 '황실 봉대'와 천황제 국가의 국체론(國體論)을 견지하는 경향이 매우 강하다. 그렇다면 『혁명평론』은 러시아혁명 및 중국혁명을 논할 때 천황제에 대해 어떤 태도를 취했는지 살펴봄으로써 아시아주의의 보편적인 국체관이 드러나는지 살펴보도록 하자.

이케 고키치는 제2호의 「혁명 변(革命辨)」이라는 글에서 현재의 천황 및 천황제에 대해 다음과 같은 입장을 표명했다. "오호! 위로는 영매(英邁)한 자애로운 제왕이 있고, 보필하는 신하 역시 매우 현명하도다. 여기에 입헌의 관대한 정치를 펼쳐 모든 문제를 공론으로 결정한다. 우리 일본제국은 행복하도다."[39] 즉, 이케는 러시아 및 청에 비해 자애로운 천황, 유능한 관료, 입헌정치제도를 가진 일본을 상대적으로 높게 평가한 것이다. 그의 글에서 메이지 유신을 통해 근대국가를 수립하고, 그 후 정치적으로는 자유민권운동의 영향으로 의회를 개설했으며, 경제적으로는 산업혁명을 성공시키고, 러일전쟁에서 승전을 거둔 일본제국의 자신감과 '우월감'을 느낄 수 있다.

와다 사부로도 그와 비슷한 입장을 드러냈다. "지금 우리 일본에서 복고적 암살(보수적 반동 세력에 대한 암살: 역자)을 보기에는 다행

39 U.R.生(池亨吉)(1906), 「雜錄 革命辨」, 『革命評論』 2, p.4.

히 국민의 사상이 매우 진보되어 있다. 게다가 이미 사회적 혁명을 성취하였고, 권리문제와 함께 생활문제의 해결을 도모하여 성공시킨다면 언젠가 찾아오게 될 세계의 공포를 피하는 것은 어렵지 않다"고 하여 러시아혁명 및 중국혁명과 같은 혁명은 일본에서는 일어나지 않을 것이라는 뜻을 내비쳤다.[40]

이케와 와다는 천황제 자체에 대해 구체적으로 언급은 하지 않으며 일본 '우월주의적'인 태도를 약간 보였지만 기타 잇키는 보다 정도가 심했다. 기타 잇키가 제6호에 '외유(外柔)'라는 필명으로 게재한 「자살과 암살」이라는 글을 보도록 하자.

> 만세일계(萬世一系)의 황실을 가진 만국무비(萬國無比)의 국체로 살아가는 자는 다만 충군애국의 도덕이 있으면 충분하다. 무엇 때문에 그런 고민을 하는가. 신을 찾는다고. 그러나 대일본제국 신민의 생명을 부여받은 의의는 천황폐하에게 충의를 다하기 위함이다. 무엇 때문에 그런 고민을 하는가. 생활의 곤란은 빈민의 의무다. 좌식(坐食)하고 재산 없는 자에 대한 연정(戀情)은 월권이다. 무사도는 일본의 명물이다. 자객전(刺客傳)은 국정 교과서에 없다. 문부대신의 훈령은 다만 복종해야 한다. (……) 종교는 천조황태신궁을 제사지내고 삼종(三種)의 신기(神器)를 삼위일체로 하는 것으로 충분하다. (……) 일본의 역사는 황실의 역사로 만세일계 천지와 함께 국민은 모두 존왕충군의 신민만이 있다. (……) 우리 만국무비의 국체에 있어 천황폐

40 懷仁(和田四郎)(1906), 「暗殺と思想の變遷」, 『革命評論』 4, p.1.

하는 단순히 계엄령을 선포하는 것만이 아니며, 일러전쟁을 명령하는 것만이 아니며 또한 국민의 외부적인 생활을 지배하는 법률상의 주권자인 것만이 아니다. 실로 그 주권은 사상적으로도 학술적으로도 도덕 · 종교 · 미술적으로도 무한대로 발현된다.[41]

이 「자살과 암살」은 크게 세 가지로 요약할 수 있다. 첫째는 '만세일계' 천황에 대한 무한한 신뢰와 충의를 표시하는 '천황 봉대'의 정신이 여과 없이 표출되어 있다는 점이다. 또한 천황제국가를 근간으로 하는 메이지 체제에 대한 무한한 신뢰가 표출되어 있어 일본 사회에 새로운 변혁이 필요하지 않다는 뉘앙스가 강하게 내포되어 있는데, 이에 대해서는 하야시 시게루도 지적한 바 있다.[42]

그런데 기타 잇키의 연구자인 마쓰모토 겐이치(松本健一)는 「자살과 암살」의 내용에 대해 천황제국가 하에서 국체를 비판하는 것은 불가능한 상황이었기 때문에 반어적으로 당시의 일본을 비판하려 했다고 해석했다. 더 나아가 마쓰모토는 기타 잇키가 천황제국가를 벗어나 한 단계 진화된 국민국가의 창출 의도를 가지고 있었다고 주장했다.[43] 마쓰모토의 주장이 맞는지 어떤지는 필자의 현재 식견으로는 판단할 수 없다. 다만, 기타 잇키는 마쓰모토도 인정하고 있듯이 열렬한 천황숭배자였고 일본 '우월적'인 성향을 가지고 있었던 것은 분명하다.

둘째는 러시아혁명가의 주요한 혁명 수단의 하나인 테러리즘을

---

41 外柔(北一輝)(1906), 「自殺と暗殺」, 『革命評論』 6, p.1.

42 林茂(1962), 「『革命評論』の「解說」」, 勞動運動史硏究會 編, 『明治社會主義史料集 第8集: 東京社會新聞 · 革命評論』, 明治文獻資料刊行會.

43 松本健一(1996), pp.206-211.

부정하는 입장을 보이고 있다는 점이다. 그것은 "무사도는 일본의 명물이다. 자객전(刺客傳)은 국정 교과서에 없다"고 한 것에서 은연중에 드러나는데, 일본의 무사도는 그런 테러리즘을 용인하지 않을 것이라는 의미를 내포하고 있다. 그것이 사실이라면 『혁명평론』 전반에 드러나는 테러리즘 긍정론과는 배치되는 것이어서 주목된다. 즉, 『혁명평론』의 동인 간에 혁명을 바라보는 인식에 차이가 있었다는 것을 알 수 있다.

셋째는 사회주의를 비판하고 있다는 점이다. 그것은 "생활의 곤란은 빈민의 의무다. 좌식(坐食)하고 재산 없는 자에 대한 연정(戀情)은 월권이다"라고 하는 것은 프롤레타리아를 옹호하는 사회주의자에 대한 비판으로 읽혀지는 대목이다. 이케 고키치는 1907년 1월 쑨원에게 "잘 아시다시피 저는 이른바 사회주의자나 무정부주의자와는 정반대"라고 했다.[44] 그리고 『혁명평론』은 지면에 "우리들은 이른바 사회주의자가 아니다"[45]라고 명백히 밝혔다. 『혁명평론』 동인 가운데 사회주의를 기타 잇키처럼 정면으로 비판한 것은 쉽게 찾아볼 수 없다.

당시의 언론은 『혁명평론』의 이러한 성향을 정확히 간파하고 있었다. 『오타루 신문(小樽新聞)』은 "제목만 읽으면 어떤 격렬한 언론인가 하고 괴상하게 보이지만 읽어보면 의외로 온건하다. 국가, 국체가 매우 존중되고 있다"(제5호의 「비안분」)고 평가했다. 고치 현의 『도요신문』은 "사회주의와는 반대의 잡지이다"(제5호의 「비안분」)라고 지적했다.

---

44 ホーマーリー將軍, 池亨吉 譯(1911), 『日美戰爭』, 博文館, p.14.

45 編輯者(1906), 「革命評論辨」, 『革命評論』 2, p.4.

『혁명평론』과 사회주의 계열 잡지의 혁명 보도 비교

일본의 아시아주의자가 주도하는 『혁명평론』은 당시 사회주의자가 발행하는 잡지와 비교할 때 어떤 특성이 있을까.

비교 대상의 사회주의 계열 잡지는 월간 『신기원』과 반월간 『히카리』이다. 두 잡지는 사회주의 기관지의 역할을 한 『직언』이 '히비야 방화사건'으로 발간 정지된 후 창간됐다. 『신기원』은 1905년 11월 10일, 『히카리』는 그보다 10일 뒤인 11월 20일 각각 창간되었다. 두 잡지 모두 약 1년간 발행된 후 폐간되었기 때문에 『혁명평론』이 발간되고 있던 시기와 3~4개월 겹친다.

『신기원』과 『히카리』는 같은 사회주의 계열 잡지임에도 불구하고 그 성향에는 약간의 차이가 있다. 메이지 시기 일본의 사회주의사상에는 크게 두 흐름이 존재했다. 기독교의 직접적인 영향을 받아 미국에서 도입된 사회주의 사상과 급진적인 프랑스 유물론 및 유럽사회주의운동과 같이 소개된 마르크스주의이다.[46] 두 가지 큰 틀에서 본다면 『신기원』은 전자, 『히카리』는 후자의 사상에 영향을 받았다고 할 수 있다.

『신기원』은 기독교사회주의자인 기노시타 나오에, 이시카와 산시로(石川三四郎, 1876~1956), 아베 이소오 등에 의해 창간되었다. 반면에 『히카리』는 후자의 영향을 많이 받은 니시카와 고지로, 야마구치 고켄 등의 주도하에 창간되었다. 『히카리』 창간 후 메이지 시기 일본의 사회주의 운동가를 대표하는 사카이 도시히코, 가타야마 센, 고토쿠 슈스이 등도 필진으로 참가했으며 사회주의 중앙의 기관지 역할

46 勞動運動史硏究會 編(1961), 『明治社會主義史料集 第3集: 新紀元』, 明治文獻資料刊行會, p.Ⅳ.

을 했다. 『신기원』은 1905년 11월 10일 창간호가 발간된 후 매달 1회씩 총 13호가 발행되었다. 『히카리』는 창간호부터 제19호까지는 월 2회, 제20호부터 종간호인 제31호까지는 월 3회 발행되었다.

『신기원』의 지면 구성을 『혁명평론』과 발행 시기가 겹치는 제11호(1906년 9월 10일 발행)를 기준으로 살펴보면 다음과 같다.

1~6면은 사설인 「3센(錢) 균일 아직 싸지 않다」(도쿄전차 운임 인상 관련 사설), 6면은 독자투고의 사설인 「형제자매」란을 두었다. 7~13면은 시사 문제를 다루었다. 14~20면은 논설 코너를 두고, 「현재의 교회와 사회주의」, 「사회주의와 종교」 등 주로 기독교와 사회주의의 관계에 대한 내용을 실었다. 24~34면은 「문원(文苑)」 코너를 두고 「참회의 고통」, 「날아가버린 죄」, 「혁명조(革命調)」 등의 단편소설이 게재되었다. 35~46면은 「잡록(雜錄)」 코너, 영문 지면, 광고 지면으로 구성되어 있었다. 『신기원』의 지면은 전반적으로 볼 때 기독교 사회주의 사상에 근거하여 일본 사회의 현실을 비판적으로 분석한 것이 주를 이루고 있었다. 『혁명평론』이 일본의 국내 문제를 거의 다루지 않은 것과 좋은 비교가 된다. 반면에 『혁명평론』이 많은 지면을 할애해 다루었던 러시아혁명과 중국혁명운동에 대한 기사나 평론은 상대적으로 매우 적었다.

그런 가운데 『신기원』 제11호(1906년 9월 10일 발행)의 기노시타 나오에가 쓴 「혁명의 무연국(無緣國)」의 시사 논평은 이 잡지의 러시아혁명에 대한 인식을 엿볼 수 있는 글이다. 기노시타는 러시아는 군주정치를 부정하는 철학과 종교가 있는 반면에 일본의 지식인은 천황에 의한 군주정치를 철두철미 찬미하고, 국민은 군주신권을 신앙처럼 열렬하게 지지하고 있다고 지적했다. 더 나아가 기노시타는 일본 국민의 가슴 속에는 혁명을 감응할 정열을 가지고 있지 않다고 개탄하고, 일본 국민에게 혁명과 군주 신권에 대해 이성적으로 판단할 수 있는 만족할 만한 지식을 제공하는 것이 급선무라고 강조했다.[47] 앞에서 살펴본 『혁명평론』의 아시아주의자 동인이 천황제 및 천황제 국가에 대해 무비판적인 것과 대조적으로 기노시타에게서는 천황제에 대해 이성적으로 판단하려는 경향을 엿볼 수 있다.

한편, 『신기원』은 지면에 『혁명평론』의 잡지를 소개했다. 『신기원』 제11호의 광고란에 9월 5일 창간된 『혁명평론』의 광고를 게재해 주었으며, 반대로 『혁명평론』도 『신기원』의 광고를 게재해 주었다. 『신기원』 제12호(1906년 10월 10일 발행)의 「9월의 논단」란에 「혁명평론의 발간」과 『혁명평론』 제2호에 게재된 「제왕 암살의 시대」를 소개했다. 『신기원』은 『혁명평론』의 발간에 부쳐 "일러전쟁은 끝났다. 러시아혁명은 일어났다. 세계인의 마음은 만주의 평야를 지나 러시아의 수도에 집중되고 있다. '혁명'의 경종은 세계의 동포를 각성시키고 있다. 즉, '피'와 '불'을 바란다. 그러나 우리 국민은 순수한 혁명주의의 발흥을 요구하지 않고 있다. 『혁명평론』이 탄생한 것은 당연한 대세이다"라고 『혁명평론』의 창간에 큰 기대를 걸었다.

또한 『신기원』은 「제왕 암살의 시대」에 대해 "'제왕 암살'이란 단어는 나태한 민중을 전율시키기에 충분하다. 사실 이것은 오늘날의 세계에 출렁출렁 물결쳐오는 암류(暗流)의 하나이다. 일본 국민도 언젠가 한 번은 그 암류 앞에서 전율하지 않으면 안 된다"고 「혁명의

---

47 勞動運動史硏究會 編(1961), pp.160-161.

무연국」과 같은 논조로 일본 국민의 각성을 촉구했다.

다음은 『히카리』에 대해 살펴보자. 이 잡지의 지면은 8면 구성이고 전체적인 지면 레이아웃이 『혁명평론』과 거의 비슷한 것을 보면 『혁명평론』이 『히카리』를 많이 참고한 것으로 보인다. 1906년 9월 5일 발행된 제20호의 지면 구성을 보면 다음과 같다.

『히카리』의 1면은 권두 사설을 게재했고, 그 아래에는 영문 사설을 게재했다. 2면은 「일본의 신문」란으로 일본 내 각 언론이 보도한 각종 파업 및 노사분쟁 소식을 게재했다. 3면은 「세계의 신문」란으로 세계 각국의 신문에 게재된 각국의 사회주의 정당 및 노동조합의 활동 및 혁명 소식을 번역해 게재했다. 4~6면은 시사평론란으로 일본 사회의 각종 문제에 대한 비판적 고찰을 실었다. 7면은 「동지의 운동」란으로 각국 사회주의 정당의 소식과 일본사회당의 공보를 게재했고, 8면은 전면 광고란이었다.

『히카리』는 『신기원』보다 러시아혁명 관련 논설과 기사를 많이 싣는 편이었다. 『히카리』 제8호(1906년 3월 5일 발행)에는 「러시아혁명론」이라는 제목으로 서양 전문가가 러시아혁명에 대해 17세기의 영국혁명, 18세기의 프랑스혁명과 달리 공업노동자가 단독의 힘으로 궐기한 세계 첫 사건이며, 사회주의적 혁명은 아니지만 그 처음을 장식한 혁명이고, 지도자 없는 무명의 혁명이라고 논평한 것을 실었다.[48]

제11호(1906년 4월 20일)에는 「허무당 무정부당 조난사(遭難史)」라는 제하의 논설에서 허무주의와 무정부주의의 논리에 대해 "근세 사

48 勞動運動史硏究會 編(1960), 『明治社會主義史料集 第2集: 光』, 明治文獻資料刊行會, p.60.

상계의 일대 산물로서 우리들은 매우 존경하고 적지 않은 가치를 인정하면서도 이른바 그 실행파로 일컬어지는 허무당, 무정부당의 행동에 대해서는 우리들은 완전히 광기의 행위로 인정하지 않을 수 없다"고 지적한 후 "근세 사회조직 속에 잉태된 기형아, 광란아"로 러시아혁명가의 테러리즘에 의한 혁명을 철저히 부정하는 태도를 보였다.[49] 기타 잇키를 제외하고 『혁명평론』의 아시아주의자 동인이 테러리즘을 긍정하는 태도를 보인 것과 대조된다.

그러나 『히카리』는 러시아혁명 그 자체에 대해서는 긍정적인 평가를 내렸다. 제17호(1906년 7월 20일 발행)의 「북구 열녀전(北歐烈女傳)」에 러시아의 여성 혁명가인 베라 자술리치(1849~1919) 등 다섯 명을 혁명 열녀로 소개했다.[50] 이어 제18호(1906년 8월 5일 발행)에서는 「무정부당 진압」의 제명의 권두 논설에서 "무정부당을 진압하려 한다면 무정부주의를 진압하지 않으면 안 된다. 무정부주의를 진압하려 한다면 천하의 분서갱유(焚書坑儒)를 하지 않으면 안 된다. 근세의 모든 학술 지식을 소멸시키지 않으면 안 된다"[51]고 러시아정부의 러시아혁명가에 대한 탄압은 헛된 것이라고 지적했다. 그리고 제20호(1906년 9월 5일 발행)에 「러시아의 동지여」라는 시를 게재하여 러시아 혁명가들의 열렬한 혁명투쟁에 찬사를 보내고 동지적 유대감을 표명했다.[52] 러시아혁명에 대한 이러한 평가는 『혁명평론』과 거의 비슷하다고 볼 수 있다.

---

49 勞動運動史研究會 編(1960), p.86.
50 勞動運動史研究會 編(1960), p.135.
51 勞動運動史研究會 編(1960), p.139.
52 勞動運動史研究會 編(1960), p.160.

『신기원』과 마찬가지로 『히카리』에서도 중국혁명운동에 대한 기사나 평론을 거의 찾아볼 수 없다. 당시 일본 사회주의자는 일본 사회에 사회주의 이념을 확산시키고 사회주의적 혁명을 일으키는 국내 문제에 중점을 두고 있었지 중국의 혁명에는 별로 관심이 없었다. 또한 쑨원 등의 중국동맹회는 결성된 지 얼마 되지 않았고 사회주의를 공식적으로 표방하지 않았기 때문에 별로 주목받지 못했던 것 같다.

한편 『히카리』는 「세계의 신문」 지면에 매번 세계의 유력 신문에 게재된 러시아혁명 관련 주요 기사를 번역해 소개했다. 『혁명평론』은 러시아혁명에 대해 『런던타임즈』의 기사를 번역해 게재했다. 그러나 『히카리』는 러시아혁명뿐 아니라 미국, 유럽 등의 사회주의 정당의 활동 상황도 같은 비중을 두면서 매번 상세히 소개하고 있어 러시아혁명과 중국혁명에 편향된 『혁명평론』과 차이가 난다.

『히카리』도 『혁명평론』을 지면에 소개했다. 『히카리』는 제20호(1906년 9월 5일 발행)의 광고란에 『혁명평론』 창간호 발행의 광고를 게재했다.[53] 『혁명평론』도 『히카리』의 광고를 싣고 있어 『신기원』과 마찬가지로 쌍방의 잡지 간에 광고 면에서 상호 협력한 것으로 보인다. 『히카리』 제21호(1906년 9월 15일 발행)의 「잡지잠견」란에 「폭탄 밟아야」라는 제목하에 『혁명평론』의 창간호 내용을 "기요후지 고시치로, 미야자키 도텐 양씨가 발행하는 혁명평론의 전 지면은 혈루(血淚)를 날실로 하고, 열화(熱火)를 씨실로 한다. 권두에는 많은 지사 열녀를 실었다. 자유의 경전으로 혁명의 성경인 투르게네프의 「혁명

---

53 勞動運動史研究會 編(1960), p.160.

문」을 게재, 지나혁명당 소개가 상세하다"고 소개했다.

사회주의 계열의 『신기원』이나 『히카리』와 비교할 때 『혁명평론』은 일본의 국내문제를 다루지 않았다는 점, 천황제 및 천황제국가에 대해 상대적으로 맹목적이라는 점, 러시아혁명과 중국혁명운동을 집중적으로 다루었을 뿐만 아니라 두 혁명의 연계를 도모했다는 점 등의 특성을 도출할 수 있다. 이러한 특성은 『혁명평론』의 참가 동인이 아시아주의자라는 것을 방증하는 것이기도 하다.

4. 맺음말

우리는 『혁명평론』에 대한 검토를 통해 7개월의 단명에 그친 잡지임에도 1905년 러시아혁명 및 중국혁명에 대한 일본의 아시아주의자와 관련하여 많은 시사점을 주고 있다는 것을 밝혀낼 수 있었다.

먼저 참가 동인은 이미 아시아주의자로 활동하고 있던 미야자키, 히라야마, 기요후지, 가야노의 4명과 자유민권운동의 세례를 받은 저널리스트 출신인 와다, 이케 그리고 막 세인의 주목을 받기 시작한 기타 등의 7명이 주축을 이뤘다. 이케와 기타는 『혁명평론』 참가 이후 중국동맹회에 참가하게 되고, 『혁명평론』 정간 이후는 중국혁명에 직접 참가하면서 아시아주의자의 길을 걷게 된다. 즉, 『혁명평론』 참가 이후 정식으로 아시아주의자가 되었다고 해도 과언이 아니다.

이들 동인이 『혁명평론』을 발행하게 된 목적은 궁극적으로 러일전쟁 직후 일본이 당면한 각종 사회적, 정치적 문제를 해결하기 위한 것이었지만 정부의 탄압이 심한 상황에서 이 문제를 해결하는 것은 곤란하다는 인식하에 중국혁명운동을 지원하여 성공시킴으로써 우회적으로 일본의 문제를 해결하려는 것이었다. 『혁명평론』이 러시아혁명에 많은 지면을 할애한 것은 중국혁명운동에 도움을 주기 위한 한 방편이었지 러시아혁명을 직접적으로 지원하기 위한 것은 아니었다. 이러한 의도 때문에 같은 시기에 발행되던 사회주의 계열 잡지와 비교해 중국혁명운동 관련 기사와 평론이 상대적으로 훨씬 많았다.

또한 『혁명평론』은 천황제 및 천황제국가에 대해 비교적 맹목적인 태도를 취했으며 그 이면에는 메이지 시기 일본의 사회, 정치, 경제적 진보의 성취라는 자신감과 '우월감'이 잠재해 있었다. 『혁명평론』의 이런 성향은 일본의 사회주의 계열 잡지가 천황제 및 천황제국가에 대해 이성적, 객관적으로 판단하려 했으며, 메이지 시기 각종 사회경제적 제 모순을 개혁 혹은 혁명하려 했던 것과 대조된다. 또한 러일전쟁에 대해서도 기타와 가야노를 비롯한 『혁명평론』 참가 동인은 적극적인 개전론 혹은 주전론을 폈지만 사회주의자의 일부는 전쟁 반대론을 굽히지 않은 것도 다른 점이다.

『혁명평론』 및 아시아주의자 참여 동인의 위와 같은 특성은 서론에서 언급한 다케우치 요시미의 아시아주의자에 대한 정의와 일맥상통하는 바가 크다고 할 수 있다. 그러나 『혁명평론』은 7개월의 단명에 그친 잡지이기 때문에 시대적 상황에 따라 사상적인 굴곡이 심한 아시아주의자의 보다 다양한 측면을 검토하는 데는 기본적으로 한계가 있다는 것을 솔직히 인정하지 않을 수 없다. 그에 대한 검토는 다음 기회에 다루고자 한다.

제2부

혁명과 진보, 진보와 진통: 중국 그리고 한반도

VI. 20세기 初 중국의 근대국가 구상과 1905년 러시아혁명

양일모(서울대학교 자유전공학부)

1. 머리말

중국은 현재 14개 나라와 국경을 맞대고 있지만 러시아와는 이웃하는 다른 나라와는 구별되는 역사적 관계를 지니고 있다. 전근대시기에 러시아는 한국 혹은 베트남 등과 같이 중국 중심의 조공체제에 속해 있지 않았으며, 티베트 혹은 신장과 같이 번부에 속하는 변방국가도 아니었다. 17세기부터 19세기 중엽까지 청조는 러시아와의 조약에 기초하여 국경을 획정하고 있었으며 대등한 외교관계를 유지해 왔다.

19세기 후반 이후로 아시아 지역이 세계사적 차원에서 식민지 쟁탈의 무대가 되면서 제정 러시아는 제국주의적 침략에 가담했고 서양 열강의 일원으로 변신하기 시작했다. 국내외의 혼란과 위협에 직면한 청조 내부에서 국민국가를 건설하기 위해 개량과 혁명 등 다양한 방안이 구상되던 때였다. 이웃하는 러시아제국의 변화는 중국인의 근대국가 구상에 적지 않은 영향을 미쳤으며, 이러한 과정에서 러시아에 대한 중국의 인식 또한 위협, 모방, 연대, 공포, 학습, 희망 등 다양한 모습으로 바뀌어 갔다. 본고는 청일전쟁에서 1905년 러시아혁명 전후에 이르는 약 10여 년간을 중심으로 청조 내부의 다양한 근대국가 건설의 구상이 러시아에 대한 인식과 연동되는 과정을 규명하면서, 나아가 중국의 타자에 대한 표상의 구조를 살펴보고자 한다. 특히 1905년 러시아혁명에 대한 청의 인식과 그 영향이 그 이전 러시아의 인식과 어떤 관련성이 있는지 하는 측면에서 고찰하고자 한다.

어떤 국가에 대한 인식은 해당 지역에 대한 지나간 역사에 대한 파악과 자신들의 미래를 투사한 상상에 의거한 이해이다. 당시 중국은 세계를 향해 열심히 학습하면서 변화의 논리와 방향을 모색하고 있었다. 유럽뿐만 아니라 일본과 러시아도 싸워야 할 대상이자 동시에 학습해야 할 대상이었다. 어떤 지역을 학습의 대상으로 선택하는 것 자체가 이미 어떤 내재적 이해와 주체적 의도를 포함하고 있다고 할 수 있다. 20세기를 전후한 시기에 러시아에 대한 청의 인식과 그러한 인식이 중국인의 근대국가 구상에 미치는 영향을 분석하기 위해서는 러시아를 표상하는 담론의 주체에 대한 고찰이 필요할 것이다. 따라서 본고에서는 왕조체제의 지속을 전제로 정권을 유지하고자 한 조정의 관료, 왕조체제 내에서 개혁을 추구한 사대부 관료, 새롭게 등장한 근대적 지식인과 언론매체, 만주족 정권을 타도하고 공화국을 건설하고자 외친 혁명가들이 각각 격변하는 러시아를 사상의 자원으로 활용하면서 모색하고자 했던 근대적 구상의 의미를 파악해 보고자 한다.

2. 위협에서 모방과 연대로

17세기 중엽 이래로 러시아는 식량을 확보하기 위해 헤이룽 강(黑龍江) 지역으로 진출하기 시작했으며 중원을 차지하면서 제국을 형성해 가던 청과 충돌하게 되었다. 양국은 네르친스크조약(1689), 카흐타조약(1727) 등을 통해 국경지대의 분쟁을 해결하였으며 이후 상당히 오랜 기간 동안 비교적 안정된 외교관계를 유지했다. 청과 러시아가 맺은 이러한 조약은 호혜와 평등에 근거한 조약이었다.[1] 이는 화이질서에 근거한 조공체제가 아니었으며 19세기 중엽 이래 서양 열강과 맺게 되는 불평등조약도 아니었다.

19세기 중반 이래 러시아가 만주 지역으로 진출하기 시작하자 양국의 국경지대에 분쟁이 자주 발생하면서 종래의 조약체제에 균열이 발생했다. 1858년 러시아는 청과 아이훈조약을 체결하여 우수리 강 동부 지역을 공동으로 소유하게 되었다. 영국과 프랑스 연합군이 중국을 침략한 제2차 아편전쟁에서 러시아는 교전국 사이에서 강화를 알선했다는 이유로 청과 베이징조약을 체결하면서 우수리 강 동쪽의 연안을 차지하였다. 결국 만주에서 신장에 이르는 북부 지역이 러시아의 정치적 상업적 지배를 받도록 개방된 것이다.[2] 열강과의 조약 과정에 직접 참여했던 공친왕(恭親王)은 러시아의 영토잠식 요구를 "겨드랑이의 환부"로 간주할 만큼 위급하다고 판단했다.[3] 1871년 청의 진압군에 쫓긴 회교도들이 러시아 영내로 들어오자 러시아는 이리 지역을 점령했다. 1881년 이리조약(상트페테르부르크조약)에서 청은 일부 지역을 제외한 영토를 회복하였지만 900만 루블의 배상금을

---

1 구범신(2008), 「청대 대러시아 외교의 성격과 그 변화: 체약대신과 교환 조약문의 언어를 중심으로」, 『대동문화연구』 61.

2 Joseph Fletcher(1978), "Sino-Russian Relations, 1800-62", *The Cambridge History of China, vol. 10, Late Ch'ing, 1800-1911*, Part 1(ed. by J. K. Fairbank), New York: Cambridge University Press, pp.343-347.

3 민두기(1985), 「무술변법운동의 국제적 환경: 聯英日論을 중심으로」, 『중국근대개혁운동의 연구』, 일조각, pp.217-218.

지불하는 커다란 대가를 치렀다.[4]

1860년대 이래로 중국에서 서양에 관한 업무는 '이무(夷務)'에서 '양무(洋務)'로 바뀌었다. 서양은 더 이상 오랑캐로 표상될 수 없었고, 학습의 대상이 되거나 혹은 어떤 방식으로든지 대응해야만 하는 상대였다. 서양 열강이 난립하는 국제정치는 고대 중국에서 열국이 각축했던 춘추 혹은 전국시대의 혼란상으로 비유되기도 했다. 정관잉(鄭觀應)은 국제정세를 전국칠웅에 비유하면서 일찍이 러시아를 진(秦)에 비유하고 영국, 미국, 독일, 프랑스, 오스트리아, 스페인 등을 육국의 합종으로 파악했다.[5] 러시아와 영토분쟁의 문제가 제기되면서 청의 사대부들 사이에서 러시아를 다른 열강보다 더 위협적인 존재로 간주하는 분위기가 전개되었다. 정관잉은 1880년 홍콩에서 간행된 36편본 『이언』에서 "조약을 맺은 여러 국가를 살펴보면 영국이 가장 강하고 미국, 프랑스, 러시아가 모두 그와 대적할 만하다. 영국인은 음험하고 간사하며 프랑스인은 용맹하고 사나워 세력이 서로 대적할 만하니 그들의 연횡은 안위에 관계된다. 러시아는 지리적 조건이 유리하고 군대의 기율이 엄하며 오로지 영토의 확장을 노려서 일찍이 여러 나라가 꺼리는데 특히 중국에게는 걱정거리다. 밖으로

---

4 Immanuel C. Y. Hsu(1980), "Late Ch'ing Foreign Relations, 1866-1905", *The Cambridge History of China, Vol. 11, Late Ch'ing, 1800-1911*, Part 2(ed. by J. K. Fairbank), New York: Cambridge University Press, pp.95-96. V

5 鄭觀應(1880), 『易言』「論公法」, 夏東元 編(1988), 『鄭觀應集』 上冊, 上海人民出版社, p.66. 영국과 프랑스 그리고 러시아에도 파견되었던 외교관인 쩡지쩌(曾紀澤)의 일기(『曾惠敏公使西日記』 1, p.16)에 러시아를 진나라에, 영국을 제나라에 비유하는 기록이 남아 있는 것을 보면 당시의 국제정세를 춘추전국시대에 비유하는 담론이 당시 중국의 관료들에게 널리 유포된 것으로 보인다.

화친하고 안으로 방비를 철저히 해서 조금도 소홀함이 없도록 해야 한다"[6]고 말하면서 영국, 프랑스보다 러시아를 방어하는 것이 급선무라고 주장했다. 러시아에 대한 두려움과 경계는 이후 중국의 러시아 인식에 있어서 오랫동안 지속되었다.

1890년대에 들어오면서 청대 사대부들 사이에서 러시아에 대한 인식이 조금씩 변하기 시작했다. 1895년에 간행한 정관잉의 『성세위언』에서는 러시아를 단지 경계의 대상으로 보는 데 그치지 않고, 오히려 학습의 대상으로 평가하고 있다. 즉, 그는 "지난 날 러시아와 일본이 약세일 때 러시아의 옛 군주 표트르, 일본의 친왕과 대신이 모두 서양에 가서 학습하고, 아울러 재덕을 겸비한 우수한 수십 명의 학자들을 초빙해와서 국가를 다스렸다. 중국도 거액을 차관하여 급히 이 나라들을 본받아야 한다"[7]고 주장했다. 즉, 청일전쟁의 참화 속에서 그는 중국이 일본과 러시아를 모방하여 근대적 개혁을 시도해야 한다고 주장했다. 러시아는 일본과 함께 중국의 근대화가 나아가야 할 모델로 파악된 것이다.

청대 사대부들의 이러한 인식의 전환은 당시 많은 지식인들에게 공통된 현상이었다. 캉유웨이(康有爲, 1858~1927) 또한 1880년대 후반까지 러시아의 동청철도 건설 과정을 위협적인 시선으로 바라보고 있었다. 즉, 그는 1888년에 광서제에게 "러시아가 철로를 개설하여 작년에 이미 코칸트에 이르렀으며, 지금은 세 노선을 개설하고 있

---

6 鄭觀應, 『易言』「論邊防」, 夏東元 編(1988), p.114.

7 鄭觀應, 「盛世危言 增訂新編後序」, 夏東元 編(1988), p.932. 이 글은 1895년 14편본의 서문이다.

으니 2, 3년 내에 훈춘에 이를 것입니다. 페테르부르크 도성에서 군대와 무기를 운반하여 9일 만에 중국에 도달할 수 있다면 우리의 수도와 국가에 순식간에 재앙이 닥칠 것입니다"[8]라는 내용이 담긴 첫 번째 상소를 올렸다. 그렇지만 청일전쟁에서 중국이 패한 이후에 제출한 상서에서는 러시아는 모방의 대상으로 표상되었다. 즉, 그는 광서제에게 올린 다섯 번째 상소에서 변법을 위한 첫 방책으로 "러시아와 일본을 본받아 국시를 정하고 러시아 표트르 대제의 마음을 심법으로 삼고 일본의 메이지 유신 정치를 정법으로 삼기 바랍니다"[9]라고 주장했다. 그는 다음해 1월 말에 올린 여섯 번째 상소에서도 같은 주장을 반복하면서 자신이 편집한 『일본 변정고』와 『러시아 표트르 변정고』를 광서제에게 올렸다.[10]

러시아를 모델로 삼고자 하는 논의는 이미 청일전쟁에서 청조의 패색이 짙어질 무렵부터 청말의 언론계에서도 제기되기 시작했다. 옌푸(嚴復)는 "지금에 와서 자강을 도모하고자 한다면 외적 개혁과 내적 개혁을 병행하지 않을 수 없다. (……) 외적인 것은 무엇인가. 러시아가 행한 것과 같이 대권을 수렴하고 군대를 훈련시키는 것이다. 내적인 것은 무엇인가. 민지 · 민력 · 민덕 이 세 가지를 중시하는 것이다"[11]라고 하면서 러시아의 사례를 모범으로 삼아 중앙의 통치권을

---

8 康有爲, 「上淸帝第一書」, 湯志鈞 編(1981), 『康有爲政論集』 上冊, 中華書局, p.54.

9 湯志鈞 編(1981), p.208. 이 상소의 작성 연대는 1898년 1월로 알려져 있으나, 林克光의 『革新派巨人康有爲』(北京: 中國人民大學出版社, 1990, p.195)에 의거하여 1897년 11월로 본다.

10 湯志鈞 編(1981), pp.211-213.

11 嚴復, 「原強」, 王栻 主編(1986), 『嚴復集』 1, 北京: 中華書局, p.14. 이 글은 톈진에서 간행된 『직보』(1985. 3. 4~9)에 게재된 것이다.

강화하고 동시에 국민의 지식, 체력, 도덕성을 향상시켜야 한다고 주창했다. 러시아와 일본의 개혁 과정에서 그는 정치적 군사적 권력의 확립과 지식, 체력, 도덕성으로 무장된 국민의 양성을 읽어내고자 한 것이다.

청은 1895년 4월 일본과 굴욕적인 시모노세키조약을 체결했다. 이홍장(李鴻章)과 이토 히로부미가 체결한 조약에 의거하여 청은 조선을 자주독립국으로 인정하게 되었고, 랴오둥 반도 · 타이완 · 펑후 제도를 일본에 할양하고 거액의 배상금을 일본에 지불해야 했다. 청나라의 조공체제에 균열이 생기기 시작했고 소국 일본에게 대국 중국이 패하여 영토의 일부를 할양한다는 것은 상상하기조차 힘든 일이었다. 청일전쟁의 패배와 그 결과는 정관잉과 캉유웨이 등 청조의 사대부들에게 일본과 러시아에 대한 인식의 전환을 초래하는 직접적인 계기가 되었다.

조약이 체결된 직후인 4월 러시아 · 프랑스 · 독일 3국은 이 조약에서 일본에 할양하도록 되어 있는 랴오둥반도를 청에 반환하도록 일본정부에 강력히 권고하였다. 삼국의 간섭으로 인해 일본은 결국 그해 11월 랴오둥 반도를 반환하는 조약을 청과 맺게 되었다. 삼국간섭에서 러시아가 청에게 보여준 우호적인 행동은 청조의 관료들에게는 러시아를 적대가 아니라 연대의 대상으로 상상하게 만든 결정적 계기가 되었다. 청조의 당국자들이 러시아와 연대를 보색하도록 이끌어간 계기는 국제정치의 현실이었다. 1896년 이홍장은 니콜라이 2세의 대관식에 참석하여 로마노프 러시아 외무상과 청러 비밀동맹을 맺었다. 이 밀약에서 일본이 러시아, 청, 조선을 침략할 경우에 서로 원조하며 단독강화를 하지 않는다는 군사적 동맹관계를 맺는 대

신에 북만주 지역을 횡단하여 시베리아철도로 이어지는 러시아의 동청철도 부설에 동의한 것이다.[12]

청일전쟁 이후 청조가 러시아와 연대를 모색하자 각 지역에서 출간된 언론매체에서도 러시아를 제도적 개혁의 모델로 삼자는 기사가 연이어 실리게 되었다. 1896년 상해에서 『시무보(時務報)』를 창간하면서 변법의 기치를 내걸고 있던 량치차오는 독일의 빌헬름 2세, 일본의 메이지 천황과 함께 러시아 표트르 대제(재위: 1682~1725)의 개혁을 근대적 국가로 변신하기 위한 성공한 제도개혁론의 사례로 꼽았다. 그는 표트르 대제가 여러 서양 국가에 가서 공예를 학습하고 돌아와 정치적 개혁을 시도하였고 그 뒤의 왕이 이러한 방략을 이어받아 국세가 날로 강해지고 수만리의 영토를 확장했던 사례를 들어 청조도 외국으로부터 기술을 학습하여 강성한 국가를 만들어야 한다고 주장했다.[13] 아울러 그는 표트르 대제가 1699년 구 의회를 폐지하고 새로운 의회를 만들면서 규정을 개정하여 군주에게 권력을 집중시킨 제도개혁에 대해 다군(多君) 정치에서 일군(一君) 정치로 발전한 것이라고 평가하면서 청조의 개혁 또한 강력한 군권의 확립을 통해서 가능하다고 주장했다.[14] 변법을 제안하는 자들이 러시아에서 찾고자 한 것은 국제정치의 현실로 존재하는 니콜라이 2세의 러시아가 아니라, 현재와 같은 강력한 러시아를 만들어낸 개혁 군주로서 표상된 이전의 표트르 대제였다. 그들은 표트르 대제의 개혁정책을 귀감

12 야마무로 신이치, 정재정 옮김(2010), 『러일전쟁의 세기: 연쇄시점으로 보는 일본과 세계』, 소화, p.89.

13 梁啓超, 「論不變法之害」, 『飮冰室文集』 1(變法通議), 北京: 中華書局, 1989, pp.2-3,

14 梁啓超, 「論君政民政相嬗之理」, 『飮冰室文集』 2, p.10.

으로 삼아 광서제가 강력한 권력을 행사하면서 외국의 사정을 학습하고 제도적 개혁을 시도할 것을 요청한 것이다.

3. 제국의 공포: 차르의 러시아

청조와 러시아의 비밀 군사동맹은 격변하는 국제정세 속에서 그리 오래 가지 못했다. 1897년 11월 산둥 성 쥐예 현(巨野縣)에 위치한 독일 가톨릭교회에서 선교사 두 명이 살해되는 사건이 발생하자 빌헬름 2세는 함대를 파견하여 자오저우 만을 점령했다. 청은 군사동맹을 맺은 러시아에 지원을 요청했지만 러시아는 오히려 이러한 기회를 이용하여 다음 해 3월 다롄 만과 뤼순 항을 25년 동안 조차하고 남만주 지역의 철도부설권을 획득하는 조약을 체결했다. 삼국간섭에 참여했던 프랑스가 윈난 일대의 조차를 요구하게 되면서 바야흐로 열강에 의한 중국분할의 위협이 현실로 다가온 것이다.

러시아의 현실적 위협이 부각되는 가운데서도 변법론자들이 여전히 모델로서의 러시아를 상상하면서 연대 혹은 학습을 주창하고 있었지만 일각에서는 "중국이 러시아와 연대하는 것은 좋은 계책이 아니며 러시아인이 중국과 교류하는 것은 아마도 믿을 수 없다"[15]고 하는, 러시아에 대한 불신의 감정이 솟아나고 있었다. 1900년 서태후는 의화단의 힘을 이용하여 제국주의 열강에 선전포고를 했다. 의화단의 난이 일어나자 러시아의 재정장관 비테는 이를 중국에서 러시

15 嚴復, 「中俄交誼論」, 王栻 主編(1986), 2, p.471. 옌푸는 이 글에서 당시 러시아와의 연대를 비판하는 주장이 강해지고 있는 상황을 소개하고, 이러한 여론을 비판하면서 러시아와 연대하고 나아가 표트르의 개혁을 모방해야 한다는 주장을 굽히지 않았다.

아 세력을 확대할 기회로 삼았다. 의화단의 봉기가 만주로 확대되자 러시아는 동청철도 주변을 방어한다는 구실로 만주에 군대를 투입했고 사실상 만주를 점령했다.[16] 그 해 7월, 북만주의 국경지대에서 청과 러시아 사이에 전투가 벌어졌다. 청 군대가 아무르 강을 항해하던 러시아 기선을 공격하면서 이 지역에 전운이 감돌았고, 러시아는 블라고베셴스크에 거주하던 중국인을 강의 남쪽으로 이주시키는 과정에서 만행을 자행하여 수천 명을 강물에 매장했다. 나아가 러시아군은 아무르 강 건너편 지역의 64촌락을 불태우고 주민을 학살했다. 이는 러시아의 포악성을 보여준 결정적인 사건이었으며, 러시아를 또다시 공포의 대상으로 상상하게 만든 상징적 사건이었다. 일본에서도 「아무르 강의 유혈이여」라는 노래가 만들어져 러시아에 반대하는 감정이 증폭되었다.[17]

1901년 2월 외무장관 람스도르프는 러시아 주재 청 공사 양루(楊儒)에게 동북 지역의 철도를 보호하기 위해 군대를 계속해서 주둔시키고자 하는 밀약을 제시했다. 이 소식이 중국에 전해지자 그해 3월 상하이의 장위안(張園)에서 러시아가 제시한 협약에 조인을 반대하는 항의집회가 개최되어 전국으로 확산되어 갔다. 차르로 상징되는 러시아[沙俄] 제국주의의 침략에 대한 공식적인 첫 번째 저항운동이 시작된 것이다. 1902년 4월 러시아는 청러 동삼성조약에서 18개월 이내에 세 차례에 걸쳐 철병할 것을 약속했지만 다음 해 2월 니콜라이 2세는 청의 동북 지역에 러시아군대의 장기 주둔을 비준했다. 오

16 한정숙(1996), 「제정 러시아 제국주의의 만주 · 조선 정책」, 『역사비평』 37.

17 和田春樹(2010), 『日露戰爭: 起源と開戰』(上), 岩波書店, pp.333-338.

히려 러시아는 철병 조건으로 동북 지역을 독점적 세력 범위로 삼기 위한 7개항의 새로운 조건을 제시했다.[18]

곧바로 상하이에서는 러시아가 제시한 새로운 조건을 거부하는 군중집회가 개최되었다. 도쿄에 유학 중인 청의 유학생들도 이 운동에 합류하였고 500여 명의 학생들이 거아의용대(拒俄義勇隊)를 결성하는 모임을 갖고 군사행동을 꾀하고자 했다. 일본 주재 청 공사인 차이쥔(蔡鈞)은 양강총독 단방(端方)에게 "도쿄의 유학생들이 의용대를 결성하였고 200여 명으로 추정된다. 러시아에 대한 저항을 명분으로 삼고 있지만 실제로는 혁명이며, 이미 국내외로 분주하게 움직이고 있으므로 각 주현에서는 엄밀하게 조사하도록 힘쓸 것이다"[19]라는 내용의 보고서를 전신으로 보냈다. 곧이어 베이징의 경사대학당에서 러시아에 항의하는 선언이 발표되었을 정도로 젊은 학생들이 러시아의 제안에 미온적인 태도를 보이고 있던 청나라 조정에 압력을 가하기 시작한 것이다.

러시아에 반대하는 학생들의 집회는 러시아의 침략을 제국주의로 규정하였고, 이러한 러시아 인식은 청조를 반대하는 운동으로 확산될 기미를 보였다. 청나라 조정에서는 정치적 역학관계에서 러시아를 대하고 있었고, 학생들의 행동을 러시아의 침략에 대한 반대가 아니라 청조에 대한 저항으로 파악했다. 따라서 청조는 러시아에 저항하는 도쿄의 청 유학생들을 불온한 혁명당으로 규정하면서 이들을

---

18 中國社會科學院 近代史研究所 中華民國史研究室 主編(1979), 『拒俄運動 1901-1905』, 北京: 中國社會科學出版社, pp.69-70.

19 「蔡鈞致端方電」, 『蘇報』, 1903. 6. 5.

엄히 조사해서 체포하라는 밀유를 내렸다.[20] 한편 러시아가 제국주의 열강의 일원으로 등장한 상황에서도 량치차오는 러시아가 공격적이고 침략적인 성격을 지니고 있다는 것을 수용하면서도 러시아의 무(武)에 대한 존중, 즉 상무(尙武)의 정신이야말로 근대국가의 요소라고 해석했다. 러시아가 현재 유럽과 미국에 비해 문화정도가 낮은 반(半)개화국이지만 침략을 종지로 삼는 표트르의 유훈과 러시아인의 완강하고 강인한 정신으로 말미암아 장래에 튜턴인을 대신하여 세계의 주인공이 될 것이라고 낙관했다.[21] 이처럼 러시아에 대한 청의 인식은 각 진영의 정치적 의견에 따라 분화하고 있었다.

20세기에 들어와 열강에 의한 중국의 분할이 공공연히 논의되면서, 중국에서는 제국주의에 대한 담론이 점차 심화되어 갔다. 청일전쟁 이후 중국의 영토가 할양되기 시작하자 이에 대한 청조 지식인들이 열강의 침략에 대한 울분을 토로하면서 애국심과 제도개혁을 요청했지만 이러한 사태를 세계사적 시각에서 제국주의로 설명하는 단계에 이르지는 않았다.

량치차오는 1896년의 중국이 러시아와 맺은 밀약에 대해 서태후의 의도가 강하게 반영되었다는 점에서 반대하면서 이러한 밀약은 "중국을 과분(瓜分)하는 선봉이 될 것"[22]이라고 분석했다. 그렇지만 그는 1900년 8월 5일 의화단사건으로 인해 영국과 미국을 비롯한 8개국 연합국이 베이징으로 진격한 다음 날 지은 글에서도 "영토

20 「密諭嚴拿留學生」, 『蘇報』, 1903. 6. 5.
21 『新民說』「論尙武」, 『飮冰室專集』 2, p.10.
22 『亡羊錄』「中俄密約」, 『飮氷室文集』 4, p.43.

가 분할되면 이루 말할 수 없을 정도로 손해는 크지만 영국 · 미국 · 일본 등 여러 국가들은 이러한 마음이 절대로 없을 것이며, 결코 영원히 이러한 일을 저지르지도 않을 것으로 믿는다. 만일 이러한 일이 발생하더라도 다른 국가들에 쫓겨서 하게 되는 부득이한 경우일 것이다"[23]라고 하면서 열강의 중국 침략 의도에 대해 낙관적인 태도를 보였다. 이러한 그의 태도는 문명론적 관점에 의거하여 제시된 열강에 대한 희망으로 볼 수도 있지만 제국주의의 등장이라는 세계사적 이해에는 이르지 못한 것으로 볼 수 있을 것이다.

물론 량치차오는 20세기가 제국주의의 시대라는 점을 잘 알고 있었다. 그렇지만 그는 "19세기의 제국주의는 18세기의 제국주의와 외형은 비록 유사하지만 실질은 전혀 다르다. 왜냐하면 옛날의 정부는 군주 일인이 주체이므로 그 제국은 독부(獨夫)의 제국이지만 지금의 정부는 전 국민이 주체가 되므로 그 제국은 민족제국이다"[24]라고 설명하고 있다. 그는 근대적 국가로서 민족국가를 추구하고 있었고 이러한 민족국가가 진화의 법칙에 따라 자체의 힘이 팽창되면서 민족제국으로 성장한다고 파악한 것이다. 1901년 12월에 간행된 최후의 『청의보』 잡지에서는 "우리가 제국주의를 좋게 평가하는 것은 우주의 대법과 세계의 대세에 따라 국민의 희생을 극력 발휘하여 인류의 진보에 공헌하기 때문이다"[25]라고 게재되어 있다. 이는 일본의 『국민신문』의 기사를 번역한 것이라고 밝히고 있는 점으로 보아

---

23 「論今日各國待中國之善法」, 『飮氷室文集』 5, p.54.

24 「國家思想變遷異同論」, 『飮氷室文集』 6, p.22.

25 「帝國主義」, 『淸議報』 100, 1901. 12. 21.

20세기 벽두에 중국 지식인들의 제국주의 인식이 제국주의 측의 담론 속에서 형성된 모습을 잘 보여주고 있다고 할 수 있다.

1903년 러시아에 대한 저항운동이 격화되면서 제국주의에 대한 인식에 점차 변화가 생기기 시작했다. 량치차오는 러시아의 침략을 문명론적 제국주의의 예외로 간주하였지만 열강의 중국 침략이 제국주의로 개념화되는 사례가 늘어나기 시작했다. 도쿄에서 간행되고 있던 중국인 유학생들의 잡지인 『절강조』에서는 제국주의라는 명사에 대해 개념적 정의를 다음과 같이 내리고 있다.

사람들은 대체로 러시아가 폭력적이라고 말하지만, 러시아의 폭력은 정당하다. 이는 제국주의의 모습을 취하고 있기 때문이다. 최근 러시아가 만주 문제로 조약을 강요한 것에 대해 중국인이 극도로 분개하여 타당하지 않다고 비난하지만 러시아의 관점에서 보자면 정정당당한 정책이요, 약육강식의 공리에서 보면 당연한 일로서 도저히 피할 수 없는 일이다. 산둥에서 독일, 양쯔 강 유역에서 영국, 광둥과 광시 및 윈난에서 프랑스, 푸젠에서 일본이 사용한 방법은 각각 다르지만 자세히 그들의 주의를 살펴보면 만주에서 보여준 러시아의 행동과 무엇이 다르겠는가. 그런데도 사람들이 저들 몇 나라는 비난하지 않고 단지 러시아를 욕하고 있다. 이는 드러나지 않은 것에 어둡고 드러난 일에 놀라는 것이지만 총체적 원인을 찾아보면 한마디로 20세기의 제국주의를 모르기 때문이라고 하겠다.[26]

26 『新名詞釋義』「帝國主義」, 『浙江潮』 6(附錄), 1903. 6. 20.

20세기 초기에 서양의 학문을 수용한 젊은 지식인들 사이에서 제국주의에 대한 논의가 활발하게 이루어지면서 제국주의라는 개념 자체에 대한 논의가 본격적으로 이루어지게 되었다. 제국주의는 서양에서 수용된 낯선 개념이었지만 러시아의 침략에 반대하고 나아가 청조 타도를 외치는 젊은 계층에서는 열강의 중국 침략을 제국주의라는 개념으로 이해하고자 했다. 그렇지만 『절강조』에서는 제국주의를 병탄주의, 국가주의, 침략적 제국주의/윤리적 제국주의, 민족제국주의 등으로 분류하여 설명했고, 인구 증가에 따른 영토의 부족과 재화의 부족에 의한 식민지 개척이라는 측면에서 자기 민족을 흡수하고 이민족을 동화시켜 하나의 대국가를 이루는 것으로 민족제국주의를 정의했다. 즉, 제국주의의 침략적 속성은 반대하였지만 민족주의와 문명론적 사회진화론의 관점에서 제국주의의 긍정적 측면을 중시하고자 했다.

4. 전제와 혁명: 역전된 표트르 대제 평가

도쿄의 거아의용대는 청 조정에 러시아와의 개전을 요구했다. 청조는 이 사실을 알고서 일본정부에 의용대를 해산하고 학생들의 군사 훈련을 제지시켜 줄 것을 요구했다. 의용대가 해산된 이후 일부 학생들은 다시 군국민교육회(軍國民教育會)를 조직하여 상무정신의 양성과 민족주의의 실행을 기지로 내걸었고, 한편으로는 무능한 대응을 보인 청 조정을 비판하면서 만주족을 배척하는 혁명, 즉 배만혁명(排滿革命)을 제창하기 시작했다. 이들에 대한 청조의 압박이 거세지자 학생들로 조직된 군대는 선전, 봉기, 암살의 방법으로 청조에 대항했

다.[27]

중국에서 혁명의 시대가 다가오고 있었다. 러시아에 저항하기 위한 학생군의 일원이었던 천톈화(陳天華)는 1903년에 간행한 『경세종』에서 "러시아가 동삼성을 다시 점거하고 나서 분할통치에 대한 논의가 날이 갈수록 심각해져 외국인들이 오히려 중국을 걱정하여 모두들 멸종의 날이 닥쳤다고 한다"[28]고 경고하면서 서태후 이하 관료들이 이화원에 모여 경극이나 보면서 열강의 중국 분할에 대응하지 못하는 모습에 분개했다. 러시아 문제를 계기로 시작된 청조에 대한 반발이 반청운동으로 전개되면서 청말의 혁명론이 본격적으로 점화되어 갔다. 러시아를 비판하고 나아가 청조에 저항한 세력들이 청말 혁명론의 주체로 등장한 것이다. 일본에서 유학하고 돌아온 추용(鄒容, 1885~1905)이 상하이에서 간행한 『혁명군』이라는 소책자는 20세기 초 중국에서 혁명의 기치를 선명하게 내건 서적이다. 그는 "혁명은 자연세계의 법칙이고, 혁명은 세계의 공리이며, 혁명은 존망을 다투는 과도기의 관건이다"[29]라고 정의하면서 중국에서의 혁명의 필요성과 정당성을 강변했다. 장빙린(章炳麟, 1869~1936)은 "추용이 『혁명군』이라고 책의 제목을 정한 것은 이민족을 구축하기 위해서일 뿐만 아니라 정치, 학술, 예속, 품성까지도 혁신하고자 하여 크게 혁명이라고 지칭한 것이다"[30]라고 하면서 이 책의 소개를 『소보』 잡지

---

27 憑自由(1976), 『革命逸史』 1, 臺灣: 商務印書館, pp.162-166.

28 陳天華, 민정기 역주, 『경세종』, 성근제 외 옮김(2011), 『20세기 초 반청 혁명운동 자료선』, 성균관대학교출판부, pp.280-281.

29 鄒容, 백광준 역주, 『혁명군』, 성근제 외 옮김(2011), p.206.

30 章炳麟, 「序革命軍」, 『蘇報』, 1903. 6. 1.

에 실었다.

추용이 만주족 타도의 기치를 제시하면서 종족주의의 관점에서 혁명을 주창했지만 그가 혁명을 정당화하는 근거는 종족주의에 그치지 않고 중국의 역사를 전제정치로 규정하는 데 있었다. 즉, 그는 "수천 년 동안의 온갖 전제적 정치체제를 쓸어버리는"[31] 것을 혁명이라고 규정한 것이다. 또한 그는 진나라가 천하를 통일한 뒤 나라를 사유하고 백성을 노예처럼 부리며 상서로운 징표나 황당한 논의를 끌어와 백성을 기만하고 천명을 날조하며 백성들의 소유를 빼앗아 대대손손 제왕을 할 수 있는 제도를 전제정치의 특성으로 규정했다. 중국의 정치적 특징이 전제라는 점은 당시 정치적 견해를 달리하는 량치차오에게도 마찬가지였다. 량치차오도 이미 『혁명군』이 발표되기 한 해 전에 사회진화론의 관점에서 정체(政體)의 변화를 부족제-귀족제-전제-입헌군주제-공화제의 순으로 규정하고, 중국은 오히려 유럽이나 미국, 일본보다도 빨리 진한시대에 귀족정치가 청산되었으며, 2천여 년도 이전에 성립된 전제정치가 초장기적으로 지속되어 왔다고 설명했다.[32] 혁명을 주장한 추용이나 혁명을 반대한 량치차오 모두 청대의 군주제를 전제로 규정한 것이다. 다만 이러한 전제를 타도하고 입헌군주제로 이행할 것인지 아니면 이 단계를 뛰어넘어 곧바로 공화제로 이행할 것인지에 대해 서로 의견을 달리한 것이다.

전제체제에서 벗어나 국민국가를 구상하는 다양한 의견이 제시되는 가운데 청조의 정치체제는 비판의 대상이 되었으며, 한편으로

31 鄒容, 백광준 역주, 『혁명군』, 성근제 외 옮김(2011), p.205.
32 「中國專制政治進化史論」, 『飮氷室文集』 9, p.80.

는 러시아의 정체 또한 전제의 상징으로 표상되었다. 변법을 주장한 진영에서는 표트르 대제가 개혁의 모델로 상징되었지만 20세기에 들어오자 러시아의 전제는 진화의 단계에서 뒤쳐진 전제의 모델로 설명되기 시작한 것이다. 즉, "인간 세상에서 가장 두려운 것은 야만시대의 현명하고 뛰어난 군주로 불리는 사람이다. 러시아의 표트르 대제가 그 일례이다"[33]와 같은 평가에서 볼 수 있듯이 표트르 대제는 전제의 상징으로 바뀌기 시작했다. 표트르 대제에 대해 마쥔우(馬君武)가 이렇게 평가한 근거는 러시아 국민이 표트르 대제의 치하에서 노예로 살아갈 수밖에 없었으며, 국민이 노예의 삶을 살았기 때문에 러시아에는 지금까지 문명의 징표라 할 수 있는 헌법이나 의회가 성립되지 않았다는 것이다.

표트르 대제에 대한 평가의 역전은 당시 러시아의 침략에 대한 저항의 분위기가 작용한 점도 있겠지만, 마쥔우의 평가가 영국인 토마스 커컵(Thomas Kirkup, 1844~1912)의 *A History of Socialism*(1892) 중 "Anarchism" 부분을 번역한 『아라사 대풍조』(1902)의 서문에서 밝히는 것에서 알 수 있듯이 중국에 막 소개되기 시작한 무정부주의 사조의 영향도 간과할 수 없을 것이다. 마쥔우의 번역은 중국에서 최초로 아나키즘을 소개한 책이며, 그는 '독립지개인(獨立之個人)'이라는 필명을 사용하여 이 책을 간행했다. 20세기 이전 청말의 변혁을 꿈꾸었던 자들이 권력이 집중된 국민국가를 건설하기 위해 표트르 대제를 모델로 삼았다고 한다면 아나키즘의 영향을 받은 젊은 세대는 개인의

---

33 馬君務, 「俄羅斯大風潮 序言」, 葛懋春 · 蔣俊 · 李興芝 編(1984), 『無政府主義思想資料選』 上冊, 北京大學出版社, p.2.

자유와 독립이라는 관점에서 표트르 대제를 야만시대의 군주로 평가한 것이다.

중국에 아나키즘이 처음으로 알려진 것은 1870년대 후반 『만국공보(萬國公報)』에 러시아에서 전개되던 혁명의 기운을 소개하는 기사였다. 외국인 선교사들이 주재하는 잡지 혹은 중국어로 간행된 외국의 정치적 사건을 소개하는 책자를 통해 러시아의 나로드니키 운동, 니힐리스트와 관련된 단편적인 정보가 허무당이라는 총괄적인 명칭으로 중국에 알려졌지만 사회적으로 주목을 받지는 못했고 오히려 반란과 테러의 위험성이 알려지는 정도였다. 중국에서 아나키즘이 사상으로서 본격적으로 등장한 것은 1907년 도쿄와 파리에서 각각 『천의(天義)』와 『신세기(新世紀)』라는 잡지가 간행된 이후였지만 20세기 초부터 일본에서 간행된 넓은 의미의 사회주의 문헌이 개량주의자와 혁명파에 의해 활발하게 중국어로 번역되었다. 량치차오 등 개량주의자들은 아나키즘의 사상과 파괴주의에는 비판적이었지만 민의에 따르지 않는 지도자를 암살하는 것은 민중의 사기가 고양된 결과인 만큼 변혁을 추구하는, 그러한 정신을 건설의 측면에서 활용하고자 했다.[34] 한편, 청말의 급진주의자들은 허무당의 테러를 혁명 정세의 각성제로 이해하고 전제를 공격하는 양호한 방법으로 환영했다.[35]

청조를 타도하자고 외치던 단체들은 러시아와의 전쟁도 불사하던 애국주의자였다. 그렇지만 그들은 러시아의 허무당을 통해 20세

34 嵯峨隆(1994), 『近代中國のアナキズムの研究』, 東京: 研文出版, p.39.

35 狹間直樹(1976), 『中國社會主義の黎明』, 東京: 岩波書店, p.112.

기의 도래를 상징하는 새로운 사조를 발견하고자 했다. 1903년 6월 청조에 대한 과격한 비판으로 신문사의 필진이 체포되고 발행금지 조치가 내리기 바로 직전의 『소보』에는 「허무당」이라는 제목의 논설이 다음과 같이 게재되었다.

> 러시아는 세계 제일의 전제국가이다. 정치, 학술, 종교, 경제 면에서 한 치의 자유도 없고 국민이 중앙정부에 절망하지 않았던 것이 없다. (……) 허무당의 성질은 전제정체로부터 나온다. 전제가 극점에 도달하지 않고 언제나 교육의 평등이 있고 참정의 특권이 있으면 허무당을 배태하는 성질이 반드시 조금씩 사라지고 없어지게 된다. 그러므로 전제정부는 실로 허무당을 제조하는 절호의 공장이다. 지금 지구상의 전제국가 중에서 러시아는 최고로 꼽히므로 당연히 허무당이 나타나게 되었다.[36]

20세기에 접어들면서 중국인에게 러시아는 세계에서 아직까지 남아 있는 대표적인 전제국가로 표상되었다. 국민국가 건설의 모델로 부각되었던 표트르 대제는 이제 전제의 상징으로 이미지가 역전되었다. 러시아를 전제국가로 분류하게 된 계기는 바로 러시아에서 허무당이 출현하고 있다는 사실로 증명되었다. 러시아에 대한 역사적 분석에서는 전제적인 정체가 출현하였기 때문에 평등과 참정권을 요구하는 허무당이 출현한 것으로 보고 있다. 그렇지만 청말의 과

---

36 「虛無黨」, 『蘇報』, 1903. 6. 19.

격파 진영에서는 오히려 러시아 허무당의 파괴주의에 대한 자신들의 관심이 러시아를 전제국으로 분류하도록 한 것이라고도 할 수 있을 것이다.

혁명을 예비하는 진영에서 발간하는 매체에서도 러시아의 허무당에 관한 기사가 빈번하게 실리기 시작했다. 1903년 중국의 후난 성이 자립하여 하나의 독립국을 만들자는 주장이 실린 『신 후난』이라는 책이 일본에서 간행되었다. 이 책은 제4장에서 "오늘날 세계 각국 중 파괴 정신이 가장 강한 것은 바로 러시아의 무정부주의이다. 무정부주의는 파괴의 총본산이라고 할 수 있다"[37]고 하면서 혁명의 수단으로서 파괴의 의미를 아나키즘과 연결시키고 있다. 마쉬룬(馬敍倫)은 "20세기에 새로운 주의가 출현하였으니, 바로 러시아의 무정부주의가 그것이다. 러시아에 무정부주의가 있으니 러시아는 문명으로써 20세기의 기축으로 웅비할 것이다"[38]라고 예견했다. 『절강조』에서는 현대 세계에서 나타난 사회주의의 조류를 공산주의와 극단적 민주주의로 구분하여 후자를 아나키즘으로 지칭하면서 프루동, 바쿠닌, 슈티르너가 그 대표적인 사상가이며 러시아 허무당의 운동에 그러한 현상이 나타나 있다고 설명했다. 이처럼 20세기 초 혁명을 주창한 중국의 젊은 지식인들은 러시아의 아나키즘에서 새로운 사회, 새로운 이념을 발견하고자 한 것이다.[39]

---

37 楊篤生, 『新湖南』, 성근제 외(2011), p.187.

38 馬敍倫, 「二十世紀之新主義」, 葛懋春 · 蔣俊 · 李興芝 編(1984), p.7. 『政藝通報』 제14-16호(1903, 8-9)에 실린 글이다.

39 大我(1903), 「新社會之理論」, 『浙江潮』 8.

5. 1905년 러시아혁명과 중국의 반응

청조의 반응: 헌정의 귀감

1904년 2월 10일, 일본이 러시아에 선전포고를 하면서 러일전쟁이 발발했다. 중국의 동북 지역을 비롯한 동아시아 지역에서 패권을 차지하고자 벌인 이 전쟁은 동아시아의 국제관계와 상호 인식의 변환에 지대한 영향을 끼친 사건이었다. 전쟁이 발발한 지 이틀 후 청조는 열강의 압박 속에서 국외중립을 선언했다. 전쟁이 끝나갈 무렵 1905년 1월 9일(러시아력) 상트페테르부르크에서 시민의 정치적 경제적 권리를 평화적으로 요구하던 노동자들에게 겨울궁전의 수비대가 무차별적으로 사격을 가하여 수천 명의 사상자를 낸 피의 일요일 사건이 발생하면서 제1차 러시아혁명이 시작되었다.

청조는 러시아가 일본에 패하고 러시아 내부에서 노동자들의 파업이 확대되어 가는 상황에 깊은 관심을 가졌다. 전쟁이 시작된 직후에 중국에서는 이미 러일전쟁은 "아시아의 번영과 쇠락, 황종과 백종의 흥망, 전제와 입헌의 강약"[40]을 가르는 계기가 될 것이라는 예측이 흘러 나왔다. 입헌군주국가 일본이 전제군주국가 러시아를 이겼다는 해석이 중국의 언론계를 장식했다. 이러한 해석은 청조가 입헌을 위한 준비를 하고 있던 시기와 맞물리면서 주류 담론으로 자리를 잡아 갔다. 러일전쟁의 결과 중국인의 근대국가 구상에서 러시아 모델이 배제되고, 일본을 귀감으로 삼아 청조가 입헌을 서둘러야 한다는 주

40 別士(1904), 「論中日分合之關系」, 『東方雜志』 創刊號.

장이 현실적인 힘을 얻게 되었다.

일본의 승리가 확실하게 된 쓰시마 해전(1905년 5월 27~28일)이 끝나자 위안스카이, 장즈둥 등 당시의 실세 관료들이 마침내 공동명의로 입헌의 실시를 권고하는 상주문을 올렸다.[41] 경사대학당 교수로 재직하고 있던 천푸천(陳黻宸)은 "일본은 궁벽한 섬나라 소국이지만 강력한 러시아를 눌렀다. 지금 이후로 러시아는 하나의 입헌 대국이 될 것이다. 피차의 사정을 살펴보면 용자는 분발할 줄 안다. 입헌하지 않는 한 국가가 여러 입헌국가 사이에 거하고 있다면 견식이 넓은 자가 아니라도 그것이 불가능하다는 것을 알 것이다"라는 상소를 올렸다.[42] 1905년 7월 청조는 5명의 대신을 해외로 파견하여 각국의 입헌정체를 고찰하도록 명령했다. 예부상서 다이훙쯔(戴鴻慈) 등은 그해 12월에 북경을 떠나 약 7개월 동안 일본, 미국, 영국, 프랑스, 독일 등 14개국을 시찰하고 돌아온 뒤 다음과 같이 러시아의 상황을 보고하는 상소를 올렸다.

> 이전에는 병력이 강성하여 민간에서 비록 입헌을 요구하는 마음을 품고 있더라도 폭동이나 비상한 행동을 생각할 수 없었습니다. 패전 이후에 비로소 각종 요구가 있게 되었고, 당시 시세에 쫓겨 정부가 윤허하지 않을 수 없었습니다. 가까이는 국채를 발행하고 새롭게 군인를 늘려 훈련하고 있습니다. 정부의 권위가 점차 회복되고 있어 의회가 요구하는 각종 안건에 일마다 유허하지 않을 수 있습니다.

41 민두기(1994), 『신해혁명사: 중국의 공화 혁명(1903-1913)』, 민음사, p.93.

42 程爲坤(1900), 「日俄戰爭與清末立憲運動」, 『清史研究集』 7 재인용.

그래서 상하가 서로 자기주장을 하여 자못 의혹이 늘어나고 있습니다. 신(臣) 등은 러시아의 전 수상과 직접 대담을 나누었는데, 러시아의 입헌 준비가 이미 백년이 넘었지만 결국 민간의 지식이 완전히 개명된 것이 아니며 때때로 법도에 맞추기가 매우 어렵기도 합니다. 대체로 이번 선포는 정부가 여론을 따르지 않을 수 없어서 내린 결정이지만 바라는 바를 만족시킬 수 없었기 때문에 심려와 어려운 일이 끊이지 않습니다. 이것이 현재 러시아가 입헌을 하고 있는 실제 사정입니다.[43]

다이훙쯔 일행이 부다페스트에 도착한 것은 1906년 5월 16일이며, 페테르부르크로 가서 니콜라이 2세를 알현하고 비테와 대담을 나눈 뒤 러시아를 떠난 것은 5월 28일이었다. 니콜라이 2세가 헌법과 시민적 자유를 보장하며 두마(국회)에 입법권을 부여할 것을 약속하는 10월 선언이 이미 그 전 해에 발표되었고, 체제 유지를 위한 근본적인 방안을 수립하고자 한 반동적인 스톨리핀 내각의 개혁이 진행 중이었던 때였다.[44] 러시아를 방문한 청의 사절단은 군대와 박물관 등을 관람했고 혁명 후의 혼란상도 목도했다. 그들은 러시아가 전제정체를 유지하면서 입헌으로 나아가는 과정에서 발생한 문제를 소상히 밝히고 있으며 입헌의 어려움이 있지만 입헌을 하지 않을 수 없다는 내용의 상소를 올린 것이었다.

---

43 「出使各國考察政治大臣戴鴻慈等奏到俄情形摺」 光緒 32年 閏四月 初四一日, 故宮博物院明清檔案部 編(1979), 『清末籌備立憲檔案史料』 上冊, 中華書局, pp.17-18.

44 한정숙, 「러시아혁명」, 배영수 엮음(2011), 『서양사강의』, 한울, 개정판 24쇄, pp.534-541.

비테는 청의 사절단에게 "중국의 입헌은 먼저 중국과 서양의 법률가를 초빙하여 가장 적절한 법률을 정하도록 힘써야 한다. 법률이 정해 진 뒤에 군민(君民)이 모두 법률의 준수를 실행해야 입헌이라 말할 수 있는데, 대략 50년의 준비가 필요할 것이다"[45]라고 충고했다. 그렇지만 입헌 준비를 위해 해외로 나온 청의 사절단은 비테의 자문에 수긍할 수 없을 만큼 절박한 상황이었기 때문에, 다이훙쯔는 비테의 대화를 기록한 일기의 다음 부분에 입헌을 위한 장기간의 준비가 필요하다는 점을 인정하면서도 지금 청은 "지행병진"의 방안을 모색해야 한다고 적었다.

입헌을 향한 러시아의 현실적 고투는 청나라 조정에서 귀감으로 삼을 만한 현실이었다. 각국을 시찰한 대신들의 보고서를 듣고 광서제는 1906년 9월 입헌의 기초를 준비하라는 상유를 내렸다. 중국에서 역사상 최초로 헌법의 형식을 갖춘 「흠정헌법대강」이 공포된 것은 1908년 8월의 일이었다. 「군주의 대권」과 「신민의 권리와 의무」로 구성된 이 헌법의 첫 2조는 "대청황제가 대청제국을 통치하며 만세일계로서 영원히 존대를 받는다", "군주의 신성 존엄은 불가침이다"[46]로 시작하고 있다. 그렇지만 신해혁명을 거치면서 1912년 중화민국이 설립되어 이 헌법은 제대로 기능하지 못하고 폐기되었다.

량치차오의 희망: 지방의회의 꿈

일본에 망명 중이던 량치차오는 러일전쟁의 결과를 보고서 "20세기

---

45 戴鴻慈(1982), 『出使九國日記』, 湖南人民出版社, pp.225-226.

46 故宮博物院明清檔案部 編(1979), p.58.

의 국가에서는 끝내 전제정체가 존재할 여지가 없다. 완강한 러시아가 자유의 신의 위력에 저항할 수 없었다"[47]고 평가했다. 그 또한 전제정치에서 입헌으로의 정체의 진화를 실천에 옮기고자 했고 여전히 입헌의 희망을 버리지 않았다. 1905년 러시아혁명이 발발하기 이전에 량치차오는 이미 러시아에서 혁명의 기운이 솟아나고 있다는 것을 알고 있었다. 1902년에 쓴 「혁명! 러시아혁명!」이라는 글은 러시아에서 학생뿐만 아니라 노동자, 군인들에게까지 혁명의 풍조가 전파되고 있다고 전하고 있다. 이글은 "아 러시아혁명! 오 러시아가 마침내 혁명을 면하지 못했구나! 오호라 러시아는 혁명을 하지 않을 수 없게 되었구나!"로 시작하면서 "러시아는 혁명에 쫓겨 입헌이 될 것인가 아니면 입헌을 하지 못하고 혁명이 성공할 것인가. 하여간 세계에 완전한 전제의 대국으로서는 중국만 남을 것이다"[48]라고 하면서 지지부진한 청조의 개혁을 자책했다.

그렇지만 량치차오는 러시아에서 발생한 암살사건을 소개하면서 "무정부당은 전제국가와 자유국가를 막론하고 수장(首長)을 죽이는 것을 일로 삼고 있다. 그들의 목적은 질서의 파괴에 있다. 전제질서와 자유질서를 모두 묻지 않는다. 그들은 질서의 적이요 문명의 적이다"[49]라고 하면서 아나키스트의 암살활동에 비판적 태도를 보였다. 그는 또 「러시아 허무당을 논함」이라는 글에서 "허무당의 수단은 내가 흠모하지만 그 주의에는 찬동하지 않는다. 허무당의 종지가 무정

47 「俄國立憲政治之動機」, 『新民叢報』 58, 1904. 12. 7.

48 「革命! 俄羅斯革命!」, 『新民叢報』「國聞短評」 9, 1902. 6.

49 「自由書 · 難乎爲民上者」, 『飮冰室專集』 2, p.70.

부를 궁극적 목표로 삼고 있기 때문이다. (……) 무정부는 비인도적일 뿐만 아니라 인간의 천성에 반한다"[50]고 밝혔다. 그는 1904년 러시아의 내무대신 플레베가 암살당한 사건을 소개하면서 "플레베는 러시아의 공적이며 전 세계 인도의 공적"이라고 평가하여 암살의 쾌거를 높이 사기도 했지만[51] 결국 새로운 국민국가를 건설하고자 하는 중국의 현실에서 아나키즘을 사상의 차원에서 수용할 수는 없었다.

러시아혁명에 대한 정보는 중국에 거의 동시간대로 전달되었다. 혁명의 소식을 가장 빨리 보도한 것은 요코하마에서 간행되고 있던 『신민총보(新民叢報)』(1902~1907)였다. 량치차오는 이 잡지에 로이터 통신, 베를린 전보, 런던 전보 등을 근거로 날짜별로 혁명의 경과를 소상하게 알렸다. 그리고 유럽 각 지역 언론의 반응을 소개하는 글에서 그는 "개혁사업은 큰 돌을 위험한 곳에서 굴리는 것과 같아 최종 목적을 달성하지 않으면 그칠 수 없다고 사람들이 늘 하는 말이 있는데, 러시아의 최근 현상을 보고서 더욱 이 말을 신뢰하게 되었다"[52]고 평가하면서 러시아혁명이 자유를 보장할 것인지 죽음에 이르는 길인지 지켜보자고 했다.

량치차오는 러시아에서 혁명이 발발하게 된 경제, 종교, 종족상의 원인, 혁명의 동기와 방침, 혁명의 전도, 혁명이 국내외에 끼치는 영향 등을 상세히 고찰한 「러시아혁명의 영향」을 발표하면서 러시아혁명의 전도를 긍정과 부정 두 측면에서 평가했다. 먼저 그는 "세계

---

50 「論俄羅斯虛無黨」, 『新民叢報』 40 · 41, 1903. 11. 2.

51 「俄國虛無黨大活動」, 『新民叢報』 51, 1904. 8. 25.

52 「自由死自由不死」, 『新民叢報』 61, 1905. 1. 20.

에서 유일한 전제국이 마침내 대혁명에서 벗어날 수 없었구나!"[53]라고 문두를 열면서 혁명의 주체인 '민당(民黨)'의 성질과 역할, 방법 등에 주목했다. 즉, 이전의 혁명은 비밀결사의 음모였지만 이번은 정정당당한 요청이요, 이전의 주동자는 극단적 급진주의자인 청년들이었지만 이번은 노련하고 무게 있는 지위와 명망을 지닌 지방의회의 대표들이었다는 것이다. 나아가 그는 러시아의 정치가 자유를 누리는 경지에 이를 수 있는 출발점은 바로 지방의회가 될 것이라고 예측한 프랑스 경제학자 르루아볼리외(Leroy-Beaulieu)의 말을 인용하여 지방의회의 중요성을 강조했다.

또한 량치차오는 러시아혁명이 극단적 상황으로 치달아 루이 16세를 처형한 프랑스혁명의 전철을 밟게 된다면 그 결과가 프랑스혁명보다 더 비참할 것이라고 진단했다. 즉, "만일 러시아가 지금의 황통을 파괴하고도 이전과 같이 슬라브족으로 여러 종족을 제어하고자 한다면, 이는 불가능한 형세이다. 러시아 대제국이 마침내 3~4개 혹은 6~7개의 소국으로 와해되어 통일을 회복할 수 없을 것이다"[54]라고 내다봤다. 즉, 그는 혁명으로 인해 러시아가 분할될 것을 염려하고 있었던 것이다. 이러한 염려와 불안은 1905년 이후 중국동맹회가 혁명은 내란과 분할, 외국의 간섭을 초래하지 않을 것이라고 강변하게 된 단서를 제공한 량치차오의 시선이라고 할 수 있다.[55] 나아가 그는 러시아에서 소란이 발생한 동기 가운데 정치문제에 속하는 것이 10

53 「俄羅斯革命之影響」, 『新民叢報』 61, 1905. 1. 20.

54 「俄羅斯革命之影響」, 『新民叢報』 62, 1905. 2. 4.

55 예를 들면 汪精衛의 「駁革命可以召瓜分說」(『民報』 6), 「駁革命可以生內亂說」(『民報』 9).

분의 3에 불과하고 경제문제가 실로 10분의 7이라고 진단하면서 가장 유력한 일파인 사회주의자들이 토지사유권의 폐지를 제일의 목적으로 삼고 있다고 혁명의 동기를 분석했다. 러시아가 전제에서 공화로의 이행에 성공한다면 극단적 사회주의자들이 전부터 꿈꿔오던 토지사유권의 폐지를 시행하고자 할 것이며, 이는 세상에서 절대로 실행할 수 없는 제도라고 평가했다. 토지사유권의 폐지에 대한 량치차오의 부정적 평가 또한 사회혁명을 주장한 중국동맹회가 토지국유의 문제를 둘러싸고 량치차오와 격렬하게 논쟁을 주고받게 된 주요한 단서가 되었다고 할 수 있다.[56]

『민보』와 1905년 러시아혁명

군국민교육회 암살단의 일원으로 활동하던 황싱(黃興)과 궁바오촨(龔寶銓)은 각각 후난 성 창사(長沙)와 상하이로 돌아가 비밀결사단체인 화흥회와 광복회를 창설했다. 저장 지역 출신인 장빙린과 차이위안페이 등은 광복회의 일원이었다. 암살과 봉기를 외친 이들 단체들은 쑨원의 주도로 하와이에서 만들어진 흥중회(興中會)와 결합하여 1905년 8월 도쿄에서 중국동맹회를 결성하여 청조의 타도를 본격적으로 외치기 시작했다. 그해 11월에 간행된 중국동맹회의 기관지 『민보』는 만주족 왕조의 전제정치를 타도하자고 외치고, 한편으로는 유럽과 미국에서 경제문제로 인해 동맹파업이 일어나고 무정부당, 사회당이

56 예를 들어 쑨원은 토지국유가 지주의 토지를 몰수하는 것이 아니라 토지가격을 고정시켜 가격의 인상분을 국가가 수납하는 것이라고 설명했다. 「紀十二月二日本報紀元節慶祝大會事及演說」, 『民報』 10.

날로 흥하여 사회혁명이 멀지 않아 발생할 것이라고 예견하면서 "정치혁명과 사회혁명을 수행하여 효과를 한 번에 달성할 수 있다"[57]고 주장했다.

『민보』는 『신민총보』보다 더 상세하게 러시아에서 전개되고 있던 혁명의 소식을 전했다. 즉, 허무당 여걸 소피아 초상(제2호), 러시아 허무당이 스톨리핀 수상에게 테러를 가하는 장면(제9호), 러시아의 성인 톨스토이(제11호), 시베리아 아카투이 감옥에 있는 러시아 혁명당원, 아카투이 감옥 중의 여성 혁명당원(제14호), 러시아혁명당의 비밀회의, 카자크 병사가 시민을 죽이는 장면(제22호) 등 러시아혁명의 과정을 생생하게 볼 수 있는 사진이 게재되었다. 또한 민보사가 러시아 혁명가 비르수트스키를 맞이하는 사진이나 『민보』의 편집에 간여하고 있던 쑹자오런이 비르수트스키와 대담하는 장면 등도 게재했다. 뿐만 아니라 「리투아니아의 독립」(제2호), 「1905년 러시아의 혁명」(제3호, 제7호), 「러시아혁명당의 일보」(제4호), 「러시아 입헌 후의 사정」(제6호) 등 러시아혁명을 소개하거나 분석하는 글도 연이어 다루었다.

『민보』가 상당히 많은 지면을 할애하여 러시아혁명을 소개하고 분석하는 글을 게재한 것에서 알 수 있듯이 청조 타도의 혁명을 외치던 『민보』의 편집진은 러시아의 혁명적 상황에 누구보다도 더 관심을 가졌다. 그렇지만 혁명이 발발한 해 11월에 중국동맹회가 성립되었다고 해서 중국동맹회가 러시아혁명으로부터 직접적인 영향을 받아 성립되었다고 단언하기는 어렵다. 또한 자본주의의 폐해에 따

57 孫文(1905), 「發刊辭」, 『民報』 1.

라 발생한 경제적 문제도 해결해야 한다고 주장한 『민보』의 사회혁명론 또한 러시아혁명으로부터 직접적인 영향 관계를 추적하기도 어렵다. 중국동맹회 성립 이전에 쑨원은 이미 미국 혹은 유럽의 상황을 통해 자본주의의 문제점을 파악하고 있었고, 그가 사용한 '사회혁명' 혹은 '토지국유', '평균지권' 등의 개념 또한 1905년 러시아혁명 이전에 이미 제기된 것이었다. 오히려 중국동맹회가 성립되고 난 이후에 중국동맹회의 구성원 가운데 사회혁명에 관심을 가지고 있던 진영에서 러시아혁명에 심대한 관심을 보인 것이라고 할 수 있다.[58] 러시아혁명에 가장 관심을 보인 것은 역시 러시아에서 온 혁명가를 직접 만난 쑹자오런이었다. 미야자키 도텐의 형인 미야자키 다미조와 함께 비르수트스키와 대담한 쑹자오런은 1906년 3월10일자 일기에 "혁명의 일은 한 방면에서만 착수할 수 없다. 정치혁명만을 강구하면 참된 자유를 얻을 수 없고, 사회혁명만을 강구하면 역시 참된 자유를 얻을 수 없다. 반드시 양자를 모두 갖추어야 자유의 권리를 얻을 수 있고 목적을 달성할 수 있다"[59]고 그날의 대화를 기록했다. 그가 말하는 사회혁명은 정치적 자유뿐만 아니라 노동자, 농민의 경제적 자유까지도 포함하는 혁명이었다.

러시아와 일본의 혁명파들과 연대를 지닌 쑹자오런은 1906년에 러시아혁명을 조명하는 「1905년 러시아의 혁명」을 『민보』에 나누어 게재했다. 그는 이 글의 전반부에서 혁명의 단서, 노동자들의 소요,

58 丁則良(1956), 「評榮孟源同志有關一九○五年俄國革命對中國資產階級革命派的影響的幾個論點」, 吉林大學社會科學學報編輯部, 『人文科學學報』 3.

59 湖南省哲學社會科學研究所古代近代史研究室 校注(1980), 『宋教仁日記』, 湖南人民出版社, pp.152-154.

민란과 군대의 진압, 농민의 폭동, 니콜라이 2세의 10월 선언 이후의 대동맹 파업, 체신대신의 난폭함 등을 설명하고, 후반부에서는 동맹파업의 압박, 10월 30일(러시아력) 총동맹파업의 감격, 인민의 대승리, 인민의 새로운 요구, 비테의 정계, 위기 때의 여론, 혁명 이후의 대세 등으로 나누어 상세하게 러시아혁명의 과정을 기술하고 분석하고 있다. 물론 이 글이 『도쿄 일일신문』의 기사를 번역한 것이므로 쑹자오런 자신의 견해를 피력한 것으로 보기는 어렵다. 그렇지만 그는 글의 말미에서 "러시아혁명은 아직도 끝나지 않았다"[60]고 진단하면서 러시아 인민이 정부에 가하는 혁명과 요구라는 두 가지 방법에 관심을 가졌다. 그는 폭동, 암살, 동맹파업 등 강제력을 동원하여 정부에 반항하는 것을 혁명이라고 정의하고, 요구의 방법만으로는 정치혁명이 성공하기 어렵다는 결론을 내렸다. 나아가 그는 러시아 황실의 전복을 바람직하지 않은 것으로 파악한 량치차오와는 달리, 독재의 군주제는 현대 세계에서 용납될 수 없다는 신념 아래 러시아 황실이 전복되기를 기대했다. 1905년 러시아혁명은 쑹자오런뿐만 아니라 "러시아혁명은 정치혁명과 경제혁명을 병행하고 있다"[61]고 분석한 주수신(朱執信)과 같이 중국동맹회 내부에서 청조를 타도하고 공화제를 지향하는 정치혁명과 민생주의를 강조하는 사회혁명의 병행을 주창하는 자들에게는 혁명의 이론을 강화할 수 있는 현실적 근거를 마련해 주었다고 할 수 있다.

---

60 勥齋(1906), 「一千九百零五年露國之革命」, 『民報』 7.

61 朱執信(1905), 「論社會革命當與政治革命竝行」, 『民報』 5.

6. 맺음말

20세기 전환기에 격변하는 러시아에 대한 청의 인식은 다양한 경로로 변화했다. 정치적 현실을 타개하고 국민국가를 건설하고자 한 청조의 관료와 사대부 그리고 새로운 지식을 추구하는 젊은 학생이나 혁명을 요청하는 진영 사이에서 제정 러시아는 각각 위험한 적국에서 모델 혹은 정치적 연대로 변했고, 제국주의라는 국제정치적 맥락에서 연대에서 전쟁의 상대로 바뀌기도 했다. 러일전쟁의 결과 일본이 승리하고, 제국 러시아가 패배하면서 열강들 내에서 우열의 차이가 발생했다. 입헌을 통해 근대국가를 창출하자는 요구가 점차 강해가던 20세기 초, 러일전쟁의 결과는 중국인의 근대국가 구상에 입헌제도의 우수성을 증명해준 사건이었다. 러시아에서 전개되고 있던 근대사의 모순을 해결하고자 한 허무당 등으로 표상된 아나키즘의 희망 그리고 1905년의 제1차 혁명은 중국의 인식 주체에 따라 서로 다른 방식으로 러시아를 상상하게 만든 소재가 되었다.

20세기 초 러시아를 바라보는 중국의 인식은 다양한 스펙트럼으로 드러났다. 러시아혁명은 청조 당국과 관료들에게 강력한 군주제를 실현할 수 있는 입헌군주제의 준비를 서두르게 하는 계기가 되었다. 이는 러시아가 입헌이 성공했기 때문이 아니라 러시아와 같은 혼란을 미연에 방지하기 위해서 입헌을 해야 한다는 반면교사였다. 무술변법 이후 일본에 망명하여 현실적 권력을 차지하지 못한 량치차오 등과 같은 망명 정치인에게 러시아혁명은 전제정체가 바뀌어야 하는 타당성을 실감하게 하는 계기를 부여하고 지방의회의 중요성을 일깨워주는 계기가 되었지만 한편으로는 혁명으로 인한 내분의 가능성뿐만 아니라 토지국유와 같은 사회주의적 정책의 위험성을 일깨워주는 각성제가 되었다. 중국의 초기 사회주의자 혹은 청조 타도를 내건 젊은 학생과 지식인들은 러시아혁명을 바라보면서 군주제도를 타도하는 정치혁명과 노동자, 농민의 경제적 자유를 확보하려는 사회혁명의 동시성을 주장하는 자신들의 혁명이론을 강화시켰다. 청말의 혁명파들은 암살과 테러 등 아나키즘의 방법을 동원하고자 했기 때문에 허무당의 활동이 활발하게 전개되는 러시아를 노예의 삶을 강요하는 전제의 상징으로 묘사했고, 그러한 상상 속에서 러시아와 청조를 동일한 선상에서 타도의 대상으로 설정한 것이었다. 이처럼 러시아는 중국의 정치 현실과 담론을 형성하는 주체와 맞물려 서로 다른 이미지로 표상되었다.

VII. 량치차오와 '혁명' 개념의 전변: 『청의보』·『신민총보』 시기를 전후하여

이혜경(서울대학교 인문학연구원)

1. 문제 제기

량치차오와 '혁명'은 친연성이 높은 관계가 아니다. 1900년을 전후한 중국의 근대화 과정에서 량치차오는 캉유웨이와 함께 '보황당(保皇黨)' 혹은 '입헌파'를 대표한다. 그 '보황당' 혹은 '입헌파'는 '혁명당' 혹은 '혁명파'와 대비되어 그 의미가 도드라지는 명명이었다. 그들이 대립하던 시기의 '혁명'을 다룬 기존의 연구들은 당연히 '혁명파'와 그 기관지인 『민보』에 집중되었다.[1] 그런데 량치차오에 초점을 맞추면서 혁명과의 관계를 다룬 연구도 있다. 량치차오와 혁명에 관한 연구는 대부분 타이완에서 이루어졌으며, 혁명에 대한 량치차오의 옹호를 조명하고 적극적으로 평가하는 경향이 공통적으로 나타난다.[2] 근대 계몽운동에서 전방위적인 역할을 했던 량치차오는 실제로 번역어 '革命'[3], 즉 근대적인 의미의 '혁명'을 중국에서 가장 먼저 사용한

---

1 신해혁명을 중심에 두고 혁명을 다룬 연구서들은 많다. 그러나 그 이전 시기를 중점적으로 다룬 연구는 그렇게 많지 않다. 『민보』를 중심으로 다룬 朱浤源(1985), 『同盟會的革命理論』, 臺灣: 中央研究院近代史研究所와 『신민총보』의 논쟁을 다룬 亓冰峰(1980), 『淸末革命與君憲的論爭』, 臺灣: 中央研究院近代史研究所가 대표적이다.

2 이 경향의 연구를 대표하는 것은 亓冰峰(1980)과 張朋園(1979)의 『梁啓超與淸季革命』, 臺灣: 中央研究院近代史研究所이다.

3 이하 한자어 '革命'은 한글 '혁명'으로 표기한다.

사람이기도 하다.[4]

동아시아에서 한자어 '혁명'은 근대 시기에 'revolution'의 번역어로서 등장했다. 근대의 정치적인 의미에 한정하더라도 'revolution'은 다의적인 개념이다.[5] 그런데 그 한자어 '혁명'은 'revolution'을 위해 새롭게 만들어진 것이 아니라 중국 고전에도 등장하며 자체의 역사를 갖는 중국 고유의 개념이었다. 이미 다양한 의미로 사용되던 'revolution'이 한자문화권에 들어와 '혁명'으로 번역되면서 한자가 갖고 있던 의미가 덧보태져 더욱 복잡하게 되었다.[6]

이런 사정도 가세해서 량치차오가 처음 사용했다는 근대적 번역어 '혁명' 개념은 넓은 외연을 가진 것이었다. 그 무엇보다 량치차오의 '혁명' 개념 사용에 가장 두드러진 영향을 준 것은 사회진화론이다. 당시 여느 중국인처럼 량치차오 역시 사회진화론을 변혁의 이론

---

4 陳建華(2000), 『革命的現代性: 中國革命話語考論』, 上海: 古籍出版社, pp.221-223.

5 "revolution"은 공학에서는 순환운동의 단위이고 정치학에서는 갑작스러운 방향으로 변화하는 것을 지칭한다. 점성학과 관련해서 순환운동을 하는 행성이 중요 국면에 도달했을 때 발생하는 것으로 여겨졌다고 한다. 1688년 영국의 명예혁명이 동시대인들에게 '혁명'으로 불려지기까지 혁명은 매우 넓은 의미를 지닌 용어였다. 또 현대에는 사회공학적인 은유로 자주 사용되는 말이 되었다. Peter Calvert(1990), *Revolution and Counter-Revolution*, 김동택 옮김(2002), 『혁명』, 이후 참조. Peter Calvert는 혁명들의 모델 연구를 통해 '혁명'은 최소한 다음의 네 측면을 갖는다고 정리한다. 1) 기존 정부나 체제에서 이탈해서 적대하는 과정, 2) 무력을 사용하거나 사용하겠다는 위협을 확산시켜 정부를 전복하는 사건, 3) 기존 체제를 지탱했다고 여겨지는 사회의 주요 공리를 변화시키겠다는 후속 정부의 강령, 4) 이상적인 사태를 설명하는 정치적 신화. Peter Calvert(1990), pp.18-21.

6 金觀濤 · 劉青峰(2008), 『概念史研究: 中國現代重要政治術語的形成』, 양일모 외 옮김(2010), 『관념사란 무엇인가』, 푸른역사, pp.470-479. 이 책은 고전어 '혁명'이 갖는 가장 큰 특징으로 역성혁명을 꼽고, 천도와 관련되어 도덕의 의미를 갖는다는 점도 '혁명'의 특징으로 꼽았다.

으로 받아들였고, 진화를 위해 반드시 거쳐야 할 관문으로서 '혁명'을 받아들였다. 그러므로 그가 처음 사용한 '혁명'은 '진화'만큼이나 긍정적인 것이었다. 량치차오의 '혁명'저 성향을 적극적으로 평가했던 기존의 연구들은 량치차오가 일정한 시기 '민주공화'를 주장했다고 강조하는데, 실제로 그 연구들이 전거로 삼는 것은 대부분 량치차오가 '진화'의 의미로 사용한 '혁명'이다.[7]

'혁명'이 구체적인 것으로 다가오면서 넓은 외연을 가졌던 '혁명' 개념은 점차 그 외연을 좁혀 간다. 량치차오 역시 지속적으로 자신이 사용하는 그 개념을 명료화해간다. 자신의 개념 사용으로 초래되는 의도하지 않았던 파장을 차단하고 자신의 정치적 입장을 분명히 하기 위해서였다.

'Revolution'에는 없었던, 중국의 고전어 '혁명'이 갖고 있던 대표적 의미는 왕조교체, 즉 '역성(易姓)'이었다. 량치차오는 근대어 'revolution'에 이 의미가 없으므로 '혁명'이 적절하지 않은 번역어라고 지적하며 '변혁(變革)'이라는 번역어를 제안한 적이 있다. 그러나 '혁명'은 이후 더욱 왕성하게 사용되면서 정착되어 갔다. 당시 통용된 '혁명'은 이처럼 고전어의 의미에 대한 반성을 거치며 사용된 근대적인 개념이었지만 그 실상을 보면 량치차오도 그 반대파도 고전어 '혁

---

7 이 경향의 연구를 대표하는 것은 亓冰峰(1980)과 張朋園(1979)이다. 실제로 량치차오의 혁명 시향을 증명해줄 문서는 남아있지 않고 다른 사람들의 편지글에서 파편적으로 언급되는 정도이다. 기빙봉이나 장붕원이 반청 '혁명'으로 기울었다고 주장하면서 전거로 들고 있는 것은 량치차오의 1900년 말~1902년 사이의 글들로, 본문에서 설명하듯이 진화의 맥락에서 사용한 것이다. 본문 제2절에서 논하는 한편, 기빙봉이나 장붕원의 오독에 대해서는 각주를 통해 지적했다.

명'과 완전히 절연하지는 못한다. 즉, 이 중국인들은 '혁명'에서 역성혁명의 의미를 완전히 벗어던지지 못했다. 이들의 근대화가 그러했던 것처럼 이 '혁명' 개념에서도 중국적인 특성은 제거되기 어려웠다.

본고는 량치차오의 '혁명' 개념이 어떻게 변주되고 어떻게 정착되어 가는지를 계몽운동가로서 그의 전성기였다고 할 수 있는 『청의보(淸議報)』(1898~1901), 『신민총보』(1902~1907) 시기를 전후하여 살펴보고자 한다. 이 시기는 또한 멀지 않은 곳에서 실제로 일어난 1905년 러시아혁명을 전후한 시기이기도 하다. 1905년은 러일전쟁과 겹쳐지는 시기로, 1905년의 혁명과 전쟁은 동아시아 판세에 획을 그은 중요한 사건이었다.[8] 1905년 혁명은 전쟁에 가려져 그 중요성에 비해 지금까지 동아시아에서는 거의 조명되지 않은 혁명으로 남아 있으나 혁명 그 자체로도 중요한 역할을 하였다. 당시 러시아는 중국과 함께 청산되어야 할 구폐의 전제국가로서 인지되었으며, 러시아혁명은 인민의 자각과 행동에 의해 전제정치의 청산을 도모하려는 움직임으로 이해되었다. 러시아혁명은 같은 과제를 안고 미래를 개척해야 할 중국인에게 대단히 예민한 사건이었다. 긍정적이든 부정적이든 중국의 애국지사들은 그 혁명에 대한 자신의 입장을 표명하면서 노선을 분명히 해갔다. 입헌군주제를 지향하는 개량파로서 량치차오는 이 혁명이 지향하는 것과 다르지 않은 지향을 가졌음에도 '혁명'에 대한 부정적인 입장을 보다 더 분명하게 정리해 간다. 러시아혁명은 '혁명' 개념뿐

---

8 동아시아 판도 변화의 전기로서 1905년과 러일전쟁을 다룬 책으로 야마무로 신이치(2010), 정재정 옮김, 『러일전쟁의 세기: 연쇄시점으로 보는 일본과 세계』, 도서출판 소화 참조.

아니라 이와 연동된 자유, 입헌, 민주 등 근대적 가치들에 대한 보다 구체적인 고민과 모색을 추동하였다.

본고는 량치차오가 사용하던 '혁명' 개념의 의미가 부유하던 지점을 밝힘으로써 '혁명'에 대한 그의 입장이 형성되기까지의 실상을 보여줄 수 있을 것이다. 이를 통해 유가적 전통을 가진 중국인이 '혁명'에 대해 품을 수 있는 찬반의 논리와 함께 한편에서는 이 논리 뒤에 서려 있는 파토스도 엿볼 수 있을 것이다. 또한 동아시아의 근대적 판도 편성에 지대한 역할을 했으면서도 충분히 고려되지 못한 러시아를 시야에 넣음으로써 보다 입체적으로 당시를 이해하는 데 도움을 주리라 생각한다.

2. 진화의 관문으로서 '혁명'

'입헌파'와 '혁명파' 모두 청일전쟁에 패배한 후에 결성된 단체로, 중국의 생존을 위해 정체의 변경이 절실하다는 판단을 공유했다. 1895년 2월, 쑨원은 하와이 흥중회에 이어 홍콩에서 흥중회를 결성하고 공화정부 창립의 전제로 "오랑캐를 몰아내고 중화를 회복하자"는 기치를 내걸었다. 같은 해 8월 캉유웨이와 량치차오는 『만국공보』를 발간하고 입헌정치로의 개혁을 선전하기 시작했다.[9] 혁명파는 '종족혁명'이 동반되어야만 '정치혁명'도 성공할 수 있다고 생각했지만, 입헌파는 광서제와의 연대를 유지하면서 입헌군주제로의 이행을 도모했다. 그러나 한동안 '혁명' 개념은 혁명파의 전유물이 아니었다. '혁명'

---

9 두 파의 형성에 관해서는 亓冰峰(1980), pp.9-17 참조.

은 '체제 전복'이라는 의미로 사용되는 한편에서 '진화'와 동류 개념으로 사용되었기 때문이다.

량치차오의 글에서 가장 먼저 보이는 '혁명' 개념은 1898년 12월, 『청의보』 창간호에서 사용되었다. 량치차오는 혁명파를 향해 생존경쟁의 시대에 외부 종족과의 경쟁에서 이기기 위해서는 만주족과 한족이 협력해야 한다고 역설했다.[10] 나아가 민지(民智)가 열리지 않아 자유를 이해하는 백성이 적은 때이므로 혁명을 해도 미국처럼 독립을 얻는 것이 아니라 프랑스처럼 부패가 수반될 것이라고 경고했다.[11] 민주제로의 이행을 기도하는 '혁명파'를 상대로 이러한 설득이 유효하다고 생각한 것은 중국의 '진화'를 위한 것이라는 목표는 공유한다고 판단해서였다. 혁명 역시 진화의 대법칙 안에 있으므로 점진적인 단계를 밟아야 한다고 생각한 것이다.

그런가 하면 1899년 9월 「음빙실 자유서 · 국권과 민권」[12]에서는 프랑스혁명과 나란히 백인종의 위협으로부터 자유권을 찾으려 한 일본의 '유신'도 '혁명'으로 명명했다. 프랑스혁명과 일본의 유신은 각각 '민권'과 '국권'을 위해 자유권을 수호한 것으로 평가되었다. 앞에서 '미국혁명', '프랑스혁명' 등의 예로 '혁명'을 사용한 것을 보면 군주제를 청산하고 민주제로 이행하는 것을 염두에 두고 '혁명'을 사용한 듯

---

10 任公(1898), 「續變法通議 · 論變法必自平滿漢之界始」, 『淸議報』 1, pp.7-12. 발간일자는 양력. 「변법통의」는 1896년부터 상해에서 발간된 『시무보』에 연재되던 글이다. 『淸議報』는 량치차오가 일본에 망명하여 바로 발간하기 시작한 잡지로, 「續變法通議」라는 이름으로 계속하여 연재하였다. 任公은 량치차오의 필명 가운데 하나.

11 梁啓超(1899), 「續變法通議 · 論變法必自平滿漢之界始」, 『淸議報』 2, p.68.

12 梁啓超(1899), 「飮氷室自由書 · 國權與民權」, 『淸議報』 30, p.5.

도 하나 여기서와 같은 '혁명' 사용이라면 입헌파가 지향하는 개혁도 일본의 '유신'과 다르지 않은 것으로 '혁명'의 범주에 넣을 수 있다. 프랑스혁명이나 일본의 유신은 자유권의 수호라는 '진화'의 행위이기 때문에 '혁명'으로 명명된 것이다.

그 열흘 뒤의 「자유서 · 강권에 대하여」[13]에서는 자유권은 천부적으로 주어진 것이 아니라 실력에 의해 쟁취해야 하는 것이라며 강권의 확대를 문명의 진보와 동일시한다. 그 전제 하에서 '종교혁명', '정치혁명', '경제혁명', '여권혁명' 등이 모두 강권의 확대라고 설명된다. '혁명'이 정치 영역에서의 급격한 변화뿐만 아니라 모든 영역에서의 급격한 변화를 가리키는 말로 일반화되어 사용되는 것을 볼 수 있다. 한편, 앞의 「국권과 민권」에서 국권과 민권을 같은 차원에서 '자유권'으로 다룬 데 이어 여기에서는 권리의 확대가 문명의 지표라고 하면서도 자유권을 강권에 의해 성취하는 것이라고 정리했다. 자연권에 근거한 기본권으로서의 자유, 정치적 지배로부터의 자유 등 근대유럽에서 발원한 근대적 자유와는 거리가 있는 자유 이해라고 할 수 있다.

1901년 10월 「자유서 · 유신도설」[14]에서는 정치적 변화를 위한 모든 운동을 '유신'이라는 말로 포괄한다. 운동의 주체, 이념, 추구하는 정체, 온건인가 급진인가 등에 따라 혁명당, 근왕당, 군주입헌, 민주입헌 등으로 나열되는데, 그 모든 것을 '유신'으로 포괄하고 있다. 이 글은 "국민을 위하는 마음(心術)이 있다면 당파와 목적, 주의, 방법을 따질 필요가 없다"는 말로 마무리된다. '유신'이라는 말은 역성혁명과

13 梁啓超(1899), 「飮氷室自由書 · 論强權」, 『淸議報』 31, pp.4-7.

14 梁啓超(1901), 「飮氷室自由書 · 維新圖說」, 『淸議報』 93, pp.1-2.

맥이 닿는 중국의 고전 용어이지만 일본의 메이지 유신 때문에 역시 근대적인 진보의 의미로 받아들였을 것이다.

1902년 『신민총보』에 실린 「신민설 · 제7절 진취와 모험」에서는 19세기에 시체가 언덕을 이루는데도 유럽에 혁명의 풍조가 퍼졌다고 소개하면서, 그것은 "백성이 나라를 사랑하고 스스로를 사랑"했기 때문이며 목숨을 바치면서 혁명에 임할 수 있었던 것은 삶보다 자유를 더 중요시했기 때문이라고 상찬한다.[15] 그 한 달 뒤에 실린 「신민설 · 제9절 자유」에서는 자유는 '천하의 공리'이고 구미 여러 나라가 근대국가를 세운 "뿌리이고 원천"이라고 하면서 '혁명'이 그 '자유'를 성취하는 수단이라고 소개한다. 그 관점에서 '프랑스 대혁명'의 기운이 전 유럽을 진동시켜 거의 모든 나라들이 입헌과 자치를 성취했다고 프랑스혁명을 평가한다. 혁명은 "공공의 적을 향한 것으로 사적인 이익 때문이 아니다"라는 설명도 덧붙였다.[16]

앞에서 열거한 량치차오의 '혁명' 개념을 보면 정체의 변화로 시작해서 급격한 변화라는 함의를 갖는 근대적 용어로 사용하면서도 일정한 내포를 갖는 안정된 개념으로 사용하는 것은 아님을 확인할 수 있다. 그 유동하는 개념 사용으로부터 두 가지 특징은 지적할 수 있다.

하나는 '혁명'을 사회진화론의 맥락에서 받아들이고 사용했다는 점이다. 량치차오에게 사회의 진화는 '문명'의 성취와 직결되는 것이었고 사회진화는 우승열패의 법칙에 의해 진행되는 것이었다. 그리

15 中國之新民(1902), 「新民說五 · 第七節 論進取冒險」, 『新民叢報』 5, pp.1-11. 中國之新民은 량치차오의 필명 가운데 하나. 『신민설』은 한국어 번역본인 양계초 지음, 이혜경 주해(2014), 『신민설』, 서울대학교출판문화원 참조.

16 中國之新民(1902), 「新民說七 · 第九節 論自由」, 『新民叢報』 7, pp.1-8.

고 당시 유럽제국으로부터 영토 분할의 위협을 받고 있던 중국으로서 우승열패의 주체는 국가였고 문명은 국민국가의 건설과 거의 동의어였다. 승리에 의한 진보, 그 과정에서 성취되는 문명은 국가의 존망을 좌우했다. '문명의 진보', '국민을 위하는 마음', "공공의 적을 향한 것으로 사적인 이익 때문이 아닌 것" 등의 언설에서 그러한 량치차오의 이해를 엿볼 수 있다. 민권과 국권이 자유권이라는 범주 안에 같이 묶였다는 것도 같은 배경을 갖는다.

량치차오가 러시아를 본격적으로 다루면서 가졌던 관심 역시 민지, 자유, 진보, 혁명 등의 용어들로 설명된다. 1901년 『청의보』「자유서 · 러시아인의 자유사상」에서 미국이 공화주의에서 제국주의로 바뀌고, 러시아와 중국은 전제주의에서 자유주의로 바뀐다면 미국, 중국, 러시아가 20세기의 세계를 좌우할 것이라고 전망한다. 특히 중국과 러시아는 국토가 넓고 인민이 겪는 고통의 수준이 비슷하며 군권이 강한 것도 비슷하다고 진단하고 "그러므로 오늘날 중국을 위해 일을 꾀하는 데 러시아를 거울 삼는 것보다 좋은 것은 없다"고 말한다. 이 글은 러시아 혁명당원의 책을 소개하는 것이었다. 이 책을 량치차오는 "러시아 국민의 '개혁' 사상이 지난 5년간 급속히 진보"했다는 것으로 요약하고, 구체적으로는 황제에게 청원을 넣어 인민이 국사에 참여할 권한을 얻으려 한 것, 민지가 개발되면 전제정치는 저절로 전복되리라는 것, 교육을 받은 러시아 국민은 '혁명'정신이 활발하다는 것 등을 언급한다.[17] 황제의 존속을 부정하지 않으면서 전제정치의 전

17 梁启超(1901),「飮氷室自由書 · 俄人之自由思想」,『淸議報』96, pp.1-4.

복을 예상하는 표현으로 판단하면 입헌군주제로의 이행을 기대하고 있는 것이다. 그러면서 '개혁'과 '혁명'을 구별하지 않고 사용하고 있다. 정체의 진화를 전제-공화-제국주의로 전망하면서 중국과 러시아의 경우, 전제 다음의 단계를 '공화'가 아니라 '자유'로 지칭하고 있는 것도 그러한 속내를 반영하는 것으로 보인다.

이와 같이 '혁명' 개념이 '진화'의 맥락에서 받아들여졌다는 특징 외에 또 다른 특징은 량치차오가 사회진화론을 단순히 객관적인 운동 법칙으로만 받아들인 것이 아니라 추구해야 할 가치로도 받아들였다는 점과 관련된다. 그 문제는 그가 자유와 강권의 관계를 이해하는 방식에서 상징적으로 드러난다. 량치차오의 언급에서도 드러나듯이 '자유'는 당위의 가치이지만 '강권'은 힘이 곧 진리라는 입장이다. '자유'가 '강권'에 의해서만 얻을 수 있는 것이라면, 자유는 강권에 종속되는 것이고 그러한 자유라면 특권계층이 누려온 과거의 자유일 뿐, 근대의 '문명'으로서 '자유'는 아니다. 즉, 그가 '천하의 공리'이자 '근대국가'의 '뿌리'로서의 '자유'라고 한 것은 '강권'과 자연스럽게 양립할 수 있는 것이 아니었다.

그러한 불협화음은 사회진화론의 성격, 나아가 근대문명 자체의 성격과 연동된 것이다. 문명은 인민 일반의 자유라는 가치를 실현시켰다고 하지만 량치차오도 파악하고 있듯이 실제로 자연권으로서의 자유를 현실에서 성취한 자들은 타인의 자유를 억압하는 일을 마다하지 않았다.[18] 국민국가의 성취에 의한 인민의 해방은 외국의 식민지

18 「飮氷室自由書 · 論强權」에서 그는 "자유권을 얻고 싶으면 강자가 되어야 한다"는 논리로 "강권과 자유권의 본체는 분명 둘이 아니다"라고 말한다. "전에는 오직 상위자만

개척과 거의 동시에 일어났고 내국민의 자유 신장은 식민지민의 자유를 억압하는 것과 양립했다. 즉, 문명의 성취에는 보편적 가치 추구라는 명분과 실력에 의한 성취라는 현실이 화해되지 못하고 병존하고 있었다. 문명으로 표상되는 근대적 가치들은 경쟁에 의해 성취되는 것이고, 경쟁의 승자만이 그 가치들을 성취하는 것이라고 받아들인 량치차오의 입장에서 그 근대문명이 안고 있는 원천적인 모순에 대해 인지하고 비판하는 일은 쉽지 않았을 것이다.

혁명을 문명을 향한 진보의 관문으로 보는 관점이 량치차오의 혁명관에 일관된 것이라면 그 문명의 양면성과 그에 대한 량치차오의 의식되지 않은 혼란이 그의 혁명관에도 반영되어 있다고 할 수 있다. 량치차오는 프랑스혁명에 대해 일정한 태도를 유지하지 못한다. 프랑스혁명은 전제권력에 대한 국민의 저항이 폭발한 혁명이다. 량치차오의 표현에 의하면 자유에 대한 사랑이 폭발한 것이다. 자유가 가장 중요한 가치라면 프랑스혁명은 그대로 긍정되어야 한다. 그러나 량치차오에게 자유가 중요했던 것은 그것이 근대국가를 이룰 힘의 원천이기 때문이었다. 자유를 위한 투쟁도 국권에 이바지하는 것이어야 명쾌하게 긍정적인 것이 되었다. 그렇기 때문에 그에게는 민권과 국권이 서로 갈등을 일으킬 수 있다는 생각은 일어나지 않았다. 민권이 국권의 원천이라고 생각했기 때문이다.

진화는 중국의 생존을 보장하는 길이었기 때문에 가치였다. 혁명 또한 중국의 생존을 보장하는 진화였기 때문에 가치였다. 그러나 량

자유권이 있었는데 지금은 하위자도 자유권이 있다"와 같은 언설에 의해 이것이 문명시대의 자유의 특징이라고 주장하는데 실상은 여전히 강자만이 누릴 수 있는 자유이다.

치차오가 우승열패의 논리에 완전히 투신하여 '우월한 승자' 되기만을 목표로 내세운 것은 아니었다. 강한 국가를 위해 헌신할 준비가 되어 있는 그는 강한 국가를 만들 유능한 사람이라는 칭찬보다는 '가치'에 헌신하는 사람 혹은 '국민을 위하는 마음(心術)'뿐인 신실한 사람이라는 칭찬을 더 원했을 것이다.

3. 폭력혁명과 거리 두기: 추구해야 할 개혁의 방식과 영역

앞에서 보았듯이 량치차오가 '혁명'이라는 개념을 사용하기 시작했을 때는 '진화'와 연동하여 포괄적인 의미를 담고 있다. 정치영역 밖에서도 '종교혁명', '경제혁명', '여권혁명'[19] 등으로 사용했을 뿐 아니라 '시계혁명(詩界革命)',[20] '소설계혁명'[21] 등 '혁신적 변화'라는 일반적인 의미로 폭넓게 사용했다. 그러나 곧 량치차오는 '혁명'을 '폭력', '유혈'과 연관 짓고, 그와 동시에 '혁명'을 자신의 정치노선에서 분명하게 배제한다.

1902년 7월 「신민설 · 제11절, 진보」에서 량치차오는 '프랑스혁명'과 같은 고유명사를 지칭할 때는 '~혁명'이라는 말을 사용하는 한편, 일반명사 '혁명'에 해당하는 용어로는 '파괴'를 사용하기 시작한

---

19 梁啓超(1899), 「飮氷室自由書 · 論强權」, 『淸議報』 31, p.7.

20 '시계혁명'이라는 용어가 가장 먼저 사용된 것은 1899년 말의 『夏威夷遊記』에서이다. 량치차오 시계혁명의 구체적인 전개에 대해서는 민정기(1993), 「晩淸 詩界革命과 梁啓超의 詩界革命論 硏究」, 서울대학교 대학원 석사학위논문 참조.

21 '소설계혁명'과 관련해서는 1902년 잡지 『新小說』의 발간으로 적극적인 활동이 시작되었으며, 그 소설의 '문명적' 효용성에 관해 논한 「論小說與群治之關係」가 그 창간호에 실렸다. 량치차오의 소설계혁명에 대해서는 김태관 · 권혁권(2009), 「梁啓超의 "소설계혁명" 이론이 중국의 근대소설에 미친 영향분석」, 『中文學』 32 참조.

다.[22] 그리고 "철과 피로써 단행하는" 파괴와 "머리와 혀로써 단행하는" 파괴, 즉 '유혈파괴'와 '무혈파괴'를 구별한다. 또한 무혈파괴와 유혈파괴를 각각 '의지적인 파괴'와 '자연적인 파괴'로도 구별했다. 의지적인 파괴인 무혈파괴에는 '건설'이 뒤를 이을 것이며 "진화의 움직임은 무궁히 전개될 것"이라고 전망하는 것을 보면 이전까지 포괄적으로 혁명이라고 부른 것 가운데, 실제로 평가하고자 했던 '진화'로서의 변화를 '무혈파괴'라는 용어로 좁힌 것이다. 반면 '자연적인 파괴', 즉 의지와 무관한 파괴로 분류된 유혈파괴에 대해서는 연속되는 파괴만 있고 그 결과 백성의 고통과 내부의 부패만이 있을 것이라고 폄하했다. 명예혁명을 가리켜 영국이 "파괴를 꺼렸다면 이후의 영국이 18세기 말의 프랑스처럼 안 되었으리란 법이 없다"[23]고 말하는 데서 프랑스혁명에 대해 가졌던 양가감정 역시 부정적인 방향으로 정리하고 있음을 볼 수 있다. 유혈파괴는 주체도 없고 의도도 없고 좋은 결과도 기대할 수 없는, 진화와 무관한 파괴라고 처리하는 것이다.

이후 약 5개월 뒤인 1902년 12월에 량치차오는 '혁명'의 번역 문제를 다룬다. 한자어 '혁명'에 들어 있는 부정적 이미지를 피하려는

22 '파괴'는 『청의보』 30(1899), 「破壞主義」에서 다뤄진 적이 있다. 여기에서 파괴주의는 진보의 동력으로 소개된다. 일본의 이토 히로부미, 오쿠마 시게노부, 이노우에 가오루 등 무사 출신 메이지 초기 정치가들의 정치운동 핵심이 파괴주의라고 설명한다. 특히 이 글에서 "오늘날 중국에 가장 적합한 것은 루소 선생의 민약론"이며, 루소는 18~19세기 초반 유럽에서 효과가 있었고, 일본 메이지 5~16년에 효과가 있었으며, 이제는 중국 차례라고 루소를 긍정적으로 평가한다. 亓冰峰(1980)는 이 글을 인용하면서 량치차오의 혁명고취의 근거로 제시하는데(pp.68-69), 이때 량치차오의 '혁명'은 일본의 '유신'을 포괄하는 넓은 의미를 갖는 개념이었다.

23 中國之新民(1902), 「新民說 · 第十一節 論進步」, 『新民叢報』 10 · 11.

의도에서지만 이를 통해 용어 나눠 쓰기에 대한 고심도 해결하고자 한다. 핵심은 '혁명'이 'revolution'의 번역어로 적절하지 않다는 것이다. 그 이유는 고전어 '혁명'이 갖는 부정적인 이미지 때문이다. 즉, 'revolution'은 '포악한' 전제정치를 청산하고 '인(仁)'이 대신 들어앉는 문명을 향한 진화인 반면, 고대 중국의 '혁명'은 단지 "포악함이 포학함을 대신하는" '야만쟁탈시기'의 일이기 때문이라는 것이다. 량치차오는 '손익', '점진', '부분'의 특징을 가진 'reform'에 대해 '改革'이라는 번역어를 제안하고, "뿌리에서 뒤집어 별개의 신세계를 만드는 것", '급격함', '전체'의 특징을 가진 'revolution'에 대해서는 '變革'이라는 번역어를 제안한다.[24]

량치차오가 적절한 번역어를 고심한 이유도 여전히 번역어 '혁명'에서 '진화'의 의미를 중시하였기 때문이다. 그러나 량치차오의 소망과는 달리 '혁명'이라는 번역어가 량치차오가 제시하는 번역어 '변혁'에 밀려 도태되는 일은 일어나지 않는다. 추용의 『혁명군』이[25] 혁명의 열기를 고조시키는가 했더니 여기저기에 흩어져서 활동하던 혁명파가 쑨원을 중심으로 집결하기 시작했다. '혁명'은 바야흐로 시대의 화두가 되어 갔다.

'정치혁명'과 '종족혁명'으로 구호화되었던 혁명파의 방향은 1905년 동맹회 발족과 함께 '민권, 민족, 민생'의 '삼민주의'로 정리된다. '정치혁명'과 '종족혁명'을 각각 '민권'과 '민족'으로 대신하고, '민생'

---

24 中國之新民(1902), 「釋革」, 『新民叢報』 22, pp.1-8.

25 『혁명군』은 한국어로 번역되었다. 태평양객 외 지음, 신광동 외 옮김(2011), 『20세기 초 반청 혁명운동 자료선』, 성균관대학교출판부 참조.

을 새롭게 덧붙인 것이다. '민생'은 사회주의에 대응하는 쑨원 식의 해석으로 '사회혁명'으로도 불린다.[26]

그런데 혁명파만 이렇게 개혁의 영역을 정비하면서 비대상을 구체화해간 것은 아니었다. '혁명' 개념에 대해 명확히 정리한 량치차오는 더 이상 '혁명' 개념을 자신의 정치적 수단으로 사용하지 않는다. 『신민총보』 창간호 발간 취지에서 이미 중국의 "전도를 위해 오로지 국민의 공리공익을 목적으로" 하며, "중국의 진보를 이끄는 것이 '점진(漸)'에 의한 것"임을 믿는다고 밝혔다. 교육을 주안으로 하고 정론은 부차로 한다는 점도 천명했다.[27] 무혈파괴, 교육에 의한 점진적인 진보, 즉 '개혁'을 정치운동의 수단으로 삼겠다고 진즉에 표방한 것이다. 군주입헌을 목표로 교육에 주력해서 점진적인 진보를 추구한다는 량치차오의 '개혁'은 이미 1901년 6월 「과도시대론」에서 그 영역 나누기의 단초를 보여줬다. 그는 최근 200년을 '과도기'로서 '변화'의 시대라고 규정하고, 변화해야 할 영역으로 '정치, 학문, 도덕'을 꼽았다.[28] 실제로 량치차오의 '점진적 개혁' 노력은 이 세 영역에서 이루어졌다.

정치영역에서 량치차오는 거의 흔들림 없이 입헌군주제를 지향해왔다. 1901년 6월 『청의보』 「헌법 수립에 관한 논의」에서 세계의 정체를 군주전제, 군주입헌, 민주입헌으로 분류하고, "군주입헌이 정체 가운데 가장 양호한 것"이라고 분명히 말한다. 민주입헌에 대해서는 정치방략의 변화가 너무 쉽고 빠르다는 점, 대통령 선거의 경쟁이 너

26 孫文(1905), 「發刊詞」, 『民報』 1, pp.7-9.

27 『新民叢報』 창간호(1902. 2. 8.) 장정에 인쇄된 말.

28 任公(1901), 「過渡時代論」, 『淸議報』 83, pp.1-4.

무 과열된다는 점 때문에 국가의 행복에 방해가 된다는 점을 단점으로 지적했다.[29] 이는 민주입헌을 군주입헌의 다음 진화단계로 두는 입장이 아니다. 이 둘 사이의 단계 매기기에 대한 분명한 의견은 보이지 않지만 군주입헌을 민주입헌과 최소한 동급의 단계로 두는 것이다.

일찍부터 새로운 시, 새로운 소설의 중요성에 주목해왔던 량치차오는 『신민총보』 창간 시기와 비슷하게 학술영역에서도 '개혁'을 시도했다. 유혈이든 무혈이든, 혁명이든 개혁이든 그것이 의미 있다고 평가하는 것은 진화의 도정이라고 인정하기 때문이다. 시나 소설 역시 기본 개혁방향은 량치차오가 진화를 해석하고 진화의 방식을 판단하는 전체적인 역사관 안에 있다. 국가의 존립이 최대의 가치이고 국가 존립은 우승열패의 메커니즘 속에서 판결난다. 소설이나 시의 가치도 진화에 이바지할 때 평가되는 것이었다.

거의 같은 시기에 량치차오는 유럽의 학술사를 전범으로 두고 중국 학술사를 정리하는 일에도 착수한다. 『신민총보』에 연재된 「중국 학술 사상 변천의 대세를 논함」이 그것이다. 중국 학술사에 반영된 문명진화사를 정리할 의도로 집필된 것이었다. 그러한 의도는 황종희(黃宗羲)나 왕부지(王夫之)를 '경세치용'뿐 아니라 '과학실험'의 특징으로 평가한다든지, 황종희를 루소에 비견하고 왕부지를 국민평등을 주장한 인물로 평가한다든지 하는 서술에서 드러난다. '욕망'을 긍정했던 대진(戴震)의 철학을 서양 근세의 '쾌락주의 철학'과 같은 것으로 이해하기도 하는데, 역시 최종적인 평가는 '국가' 이익에의 기여 여

---

29 愛國者草議(1901), 「立憲法議」, 『淸議報』 81, pp.1-5. 愛國者草議은 량치차오의 필명 가운데 하나이다.

부로 판결된다. 혜동(惠棟), 대진으로 대표되는 청조의 고증학은 사람들의 정력만 소비하게 했을 뿐 "국가에 무익했다"는 판결을 받는다.[30]

량치차오가 개혁의 또 다른 영역으로 꼽은 '도덕'은 그가 가장 주력했던 과업이었다. 량치차오는 중국의 진화를 위한 가장 근원적인 힘, 길러야 할 가장 중요한 것은 '도덕'이라고 판단했다. 소설의 효용을 평가한 가장 큰 이유는 글이 쉽기 때문에 계몽에 용이하다는 것이었는데, 그 계몽의 내용으로 가장 중요한 것은 지식이 아니라 도덕이었다. "한 나라의 국민을 새롭게 하려면 먼저 한 나라의 소설을 새롭게 해야 한다"고 운을 뗀 량치차오는 "도덕을 새롭게 하려면 반드시 소설을 새롭게 해야 한다"고 말했다.[31] 직접적으로 '도덕'을 새롭게 하는 작업은 소설보다는 어려웠을 「신민설」을 통해 이루어진다.

이처럼 량치차오는 폭력과 유혈의 혁명 대신 도덕, 학문, 정치의 개혁으로 당면한 현실을 개척해나가고자 했다. 그러나 명목만 보면 과거 유학자들이 세상을 경영하면서 중시하던 영역과 다르지 않다. 이것으로 과연 적자생존의 경쟁터에서 살아남을 수 있을 것인가? 폭력혁명을 거부하는 량치차오는 모든 폭력을 부정하는가? 중국을 넘보며 도발하는 외국에는 어떻게 대처할 것인가?

1903년 『신민설』 「논사덕」편[32]에서 량치차오는 중국의 사덕이 타

---

30 「論中國學術思想變遷之大勢」는 『新民叢報』 제3호(1902)부터 제58호(1904)까지 간헐적으로 연재되었다.

31 「論小說與群治之關係」, 『新小說』 1(1902).

32 「論私德」편은 세 번으로 나누어 연재되었다. 첫 부분은 1903년 10월 4일자 『신민총보』 제38 · 39합호에, '3. 사덕의 필요(三私德之必要)'부터는 제40 · 41합호(1903)에, 마지막 부분은 제46 · 47 · 48합호(1904. 2. 14)에 실렸다. 1903년 2월부터 12월까지 량치차오는 미국에 머물렀으며, 실제 38 · 39호는 일본에 돌아온 후(1903년 12월 이후)

락했다고 평하면서 그 이유 중에 하나로 "누차에 걸친 전쟁의 패배로 인한 좌절"을 꼽는다. 그런데 그 '전쟁'은 다시 '본국내란(本國內亂)'과 '외국전쟁(外國戰爭)'으로 나뉜다. 그는 '내란'을 "가장 상서롭지 않은 것"으로 꼽으며 승패와 관계없이 민덕(民德)에 최악의 영향을 미치는 것이라고 평한다. 그리고 그 '내란'의 예로 '프랑스혁명'을 꼽으며 동족끼리의 살상으로 민기를 지나치게 손상하여 결국은 민주정치를 성취하는 것도 막아버렸다고 진단한다. 반면 외국과의 전쟁은 진 경우와 이긴 경우를 가른다. 전쟁에 지고 나아가 정복당하면 국민들 고유의 본성이 변하고 낙후하는 반면에 정복하는 나라가 되면 국민의 성격은 공명심, 적개심, 자각심 등 긍정적으로 변한다고 평가한다. 그에 의하면 "외부와의 전쟁을 통해 스스로 정복자가 되면 전쟁을 한 번 치를 때마다 민덕은 한층 높아진다."[33]

진화의 원리를 받아들이고 그에 맞춰 생존경쟁의 세계에서 중국이 승자가 되도록 하는 데 헌신하는 일은 여러 가지 변화를 요구하는 일이었다. 그들이 피부로 인지한 대로 정글의 세상이었다. 승자가 되기 이전에 생존하기 위해서는 이겨야 했다. 이것은 도덕이나 학문으로 할 일이 아니었다. 그러나 전쟁을 승리로 이끌기 위해서는 내부의 단결이 필요했다. 량치차오는 그 내부에서는 이전과 같은 세상을 유지하고자 했다. 내부 구성원의 도덕성에 의한 협력에 외부 전쟁에 이길 실력을 쌓고자 했다. '국민을 위하는 마음', '사적'이지 않은 마음

출간되었는데, 일자는 정해져 있던 이전 일자로 찍힌 것이다. 실제로 제40 · 41합호는 1904년 2월에 출간되었고, 제46 · 47 · 48합호는 1904년 6월에 출간되었다. 李國俊(1986), 『梁啓超著述系年』, 上海: 復旦大學出版社, p.80 참조.

33 「新民說 第十七節 論私德」, 『新民叢報』 38 · 39(1903), p.9.

등으로 표현되는 그 '도덕'적 내부는 『신민총보』의 구상처럼 교육을 통해 도덕성의 함양에 의해 달성되리라 기대했다. 량치차오가 유혈혁명을 거부하고 택한 개혁의 영역인 학술과 도덕 그리고 정치는 겉으로만 보면 과거 유학자들의 자기개혁 방식과 다르지 않다. 유학자들은 도덕과 학문이 정치의 근원이라고 생각했다. 그리하여 자타의 실정(失政)은 부덕의 소치라고 여겼고 자신의 도덕성을 반성하거나 타인의 도덕성을 질책했다.

량치차오의 구상은 내부는 과거처럼 개인은 도덕의 힘에 의지해 국가라는 단체에 헌신하고, 그렇게 헌신적으로 뭉친 국가는 외부와의 전쟁에서 이기는 것이었다. 혁명은 내부의 헌신을 방해하는 것으로 진화를 방해하는 것이었고 외부와의 전쟁, 특히 이기는 전쟁은 진화를 촉진하는 것이었다. 강권을 추구해야 하는 현실과 도덕적 가치를 추구하는 이상의 동거는 국경을 경계로 하여 담당 영역을 분담하는 방식으로 정착된다.

4. 러시아혁명과 량치차오의 '혁명'

데이터베이스를 이용한 연구결과에 따르면 중국에서 '혁명' 개념의 사용이 폭발적으로 증가한 시기는 1903년과 1906년이다. 각각 추용이 『혁명군』을 발표한 해와 혁명파와 입헌파가 '혁명'을 둘러싸고 논전을 시작한 해이다.[34]

『혁명군』이 등장한 배경은 의화단사건을 계기로 러시아가 만주

---

34 金觀濤 · 劉青峰(2008), 양일모 외 옮김(2010), pp.482-485.

에 대한 야욕을 노골적으로 드러낸 1900년으로 거슬러 올라간다. 청일전쟁 뒤 '3국 간섭'을 통해 뤼순과 다롄을 조차한 바 있던 러시아는 1900년 의화단 진압을 명분으로 북경에 진입한 8개국의 연합군에도 끼었다. 러시아는 그 대가로 만주의 주요한 지역을 점령했고 만주에 출병한 1900년 7월 블라디보스토크에 체류하는 청인 3천 명을 학살해서 아무르 강에 매장하는 만행까지 저질렀다. 이 사건이 결정적으로 발단이 되어 일본유학생을 중심으로 러시아 배척운동 단체가 조직된다.[35]

청정부는 이 거아운동의 반제운동을 자신들에 대한 공격으로 받아들이고 탄압하려 하였다. 이에 혁명파 잡지 『강소(江蘇)』는 만주정부를 향해 "혁명을 면할 수 없다"고 격분했다.[36] 그런데 같은 『강소』 제4호에는 '러시아 허무당'을 긍정적으로 소개하는 기사도 함께 실렸다. "19세기 이래 세계대국은 입헌 혹은 공화가 되었는데, 구태의연한 것은 중국과 러시아뿐"이라고 세계 정세를 판단하고, "러시아 허무당은 불요불굴의 정신을 갖고 있으므로 우리 4억 인민도 그들을 본받아 자유를 구하는 혁명을 해야 한다"고 그 혁명정신에 공감했다.[37] 청정부를 무너뜨리고 공화의 실현을 목표로 한 혁명파는 이처럼 러시아정권과 그 정권을 전복하려는 혁명 주체를 나눠서 생각했다. 각각에 만주정부와 자신들을 대입시킬 수 있었기 때문일 것이다.

1901년 4월 량치차오의 『청의보』 역시 만주에 대한 야욕을 드러

---

35 拒俄運動에 관해서는 楊天石 · 王學庄 編(1979), 『拒俄運動: 1901~1905』, 北京: 中國社會科學出版社 참조.

36 愛讀(1903), 「革命其可免乎」, 『江蘇』 4.

37 轅孫(1903), 「露西亞虛無黨」, 『江蘇』 4.

낸 러시아를 경계하는 기사를 실었다. 그러나 그 결론은 청정부가 부패하고 무력하다고 열강에 의지할 수는 없고, 인민이 국가의 주인이므로 인민의 여론에 따라야 하지만 '인민은 아직 식견이 부족'하다는 것이었다.[38] 1902년 6월 『신민총보』에 무서명으로 실린 「혁명! 러시아혁명!」이라는 기사는 러시아혁명이 임박함을 암시했다. 이 기사는 "10년 이내 러시아가 혁명과 입헌 둘 중 하나로 반드시"[39] 갈 것이라 믿고 '혁명'이라는 말을 '입헌'과 대비적으로 사용했다.

1903년 11월, 량치차오는 '러시아 허무당'에 관한 논설을 싣는다.[40] 『혁명군』 출간 이후 중국 혁명파의 움직임이 눈에 띄게 활발해진 때였다. 량치차오는 러시아혁명당의 존재는 혁명주의가 실행되지 않은 결과라고 진단하면서 '혁명'의 수단은 '폭동'이고 '허무당'의 수단은 '암살'이라고 배당한다. 러시아에서 '폭동', 즉 혁명이 실행될 수 없는 이유에 대해 '폭동'에 동조하는 인민이 소수라는 점, '폭동'에는 많은 비용이 들어간다는 점 때문이라고 정리하고, '폭동'이 불가능하기 때문에 암살이라는 수단을 선택하게 되었다고 결론짓는다. 혁명이 '폭동'으로 격하되는 한편, 혁명세력이 동조자를 찾지 못해 불가피하게 암살이라는 궁색한 방법을 선택하고 허무당이 되었다는, 허무당과 러시아혁명에 대한 인색한 평가였다.

러일전쟁이 발발한 직후 『신민총보』는 바로 「러일전쟁의 장래」라는 글을 싣는다.[41] 전제국가인 러시아는 '문명의 공적'이라고 운을 떼

---

38 「對俄策(就滿洲問題)」, 『淸議報』 75-77(1901).

39 「革命! 俄羅斯革命!」, 『新民叢報』 9(1902).

40 中國之新民(1903), 「論俄羅斯虛無黨」, 『新民叢報』 40 · 41.

41 主父(1904), 「日俄戰爭之將來」, 『新民叢報』 44 · 45.

고 입헌국가인 일본의 백성(民黨)은 전쟁을 지지하는데 러시아는 백성마저도 전쟁을 비난한다고 전한다. 특히 중국을 일본과 함께 '동아민족주의'의 운명공동체로 단정하고, 일본이 '야만의 러시아'와 싸우는 러일전쟁은 '동아민족주의'[42]의 발달을 촉진하리라 기대한다. 나아가 러일전쟁을 효시로 하여 일본과 연합하여 "함께 말을 달려 유럽대륙을 밟을" 꿈까지 꾼다.[43]

혁명파 측이 타도의 대상으로서 러시아 전제정부와 공감의 대상으로서 러시아혁명 세력을 나누었다면 량치차오 측은 러시아 전제정부는 배척하면서 그 혁명 세력도 과소평가 내지 무시하는 모습을 보여주었다. 혁명의 주체가 될 존재를 인정하지 않는 것은 중국에 대해서나 러시아에 대해서나 마찬가지였다. 중국인민에 대해서는 "아직 식견이 부족"하다고 정치 주체의 자격을 유보하고 러시아 인민에 대해서는 그들이 '폭동'에 동의하지 않는다고 평한다. 나아가 『신민총보』는 "러시아인은 애국심이 없다"고 호도한다. 전쟁을 맞이해 개인적 이익을 희생하면서 국가를 위하는 일본인과는 달리 러시아인은 애국심을 보여주지 않는다는 것이다. 나아가 "일본과 러시아의 국민의 정(情)", 즉 애국심이 전쟁의 승패를 갈랐다고 말한다.[44] 국가의 부강이 진화의

---

42 러일전쟁을 황인종과 백인종의 인종대립으로 보는 것은 백색인종이 만들어낸 황색인종위협론, 즉 '황화론(黃禍論)'이 시발이다. 군사적으로나 재정적으로나 열세임을 자각하고 있던 일본은 황화론이 자신들에게 이로울 것이 없음을 알고 러일전쟁은 인종전쟁이 아님을 유럽을 향해 선전했다. 야마무로 신이치(2010), 정재정 옮김, p.84 참조. 일본이 경계했던 황화론이 중국 측에서는 다른 맥락에서 받아들여지고 있었던 것이다. 즉, 중국인은 일본의 약진에서 황인종의 밝은 미래를 보고자 했다.

43 主父(1904), 「日俄戰爭之將來」, 『新民叢報』 44 · 45.

44 「俄人之無愛國心」, 『新民叢報』 44 · 45(1904).

지표이고, 국가의 부강은 국민 개개인의 자질에 달려있다고 보는 량치차오의 입장에서 국가 부강의 원천이 될 국민 개개인의 가장 중요한 자질은 도덕심이고 그 도덕심의 실상은 애국심이다. 그 시각에서 보면 애국심이 없다는 것은 문명적이지 않다는 의미와 동의어였다.

그런가 하면 『신민총보』 제58호(1904)의 「러시아 입헌정치의 동기」는 완강한 러시아가 "자유신의 위력에 저항하지 못하게 되었다"며 러시아 국정의 변동이 임박했음을 알리고,[45] 제59호 「아아! 러시아의 입헌문제」에서는 "러시아 정치의 혁신은 (……) 전쟁 후에는 반드시 볼 수 있을 것이다. 나는 러시아 국민(國民黨)의 전도에 밀려드는 희망을 품는다"고 말한다. 러시아에서 혁명은 일어나지 않으리라는 자신의 예측이 빗나갔음을 인정하지 않을 수 없게 된 것이다. 그리하여 "애국심 없는 러시아인"에서 "러시아 국민의 전도에 밀려드는 희망"으로 자세를 바꾼다.

그러나 "러시아 국민의 전도에 밀려드는 희망"을 품었다는 량치차오의 말은 진심이 아니었던 듯하다. 량치차오는 서둘러 러시아가 혁명을 피할 수 없었던 이유를 찾는다. 그 목적은 중국은 러시아와 다르다는 것을 확인하고 그러므로 중국에는 혁명이 필요 없다는, 혁명은 없을 것이라는 확신을 갖기 위해서였다. 1905년 1월, 「러시아혁명의 영향」에서 그는 그 대답을 제시한다. 그에 의하면 러시아혁명이 일어나지 않을 수 없었던 원인은 귀족이 전국의 토지를 모두 소유하고 있는 경제상의 불평등, 그리스정교만을 인정하는 종교상의 불평등,

45 飮氷(1904), 「俄國立憲政治之動機」 『新民叢報』 58.

슬라브 민족만을 우대하는 민족상의 불평등, 이와 같은 계급적, 종교적, 민족적 불평등을 조절하지 못하는 정치상의 불평등 때문에 폭발한 것이라고 진단한다.[46]

러시아에 혁명이 일어난 원인을 분석한 데는 혁명의 일반적 발발 이유에 대한 량치차오의 선이해가 전제되어 있었다. 1902년 시점에서 량치차오는 유럽의 진화한 문명의 원동력을 자유라고 찬양하고, 그 자유정신이 만들어낸 결과를 여섯으로 가른 적이 있다. 즉, 사민(四民) 평등의 문제, 참정권의 문제, 속지(屬地: 식민지)의 문제, 신앙의 문제, 민족건국의 문제, 노동계의 문제이다. 이 가운데 량치차오는 현재 중국의 문제는 참정의 문제와 민족의 건국문제밖에 없으며, 이 두 가지 문제도 하나를 얻으면 나머지는 따라올 성격의 것으로 근원이 같은 문제라고 정리한다.[47] 이 하나의 문제는 바로 혁명파와 맞서 량치차오가 유일하게 동의하고 있던 '정치혁명'의 문제였다. 러시아에는 혁명을 피할 수 없었던 이유가 있었듯이, 중국은 '정치혁명'만 이루어진다면 혁명이 일어날 이유가 없는 것이었다.

1905년 2월 『신민총보』 제62호에서 량치차오는 러시아혁명이 성공을 기약하기 어려울 것이라고 전망하는 글을 싣는다. "종교적, 지적, 경제적이라는 삼종의 교육이 자연스럽게 따른 후 추세가 완비되어야

---

46 中國之新民(1905), 「俄羅斯革命之影響」, 『新民叢報』 61.

47 中國之新民(1902), 「新民說七 · 第九節 論自由」, 『新民叢報』 7. 중국은 전국시대 이래 세습의 벼슬제도가 폐지되어 사민평등의 문제, 즉 계급문제가 없으며 국경 밖 식민지가 없으므로 속지의 문제도 없고 중국은 종교국가가 아니므로 신앙의 문제도 없다고 한다. 노동계 문제는 중국의 경제가 발달하지 않아서 아직 닥치지 않은 문제라고 정리한다.

무혈혁명이 성공을 거둘 것"이라는 톨스토이의 말을 전달하면서 톨스토이가 자국의 일에 대해 이처럼 부정적으로 평가하는 이유는 "백성(民黨)의 세력이 충실하지 않기" 때문이라는 자신의 판단을 덧붙인다.[48] 량치차오는 이 혁명이 성공하더라도 러시아 국내에 좋은 영향을 미칠 수 없을 것이라고 단언하는데, 이는 다음과 같은 이유에서이다.

> 러시아 소란의 동기는 정치문제가 열 가운데 셋이고, 경제문제가 일곱이다. 그 가운데 가장 유력한 일파인, 이른바 사회주의자들은 '토지사유권' 철폐를 제일의 목적으로 삼는다. 톨스토이가 그 노련함과 신중함에도 이 주의를 주장하니 그 세력의 크기를 알 수 있다. 러시아가 갑자기 전제를 바꿔 공화를 이룩한다면 지금 정부를 대신할 자들은 극단의 사회주의일 것이고 그들이 꿈꿨던 것을 시행하려 할 것이다. 그러나 토지사유권을 폐지하는 것은 오늘날 세계에서 가능한가. 러시아 입국의 기초를 흔드는 데서 끝나지 않을 것이다. 프랑스 혁명처럼 절대적 반동력을 초래할 것이다. 정부가 그처럼 과격한 길을 간다면 난(亂)과 마찬가지이다. 가능하다고 하더라도 지극히 위험하고 러시아는 지금보다 몇십 배 위험해질 것이다.[49]

혁명에 대한 부정적인 생각은 여기에 이르러 그 정점을 찍는다. 혁명의 욕망은 정치혁명과 종족혁명에 그치지 않고 사회혁명에까지 이른 것이다. 혁명에 대한 량치차오의 위와 같은 패닉은 곧 중국을 향

---

48 中國之新民(1905), 「俄羅斯革命之影響」, 『新民叢報』 62.

49 中國之新民(1905), pp.50-51.

한 것이 된다. 바로 중국의 혁명파가 민권, 민족, 민생을 한 번에 해결하겠다고 주장하고 있었다. 그러한 주장은 량치차오의 눈에 '소란'이고 '난'일 뿐이었다. 훗날 혁명파가 중국혁명의 역사를 농민혁명의 역사로 엮었다면 량치차오의 눈에 그것은 농민반란의 역사일 뿐이리라. 러시아혁명이 보여준 교훈은 혁명은 어떤 긍정적인 미래도 상상할 수 없게 하므로 피해야 한다는 것이었다. 전제군주를 극복해야 한다는, 중국과 같은 과제를 안고 출발했던 러시아의 개혁 방식은 량치차오에게는 살아있는 반면교사가 되었다. 량치차오는 곧 있을 『민보』와의 결전에서 자신이 취할 스탠스와 공격의 논리를 러시아혁명을 보며 이미 정리하고 있었다.

5. 고전어 '혁명'의 잔영: 중국적 '혁명'

량치차오가 혁명파와 교류하는 것을 불안하게 바라보던 캉유웨이는 량치차오를 미국으로 출장 보냈다고 한다. 량치차오가 어느 정도까지 혁명파에 경도되어 있었는지, 당시의 상황을 확인할 수 있는 자료는 없지만[50] 『민보』도 량치차오가 일본에 와서 쑨원과 교류하면서 이전의 생각에서 벗어나 '파괴'에 대해 고려했다고 기록하고 있다.[51] 량치차오 역시 1903년 3월 밴쿠버에서 쉬쥔몐(徐君勉)에게 보낸 편지에서 "중국이 혁명 외에 방법이 없다는 생각은 오히려 점점 더 깊어진다"고 말한다. 미국에서 연설할 때는 입에 올리지 않았다고 하고 있

---

50 張朋園(1979)은 량치차오가 일정시기 '혁명'을 주장했다고 서술하는데(pp.81-104), 그 주요 전거로 들고 있는 것은 서태후정부를 향한 비판이며, 직접적으로 체제 전복을 위한 유혈혁명을 주장하는 부분은 찾을 수 없다.

51 辨姦(1906), 「斥新民叢報之謬妄」, 『民報』 5.

지만[52] 전제군주제를 벗어날 방법은 혁명밖에 없다고 생각하고 있었던 시기가 있었던 듯하다. 그러나 미국 여행 후에는 그러한 흔들림도 보이지 않게 되었다.

그런데 앞에서 살펴보았듯이 량치차오는 이른 시기부터 '입헌군주'를 현재 중국에 최선의 정체라고 생각했으며 폭력혁명에 대해서 부정적인 입장을 분명히 해왔다. 다만 기본적으로 '혁명'도 진화의 방법이라고 인정했고 "국민을 위하는 마음(心術)이 있다면 당파와 목적, 주의, 방법을 따질 필요가 없다"[53]고 생각했으므로 혁명파를 노골적으로 비난하는 일은 하지 않았다.

그러나 유보되었던 비난도 '소보사건(蘇報案)'[54]을 계기로 터진다. 잘 알려져 있듯이 1903년 추용의 『혁명군』은 장빙린의 서문과 함께 『소보』에 실렸다.[55] 이 글이 촉발한 반청반만의 고조는 청조의 언론탄압을 유발했고 장빙린과 추용은 투옥된다. 옥중에서 장빙린은 추용과 자신이 체포된 것이 『소보』를 함께 만들던 우쯔후이(吳稚暉, 1865~1953)의 밀고 때문이라고 비난했다. 량치차오는 장빙린의 비난에 가세해 "중국은 완고보수에 의해 망하는 것이 아니라 신당(新黨)에 의해 망할 것"[56]이라고 혁명파에 대한 비난을 노골적으로 표출하기 시작한다.

---

52 丁文江 · 趙豊田(1983), 『梁啓超年譜長篇』, 上海: 人民出版社, p.320.

53 「飮氷室自由書 · 維新圖說」, 『청의보』 93(1901).

54 1903년 5월, 장빙린과 추용 등이 상하이 조계당국에 체포되어 장빙린은 3년형, 추용은 2년형의 판결을 받았고, 추용은 옥사한다. 소보사건에 대해서는 周佳榮(1979), 『蘇報與淸末政治思潮』, 香港: 昭明出版社.

55 章炳麟(1903), 「革命軍序」, 『蘇報』.

56 梁啓超(1903), 「致蔣觀雲先生書」; 丁文江 · 趙豊田(1983), p.328.

이 사건 이후 혁명파에 대한 량치차오의 노골적인 비난은 거세진다. 그가 혁명파를 비난하는 근본 입지는 국가의 부강을 최고의 가치이자 최상의 진화로 설정한 일관된 것이었다. 『신민총보』 「신민설 · 제18절 사덕」편에서 그는 '혁명'과 '일체파괴'를 호환적으로 사용하면서 '일체파괴'라는 구호가 "사회를 멸망에 이르게 할 것"이라고 비난하고,[57] "나라는 끝내 막가파의 혁명으로 구할 수 있는 것이 아니다. 나라를 구하기는커녕 망하는 속도를 재촉할 뿐"[58]이라고 비난의 강도를 높였다.

지금까지 혁명파에 대한 비난을 유보했던 입장은 '국민을 위하는 마음(心術)'이 있을지도 모른다는 심정에서였다. 그런데 소보사건을 계기로 량치차오는 혁명파에게는 그러한 마음이 없다는 비난을 할 수 있게 된다. 즉, 량치차오는 우쯔후이에 대한 비판을 시작으로 혁명파의 도덕성이 국가사업을 하기에는 부족하다는 방식으로 비난하기 시작했다. 그 비난에는 혁명파가 구사하는 전술의 성격이 도덕과 양립하지 못한다는 논리적인 비판도 있었지만[59] 더 치명적인 비난은 혁명파가 주장하는 혁명의 근대적 성격을 부정하는 것이었다. 근대적 성격이란 진화로서의 혁명이고 국민을 위하는 혁명이다. 1904년 2월에 량치차오가 발표한 「중국역사상 혁명에 대한 연구」[60]라는 글은 이후

---

57 中國之新民(1903), 「論私德」, 『新民叢報』 40 · 41, p.3.

58 中國之新民(1903), p.6.

59 中國之新民(1903), pp.8-10. 여기에서 량치차오는 혁명이 근원적으로 도덕과 양립할 수 없음을 논한다. 물리적으로 열악한 상황에서 싸워야 하는 파괴주의는 이기기 위해 갖은 전략전술을 동원해야 하므로 "파괴주의자라는 입장의 성질은 도덕과 가장 용납되지 않는다"고 말한다.

60 中國之新民(1904), 「中國歷史上革命之研究」, 『新民叢報』 46-48.

창간될 『민보』의 격렬한 반격을 부르면서 1년여에 걸친 논쟁을 초래했다. 이 글에서 량치차오는 근대 중국 언론의 큰 주제였던 '혁명론'의 이론적 논거를 구하고 그 실행의 인과를 살펴보기 위해 중국의 역사상 혁명을 연구하겠다고 그 의도를 밝힌다. 그러나 혁명파가 예민하게 반응했듯이 그 글의 진정한 의도는 당대의 혁명파를 중국의 역사적인 혁명들, 즉 앞에서 량치차오가 정리했듯이 "포악함이 포악함을 대신"했다는 과거의 야만적 혁명과 같은 것으로 자리매김하기 위해서였다. 량치차오는 다음과 같이 비난했다.

> 혁명에는 광의의 혁명이 있고 협의의 혁명이 있다. 가장 광의의 혁명은 사회상 모든 무형, 유형의 사물에 생기는 대변동이라는 것이다. 그 다음 광의는 정치상으로 [이전과] 다른 움직임이, 평화로 얻든지 철혈로 얻든지를 막론하고 이전과 획을 긋고 새로운 시대를 이루는 것이다. 협의로는 오로지 병력으로 중앙정부를 향하는 것이다. 우리 중국은 수천 년 동안 오로지 협의의 혁명만 있었다. 지금은 극단적 혁명론만을 끼고 협의의 혁명에만 심취해 있기 때문에 내가 연구하는 것 또한 이 협의의 혁명이다.[61]

혁명은 진화의 관문이라는 혁명에 대한 초기의 생각은 '광의의 혁명' 안에 여전히 살아있다. 1902년 「석혁」에서 량치차오가 야만의 정권쟁탈일 뿐이라고 폄하했던 과거의 혁명들은 '협의의 혁명'으로

61 中國之新民(1904), p.115.

불리는데 문제는 "지금 극단적 혁명론에만 심취해" 있는 당대를 포함해 "중국에는 수천 년 동안 오로지 협의의 혁명만 있었다"는 언명이다. 자신의 정적인 혁명파를 저격하는 글이라는 것은 명백했다. 이어서 량치차오는 서양혁명사와 비교해서 중국혁명사의 특징을 나열했는데, 문명적인 혁명과 야만적인 혁명의 구분이라 할 만한 것이었다. 서양의 혁명이 단체가 주동이 된다면 중국의 혁명은 사적인 개인들에 의하며, 서양의 혁명이 스스로를 지키기 위해 부득이하게 일어난다면 중국의 혁명은 사적인 야심을 위한 것이며, 서양의 혁명이 중등사회가 주동이 된다면 중국의 혁명은 상등사회와 하등사회에 의한 것만 있다[62]는 것이 그 대략이다. 지금 량치차오의 눈앞에 있는 혁명파는 도덕적으로 자격도 안 되는 사람들이 정권탈취라는 사적인 욕심 때문에 폭력을 동원하는 것뿐이다. '국민을 위하는 마음' 같은 것은 없는, 사심 가득한 야만의 욕망일 뿐이라는 것이다.

1905년 11월에 창간된 『민보』는 그 창간호부터 매호 줄기차게 량치차오를 비판했다. 량치차오와 『민보』의 대립점은 명확했다.[63] 량치차오의 입장은 '민권, 민족, 민생' 가운데 '민권', 즉 '정치혁명'에만 동의하는 것이었다. 량치차오의 입장은 만주족이라고 하더라도 서태후를 비롯한 구태와 광서제와 같은 개혁가를 구별해야 한다는 것이고, 광서제와 같이 자발적으로 민권을 신장해주려는 사람을 배척할 명분은 없다는 것이었다. '민생'은 쑨원이 말하듯이 20세기의 이념이었다.

---

62 상등사회에 의한 혁명은 정권탈취를 위한 역성혁명을, 하등사회에 의한 혁명은 농민반란과 같은 민중봉기를 지칭한다.

63 이에 대해서는 亓冰峰(1980), pp.178-208 참조.

이는 물질적인 발전에서 발생하는 빈부격차를 해소하기 위한 것이다. 쑨원은 물질적인 발전을 경험하기 전의 중국은 "민생주의 연구의 최신단이며 사회문제의 해독이 아직 없을 때 사회혁명과 정치혁명을 동시에 실행"하자고 주장했다.[64] 종족혁명과 정치혁명이라는 묵은 숙제 위에 '사회혁명'이라는 새로운 숙제까지 한꺼번에 해결하고자 한 것이다.

그런데 이에 맞선 량치차오는 1906년부터 '입헌군주'에서도 후퇴해 '개명전제'를 주장한다. 량치차오가 당당하게 개명전제로 돌아선 것에는 혁명파의 '민생주의', 즉 '사회혁명'이 큰 역할을 했다. 그에게 모든 가치판단의 기준은 국가의 부강과 그 부강한 국가가 보장할 국민의 안전과 번영이다. 그렇다고 하면 정체는 그 다음 문제이고 한족 종족주의도 그 다음 문제이다. 유럽의 강대국이 입헌을 통해 현재의 국력을 성취했다고 믿었기 때문에 입헌을 주장하던 그는 "혁명은 공화로 이어지기는커녕 전제를 부르며" "중국에서는 공화나 군주입헌보다 개명전제가 좋다"고 말을 바꾼다. 그는 「개명전제론」에서 "상층사회의 부를 빼앗아 하층사회에게 나눠주자"는 민생주의는 '상층사회의 적대'를 불러와 실패할 것이라고 말한다.[65] 개명전제론을 주장한 데에는 사회주의에 대한 공포가 배경에 있었다.

사회주의에 대한 량치차오의 불편함은 1903년 미국 여행에서 시작되었다. 뉴욕의 빈민가를 본 그는 빈부격차에 충격을 받고 "재산 분배의 불균형은 여기에서 극에 달했다. 우리는 뉴욕의 빈민굴을 보

---

64 孫文(1905), 「發刊詞」, 『民報』 1.

65 飲氷(1906), 「開明專制論」, 『新民叢報』 75, p.11.

고 사회주의를 절대 그만둘 수 없다고 깊이 통탄한다"[66]고 격한 반응을 보였다. 그런데 사회적 불평등에 대한 비판과 사회주의의 필요에 대한 공감은 엉뚱한 방향으로 흐른다. 노동자는 기계처럼 부품화되어 한 가지만 아는 어리석은 사람이 되어 가는데, 노동자를 고용하는 자산가는 점점 영리해져 간다고 이해한 그는 근세 세계는 부자는 더욱 부자가 되고 가난한 사람은 더욱 가난하게 될 뿐 아니라 어리석은 사람은 더욱 어리석어지고 똑똑한 사람은 더욱 똑똑해지는 세상이라고 비판한다. 근대문명이 이상으로 하는 "교육보급이라는 한마디는 빈말이다. 아아! 천하의 대세는 결국 도도하게 날로 전제로 돌아간다"[67]는 것이 세태파악의 결말이었다. 그는 이전에 러시아 허무당을 논하면서 "근세의 사회주의자들이 가장 평등한 사회의 이상을 목적으로 삼지만 그 이상에 이르는 과정은 불가피하게 가장 독재적인 집권이 될 것이다"[68]라고 전망한 적이 있다. 불평등은 심화될 것이나 그 불평등을 완화할 수 있는 재산의 공유화는 인지상정상 불가능한 일이기 때문에 독재만이 그 불평등을 완화할 수 있다고 생각한 것이다.

량치차오는 당대의 누구보다도 유럽 근대문명에 빨리 반응했고 중국이 처한 상황과 나아갈 방향을 가늠하고자 분투했다. 그리하여 사회진화론의 세상에서 입헌군주제로의 개혁이 중국의 당면과제라고 생각했다. 지금은 전제야말로 중국이 적자생존의 세상에서 적자가 되

---

66 「新大陸遊記節錄」(1904) 『飮氷室專集』(林志均 編(1932), 『飮氷室合集』, 上海: 中華書局) 22, p.39. 이하 林志均 編(1932), 『飮氷室合集』에서 인용하는 경우 각각 『專集』 『文集』으로 표기한다.

67 「新大陸遊記節錄」(1904), 『專集』 22, pp.40-41.

68 中國之新民(1903), 「論俄羅斯虛無黨」, 『新民叢報』 40 · 41, p.74.

는 것이라고 믿기 때문에 부끄러움 없이 전제를 주장한다. 개명전제는 전제의 주체가 아니라 객체를 위한 것이라는 점에서 문명적인 전제라고 설명된다.[69] 주체가 아니라 객체의 이익을 도모하는 개명전제 군주의 조건은 '국민을 위하는 마음(心術)'[70]을 함양하는 것이었다. 즉, '도덕'적 수양이었다.[71]

정치의 자격으로 도덕을 요구하는 이 구조는 오래된 유학의 전통이다. 도덕적인 사람만이 정치에 참여할 수 있다는 생각을 량치차오는 놓은 적이 없다. 가장 급진적인 시기에 연재를 시작했다고 하는 「신민설」조차도 근대국민국가의 국민이 되기 위해 '공덕(公德)'을 가져야 한다고 주장하는 글이었다.[72] 그에게 혁명과 공화란 검증되지 않은 주체들이 정치에 난입하는 것이었다. 그가 혁명을 '자연적인 파괴'라고 하는 것은 상징적으로 그러한 생각을 보여준다. 도덕적이지 않은 사람은 없는 사람이나 마찬가지이다. 그러므로 혁명은 의도도 없고 기획도 없는 자연적인 소란에 불과하다. 이 윤리-정치 체계는 성과가 아니라 마음씀을 가치판단의 대상으로 한다. 정적을 비난할 때도 정적의 정치적 성과가 아니라 그 잘못된 마음을 비난한다. 즉, 정적의 죄명은 늘 위선이거나 부도덕함이다.[73] 량치차오가 구국이라는 자신의 신념에 헌신하고, 또 그 속에서 정적인 혁명파를 비판하는 방

---

69 飮氷(1906), 『新民叢報』 73, pp.10-14.

70 「飮氷室自由書 · 維新圖說」, 『淸議報』 93(1901),

71 개명전제와 도덕적 수양의 관계에 대해서는 이혜경(2002), 『천하관과 근대화론: 양계초를 중심으로』, 문학과지성사, 제8장 참조.

72 양계초, 이혜경 주해(2014), 「해제」 참조.

73 도덕주의를 표방하는 정치체제로서 유학이 위선자를 어떻게 다루는지에 대해서는 이혜경(2011), 「향원을 향한 유가윤리의 비판은 정당한가?」, 『철학사상』 39 참조.

식은 그대로 유학자의 모습이다. 도덕적 자격을 가진 전제군주의 권력강화를 주장하는 것 역시 일관성 있는 자세이다.

중국의 "국민은 공화국의 국민이 될 능력이 없다"며 공화를 유보해야 한다는 량치차오는 "공화정치는 법학박사 학위와 같은 것"이기 때문에 혁명파가 주장하듯이 '특별한 속성법'으로 될 일이 아니라고 말한다.[74] 민주정의 대통령 선거에 대한 다음의 논평은 단발의 실언이 아닐 것이다.

> 대통령을 4년마다 새로 뽑는다면 4년마다 전국에 한 차례 대혁명이 일어나는 것이다. 3년 혹은 5년마다 선거를 한다면 3년이나 5년마다 한 차례 대혁명이 일어난다. (……) 사람들이 난을 좋아하는 것은 제2의 천성이어서 자연적 폭동이 연이어 일어나면 정부의 한정된 군대로는 진압할 수 없을 것이다.[75]

중국에서 가장 먼저 근대적인 의미로 '혁명'을 사용했다는 량치차오는 지금 명백하게 '역성혁명'의 의미로 '혁명' 개념을 사용하고 있다. 혁명파의 '혁명'만 역성혁명이 아니라 진화의 선단이라는 민주제의 대통령 교체도 역성혁명인 것이다.

혁명을 근본적으로 진화의 맥락에서 받아들인 것은 혁명파도 마찬가지였다. 추용의 『혁명군』은 "혁명은 진화의 공례이며" "혁명은 야만에서 문명으로 나아가며 노예를 그치고 주인이 되는 것"이라

74 飮氷(1906), 「開明專制論」, 『新民叢報』 75, pp.42-45.

75 飮氷(1906), 「暴動與外國干涉」, 『新民叢報』 82, p.26.

는 그 시대의 인식을 같이 했다. 『절강조』에는 "적자생존은 공례이며 (……) 적자생존하지 않으면 그 민족은 망한다"고도 표현되었다.[76]

그런데 혁명파 역시 이러한 진화의 맥락에서만 '혁명'을 사용한 것이 아니었다. 혁명파가 만주정부의 전복을 촉구하며 펼친 논리는 과거의 한족 중심의 중화주의에서 벗어난 것이 아니었다. 혁명파가 '종족혁명'의 구호를 '민족'의 구호로 바꾼 것은 '민족'이 근대적인 용어였기 때문이다. 그들은 만주를 미워하는 것이 아니라 한족을 핍박하는 청정부를 미워하는 것이라고 논리를 세우기도 했지만 은연중에 한족의 관습적 우월주의를 드러내곤 했다. 1895년 홍콩 흥중회 창립 때의 구호부터도 "오랑캐를 몰아내고 중화를 회복하자"는 것이었다. 1903년의 시점에서 장빙린은 "지금 저 만주는 한인에게 귀화했는가, 한인을 능멸하고 제압했는가. (……) 만약 같은 종족이라고 주장한다면 그것은 만주인을 한족으로 만드는 것이 아니라 한인을 만주족으로 만드는 것"[77]이라고 분노했다. 만주가 한인에게 귀화했다면 문제가 아니었던 것이다. 그 2년 뒤 『민보』에서도 만주족을 무시하는 정서는 은폐되지 않는다. 『민보』 창간호에서 「민족의 국가」라는 제목의 글은 "민족주의에서 만인을 배척하고 국민주의에서 열악한 정부를 배척"한다고 '근대적' 수사를 사용하기는 한다. 그러나 "동화라고 한다면 반드시 한민족이 주인의 자리에서 타민족을 흡수해야 한다. 나는 우리 민족주의를 실행하여 하나의 민족으로 하나의 국민이 되기를 바

---

76 大我(1903), 「新社會的理論」, 『浙江潮』 8.

77 章炳麟(1903), 『太炎文錄初編』, 文錄卷2, 「駁康有爲論革命書」(『章太炎全集』(1982), 上海: 人民出版社, 제4책 수록).

란다"고 당당하게 말한다.[78] 이들에게는 무엇이든 하려 한다면 한족이 그 중심이 되어야 한다고 말하는 데 있어 그 이유를 설명할 필요가 없었다. 그들은 "한족만이 입헌이 가능"하므로 종족혁명은 필연적이라고 태연히 말한다.[79] 량치차오는 청정부를 '망국의 원수'라고 칭하며 중국이 망했다고 생각하는 듯한 혁명파가 또 '우리 국민'이라는 말을 쓰는 것은 모순이라고, 그 막무가내의 한족중화주의를 지적한 적이 있다. '중국국민'임을 자랑하면서 동시에 '만주정부'라고 칭하는 것 역시 중국이라는 국가의 존재를 전제하면서도 현존하는 유일한 중국정부는 무시하는 모순을 범하는 것이었다.[80] 신해혁명 후 그리고 5·4운동 후 쑨원은 민족주의와 중화주의를 재규정할 수밖에 없었다. 민족주의는 외국에 대해 독립을 지키는 것, 중화민족주의는 만(滿)·몽(蒙)·회(回)·장(藏)족이 한족에 동화되는 것으로 수정된다.[81] 여전히 한족중심주의가 유지되지만 그래도 이전의 민족혁명이 비판의 혐의가 있었음을 인정한 것이다.[82]

---

78 精衛(1905), 「民族的國家」, 『民報』 1.

79 蟄伸(1905), 「論滿政府雖欲立憲而不能」, 『民報』 1.

80 飮氷(1906), 「雜答某報」, 『新民叢報』 84.

81 전동현(2005), 『두 중국의 기원』, 서해문집 참조.

82 김형종(2001), 「청말 혁명파의 '반만'혁명론과 '오족공화'론」, 『중국현대사연구』 12는 반만혁명과 관련하여 쑨원과 동맹회 혁명론의 한계에 대해 논하고 있다.

6. 맺음말

가치로서 받아들여진 사회진화론은 중국인의 인생에 불협화음을 낳았다. 특히 량치차오는 강해지기를 원하면서 동시에 도덕적인 사람이고자 했다. 자유로운 사람이고자 하면서 국가에 헌신하는 사람이려고 했다. 그 불협화음은 개인 안에서 일어나는 것이기도 하고 중국인 전체 차원에서 일어나는 일이기도 했다. 국내에서는 이기심의 절제와 공공을 위한 공덕을 요구하면서 외국은 나의 생존을 위협하는 경쟁자로 대해야 했다. 실제로 그것은 순조롭게 강자가 된 유럽의 나라에서는 양립하는 것으로 보이기도 했다.

과거의 유학체계에서는 개인의 도덕이 추구하는 것은 '천하'라는, 그들이 인지하는 존재 전체의 평화였다. 개인의 도덕적 성장과 천하의 평화가 양립하는 도덕적 세계였다. 과거에는 천하라는 이름으로 불렸어도 실제로는 중국이었으므로 지금 중국에 대한 헌신이 현실적으로는 과거와 달라지지 않은 것처럼 느껴질 수도 있다. 량치차오가 자신이 처한 불협화음에 민감하지 못했던 것은 이 때문일지도 모른다. 그는 과거의 유학자가 그랬듯이 정치, 학문, 도덕 영역에서의 일신(日新)을 통해 난국을 타개해가고자 했다. 중국을 위한 헌신이라는 실질이 달라지지 않았으므로 이러한 인생의 목표 설정은 량치차오에게 여전히 반성을 필요로 하지 않는 지당한 것이었다. 사회진화론을 받아들이는 기준, 자유를 이해하는 기준, 국권과 민권을 이해하는 기준이 모두 이것, 즉 중국의 평화와 영화였다.

그러나 중국의 평화는 과거와 같은 노력으로는 충족될 수 없는 성격의 것이었다. 과거에는 나의 도덕수양에 힘쓰는 단일한 방식에 의해 성취할 수 있었다면 지금은 외부와의 전투를 위해 경쟁력을 높이는 일이 함께 부과되었다. 즉, 열국의 하나로 축소된 중국을 둘러싼 세계와 대결하는 일이 새로운 과제로 주어졌다. 그것은 과거의 방식을 통해서 될 수 있는 일이 아니었다. 량치차오는 중국 내에서의 경영은 과거의 것을 유지하면서 새로운 세계에 대한 새로운 대처법을 그것과 접합시키려고 했다. 논리적으로 양립하지 못하는 가치관의 병렬이었다. 그런데 승리한 전쟁이 '민덕'을 고양한다는 량치차오의 수사는 국내와 대외 사이의 불협화음을 그가 인지하지 못하고 있음을 보여준다.

혁명 역시 진화와 국가의 생존이라는 관점에서 받아들여졌다. 대외적으로는 전쟁을 불사하고 이겨야 하지만, 대내적으로는 도덕적이고 헌신적이어야 했다. 혁명은 최종적으로 국내의 전쟁, 즉 내란으로 자리매김되었다. 가치를 위한 것이 아니라 권력을 위한, 사적인 욕망에 의한 야만적 폭력으로 폄하되었다. 이러한 혁명은 진화의 반동이었다. 량치차오는 국내의 혁명세력을 향해서는 예전의 유학자들이 정적을 비난하듯이 그들이 부도덕하다고 비판했다.

혁명에 대한 부정적 판정과 더불어 고전적 '혁명'의 의미인 '역성혁명'의 의미 또한 자연스럽게 부활한다. 혁명파의 만주족 배척의 근저에는 중원을 오랑캐에게 내준 한족의 자존심을 회복하겠다는 욕망이 노골적으로 깔려있었다. 사심 없이 대의를 위해 헌신한다는 떳떳함이 량치차오를 지탱하는 힘이었다면 혁명파에게는 한족종족주의가 이들을 분발하게 하는 힘이었다.[83] 진화의 맥락에서 받아들였기에

83 朱浤源(1985), p.336에서는 삼민주의 가운데 민족혁명론이 농후한 감성적 성격으로 청말 인민에게 심리적으로 가장 호소력이 있었으며 효과도 가장 컸다고 평한다.

긍정적으로 사용되던 량치차오의 초기 '혁명' 개념은 부정당하면서 그 '진화'의 의미를 박탈당한다. 즉, 량치차오는 '혁명'을 자신이 이전에 '야만' 시대의 것이라고 비판했던 중국의 역성혁명과 같은 함의로 사용하며 배척한다. 혁명파의 '민권', '민생'을 지향하는 혁명의지와는 달리 '민족'의 구호에는 역성혁명의 혐의가 없지 않았다. '혁명'이 'revolution'을 번역하기 위한 신조어가 아닌 이상, 혁명에 담겨 있는 이들의 역사와 문화는 쉽게 지워지지 않았다.

VIII. 청말 허무당 담론의 징후적 독해

김수연(서울대학교 인문학연구원)

1. 청말 허무당 증후군

20세기 초 중국사상계와 소설계에 있어서 특기할 만한 현상 가운데 하나가 바로 허무당 신드롬이다. 허무당이 중국에 본격적으로 소개된 1903년 전후는 서구의 각종 근대적 사조가 잡지와 번역서 등을 통해서 유입되고 있던 시기로, 허무당은 서구의 근대적 사조나 운동의 한 형태로 소개되었다. 자유주의, 진화론, 민족주의, 제국주의, 사회주의, 무정부주의, 국가주의 등 다양한 형태의 서구 사조가 영미나 유럽으로부터 직접 소개되거나 일본을 통해 들어왔다. 체계성과 심도 있는 이해에 근거한 수용이라는 측면에서 볼 때, 다양한 외래 사상조류들에 대한 거의 동시적이고 '무분별'한 소개는 단편적이고 피상적이며 명확한 한계가 존재한다. 다른 한편으로는 당시 사상 및 지식계에 조급성과 급진성이 얼마나 만연했는가를 잘 보여준다고 할 수 있다. 여기서 조급성이 청일전쟁 이후, 특히 1900년 의화단의 난 이후 신지식계를 중심으로 확산된 중국의 분할론 내지 위기론에 대한 반응으로 나타난 현상을 가리킨다면 급진성은 그러한 위기를 조속히 타개하기 위해 단호하고 전면적인 개조가 필요하다는 의식의 산물이었다.

한편 위에서 열거한 서구의 여러 사상조류들은 중국의 근본적인 개조와 변혁을 위한 처방전으로 소개된 것이었다. 이는 1903년을 전후한 시점부터 중국에 급진적인 변화의 조류가 형성되었다는 의미이며, 동시에 변화방향을 둘러싸고 사상적인 분화가 발생하기 시작했다는 것을 의미한다. 이러한 시대적 상황에서 허무당에 대한 중국 지식인들의 관심과 적극적인 담론화는 자연스러운 귀결이기도 하다. 허무당 담론의 구체적인 양상과 그 전파경로는 허무당이 단순히 하나의 사상사조나 운동 이상의 의미를 지니고 있다는 것을 말해준다. 허무당과 허무주의는 사회주의나 무정부주의 등과 연계하여 사상의 조류로서 소개되었으며 러시아혁명과 관련된 시사소식, 사진의 이미지 자료, 전기, 소설작품 등 다양한 형식을 통해 전파되었다.

그중에서도 가장 중요한 특징은 허무당이 소설이라는 양식을 통해 대중적인 방식으로 광범위하게 확산되었다는 점이다. '허무당 소설'이라는 특정 제재의 소설양식으로 명명될 수 있을 만큼, 허무당에 관한 혹은 허무당을 소재로 한 상당수 작품들이 1903～1912년 사이에 번역되었을 뿐만 아니라 중국 신소설의 중요한 한 부분을 차지할 정도로 중국 작가들에 의해서 창작되기도 하였다. 이는 당시 프랑스혁명이나 서구의 자유주의 사조의 전파방식과 비교해도 여전히 특기할 만하다고 할 수 있다. 대표적인 청말 소설 연구자인 아잉(阿英)은 일찍이 청말시기에 번역된 소설은 크게 두 조류, 탐정소설과 허무당 소설이 주류를 이루었으며, 특히 당시 번역된 러시아 소설은 대부분 허무당 관련 소설이었다고 지적한 바 있다.[1]

1 阿英(2003), 「中譯高爾基作品編目」, 「飜譯史話」, 『阿英全集』 5, 安徽教育出版社, p.456, p.789 참조. 허무당 관련 소설을 러시아 소설로 간주하는 것은 문제가 있다. 실제로 허무당 관련 저작과 소설을 보면 내용은 러시아 허무당과 관련이 있지만 실제 작품 출처의 상당수는 러시아와 관련이 없다. 근래 한 연구에 의하면 1902년에서 1905년까지 중국에서 출판된 허무당 혹은 무정부주의 관련 저역저 27부 가운데 러시아 허무당(혹은 무정부당)과 관련이 없는 것이 10여 부에 이른다고 한다(張全之(2005), 「從虛無黨小說的譯介與創作看無政府主義對晩清小說的影響」, 『明清小說硏究』 3, p.136). 그러나 위 통계

그럼 왜 20세기 초 10년 동안 중국에서 허무주의 및 허무당 소설이 중국 지식인들의 주목을 받았던 것일까. 이에 대해 청말시기 전제주의에 대한 비판과 혁명조류의 형성이 러시아 허무당의 반전제주의 활동과 서로 부합하는 면이 있었기 때문으로 보는 것이 일반적이다.[2] 당시 정치사상적 요인으로 세계의 사상조류를 독해하던 청말 지식인들의 주요 시각을 감안할 때, 이러한 설명의 타당성은 부정할 수 없다. 다만 정치적 혁명이라는 차원만으로는 허무주의와 허무당이 당시 하나의 시대적 붐을 형성했던 원인을 설명하기에 충분치 않다. 이는 허무당 관련 지식 및 문화의 생산과 전파과정이 지식인 담론에서 대중적 담론에까지 확산되어 있고, 그 구체적 양상 또한 매우 복잡한 면모를 보이고 있기 때문이다. 따라서 허무당 붐의 현상과 그 의미를 보다 심도 있게 이해하기 위해서는 하나의 단일한 시대적 사상조류나 문화조류가 아니라 일종의 사회적이고 문화적인 증후군으로 이해할 필요가 있다. 하나의 증후군이나 신드롬이 형성되기 위해서는 보다 복잡한 사회적 맥락이 상호 작용하지 않으면 안 된다. 이런 의미에서 증후군은 청말의 허무당 담론이 지닌 정치 · 사회 · 문화 등 다양한 차원을 포괄하는 역사적 의미를 이해하는 데 유익한 개념이다.

는 누락된 바가 적지 않으며, 특히 허무당 소설 다수가 빠져 있는 불완전한 통계이다.

2 阿英(2003),「翻譯史話」,『阿英全集』5, 安徽教育出版社, p.789; 陳建華(1996),「"虛無黨小說": 清末特殊的譯介現象」,『華東師範大學學報(哲學社會科學版)』4.

2. 허무당 담론의 일본 경로(經路)

허무주의의 의미는 매우 모호하고 함축적이다. 니힐리즘에 대한 번역어인 허무주의는 때로는 아나키즘의 번역어인 무정부주의와 혼용되기도 한다. 허무주의와 무정부주의는 그 언어상의 차이만큼이나 의미의 차이가 있기도 하지만 또 한편으로 nihilism이나 anarchism이라는 서구 언어가 지닌 개념적 맥락과 비교하면 번역상의 두 언어 사이의 차이로 인한 변형과 새로운 의미의 번식은 더욱 커진다. 허무주의와 무정부주의라는 번역어는 모두 처음 19세기 후반 일본에서 만들어졌으며, 허무주의는 무정부주의보다 더 일찍 일본 사상계에 의해 수용되었는데, 그 주요 개념의 모태는 러시아의 니힐리즘이었다.

러시아의 니힐리즘은 익히 알려져 있는 바와 같이 주로 체계적인 사상운동이 아니라 투르게네프나 도스토예프스키와 같은 문학가적인 사상가들에 의해 널리 사용되었다. 그중에서도 투르게네프의 소설 『아버지와 아들』은 니힐리스트, 즉 허무당의 의미를 규정하는 데 중요한 역할을 하였다. 투르게네프는 자신의 소설 속의 한 인물인 바자로프를 니힐리스트로 규정하고 그 특징을 "어떤 권위 앞에서도 굴하지 않고 아무리 주위에서 존경받는 원칙이라고 해도 그 원칙을 신앙으로 받아들이지 않는 사람"[3]으로 규정하였다. 바자로프의 인물을 통해 묘사되는 니힐리스트는 혁명가가 아니라 과학적 지식과 같이 합리성과 유용성이 검증되지 않은 모든 가치와 권위, 전통에 대해 부정적인 태

---

3 이반 투르게네프, 이항재 옮김(2011), 『아버지와 아들』, 문학동네, p.39.

도를 취하는 인물에 가깝다.[4]

그러나 1880년대 일본에 허무당의 이름으로 본격적으로 소개된 러시아의 니힐리즘은 사상적 태도의 의미로서보다는 1870년대 러시아에서 한창 성행했던 나로드니키의 혁명운동이었다. 1882년(메이지 15년)에 가와시마 주노스케(川島忠之助)가 번역한 『허무당 퇴치 기담(虛無黨退治奇談)』,[5] 니시카와 쓰테쓰(西河通徹)가 영문 잡지에 실린 글을 역술하여 역시 잡지에 게재했다가 후에 단행본으로 묶어 출판한 『러시아 허무당 사정(露國虛無黨事情)』(競錦堂, 1882), 소마다 사쿠타로(杣田策太郞)가 번역한 『러시아 기담: 열녀의 의문의 사건(魯國奇聞: 烈女の疑獄』(由己社, 1882), 안도 규지로(安東久治郞)가 편찬한 『러시아 허무당의 유래(露國虛無黨之由來)』(東雲館, 1882) 등이 잇달아 간행되고, 또 같은 해 3월 『금강신지(錦江新誌)』에는 다루이 도키치(樽井藤吉)의 「동양의 허무당(東洋の虛無黨)」이 게재되었다.

1880년대 일본에서 허무당 소개나 허무당 관련 소설이 갑자기 대두된 데는 당시 일본의 정치 · 사회적 상황과 관련이 깊다. 1874년(메이지 7년) 이타가키 다이스케(板垣退助) 등이 정한론(征韓論)을 주장하다가 반대에 부딪힌 후 정부를 떠나 육해군 사관 및 병졸들과 함께 입지사(立志社)를 세우고 언론과 강습소 등을 통해 자유민권운동을 전개하였다. 다케코시 요사부로(竹越與三郞)에 의하면 입지사는 양학소(洋學所), 법학소(法學所) 등을 세우고 밤낮으로 자유민권설을 강

4 Copleston, Frederick(1986), *Philosophy in Russia: From Herzen to Lenin and Berdyaev*, Notre Dame: Search Press, p.102.

5 원서는 Paul Vernier(1880), *La Chasse aux Nihilistes*, Paris: P. Ollendorff.

연하거나 프랑스혁명에 관한 동요를 지어 거리에 유포하고 또 러시아 사회당의 비운(非運)을 소설화하여 평민들에게 전파하였다고 한다.[6] 입지사가 자유민권운동을 위해 러시아의 사회당에 관심을 가졌으며, 1870년대 말 국제적으로 주목을 끌었던 러시아 나로드니키의 테러 방식의 혁명운동[7]과 관련된 소식들이 언론을 통해 집중적으로 소개되기도 하였다.

당시 전제주의에 대한 비판이라는 측면에서 일본의 자유민권운동과 전제에 반대하는 러시아 나로드니키의 사상적 · 실천적 혁명활동은 동시대적 성격을 지님과 동시에 영향관계가 있었음을 어렵지 않게 이해할 수 있다. 자유민권운동의 사상적 자원은 프랑스혁명 및 서구의 계몽사상이 중요한 역할을 했지만, 1870년대 이후 러시아 나로드니키 등의 혁명운동이 일본과 동시대적으로 진행되는 자유민권운동의 성격을 지니고 있다는 점에서 자연스럽게 더욱 주목받았을 것으로 보인다. 이는 일본의 근대 계몽운동에서 프랑스혁명이나 미국 및 영국의 정치사상 이외에도 러시아를 경유한 서구의 근대적 계몽사상의 영향 또한 적지 않았음을 의미한다.

당시 러시아의 나로드니키 운동에 대한 자유민권운동가들의 관심은 사상적인 면보다도 활동방식에 있었다. 처음 러시아혁명운동가

---

6 竹越與三郎著(1891), 『新日本史』(上), 民友社, p.173.

7 1878년 1월 혁명적 나로드니키, 베라 자술리치(Vera Zasulich)가 페테르부르크 시장 트레포프(Fyodor Trepov)를 저격했다가 재판에서 무죄를 선고받은 사건 이후 1878년 8월 헌병대장 메젠체프 암살, 1879년 2월 하리코프 지사 크로포트킨의 암살 그리고 1879년 4월에는 솔로비요프에 의한 차르 알렉산드르 2세의 암살 기도와 1881년 나로드니키에 의한 러시아 황제 알렉산드르 2세의 암살 등의 일련의 사건으로 러시아 나로드니키의 암살활동은 전 세계의 주목을 받고 있었다.

의 전기를 소개하고 소설화했던 『여성입지: 유럽 미담(婦女立志: 歐州美談)』과 『러시아 기담: 열녀의 의문의 사건』은 베라 자술리치의 저격사건[8]을 소개한 것이었는데, 이는 당시 일본의 러시아혁명에 대한 주요 관심이 어디에 있는지를 잘 말해준다. 물론 1880년대 일본의 러시아 허무당에 대한 편저 · 역서 모두가 허무당의 활동에 대해 공감하거나 지지하는 것은 아니었다. 오히려 표면적으로는 허무당의 음모, 암살, 간계 등에 대해 사회적 혼란을 야기하고 폭력을 조장하는 등 부정적인 것으로 간주하였다. 이는 당시 무력이나 폭력적 방식이 효과를 거두기 어려운 조건 속에서 주로 언론과 정당활동을 통한 입헌운동을 추진하던 일본의 상황과 결부되어 있다.

그들이 러시아 허무당을 통해 일본사회에 소개한 것은 주로 두 가지 목적을 염두에 둔 것이었다. 그중 하나는 러시아 허무당의 자기희생적인 활동을 통해 일본인들의 사회개혁에 대한 적극적인 참여를 이끌어내는 것이다. 다른 하나는 입헌을 비롯한 정치사회적인 개혁을 수용하지 않을 경우 일본정부 역시 허무당과 같은 테러리즘의 출현을 면할 수 없음을 경고하는 것이었다. 이를 위해 허무당의 활동을 비판적으로 보는 것이 아니라 그들의 신출귀몰, 용맹성과 결단력, 주도면밀한 계책 등을 장하다거나 통쾌하다고 평하면서 허무당의 혁명운동에 대한 공감과 유대감을 드러내기도 하였다. 특히 소마다 사쿠타로는 『러시아 기담: 열녀의 의문의 사건』의 서문에서 베라 자술리치의 저격사건을 의로운 행위로 보면서 겁쟁이 남자들을 분기시키기에 충

---

8 베라 자술리치의 저격사건은 암살활동 내용만이 아니라 저격자가 묘령의 여성이라는 점에서 더욱더 세간의 관심을 끌었다.

분하며, 러시아에서 재앙을 예방해야 할 경찰관이 오히려 재앙을 초래한 사건은 이후 위정자들이 교훈으로 삼아야 한다고 주장하였다.[9]

또 다루이 도키치는 「동양의 허무당」(『錦江新誌號外』, 1882년 3월 2일)에서 허무당의 취지는 기존의 천하 모든 질서를 타파하고 새로운 질서를 수립하는 것으로, 현재 사회질서의 통치권이 군주에 의해 장악되어 있기 때문에 군주를 멸하는 것을 우선 과제로 삼고 있다고 보았다. 그리고 서구에서 허무당이 발흥하는 까닭은 국민들이 개화되어 구제도가 더 이상 개화한 국민에게 적합하지 않기 때문이다. 합중국이나 자유국가보다도 압제국가에서 허무당이 창궐하는 것도 바로 그러한 까닭이라고 주장하였다.[10] 이와 같이 러시아 니힐리스트의 테러운동을 포함한 혁명운동을 소개한 주요 목적은 허무당 발생의 원인이 압제정치에 있으며 정부가 압제를 그만두지 않는 이상 허무당의 절멸은 기대하기 어렵다는 등, 러시아의 제정(帝政)에 대한 비판을 통해 암암리에 메이지의 번벌(藩閥) 정부를 우회적으로 비판하기 위해서였다.[11]

---

9 柚田策太郎(1882), 『魯國奇聞: 烈女の疑獄』, 由己社.

10 樽井藤吉(1930), 「東洋の虛無黨」, 田中惣五郎著, 『東洋社會黨考』, 一元社, pp.212-217.

11 세르게이 스텝냐크(Sergei Stepniak)의 *Underground Russia; Revolutionary Profiles and Sketches from Life*(Westport, Conn., Hyperion Press, 1882)를 저본으로 하여 역술한 것으로 보이는 미야자키 무류(宮崎夢柳)의 『鬼啾啾: 虛無黨実傳記』도 베라 자술리치의 저격 사건을 비롯하여 러시아 허무당의 활동을 담고 있으며, 서문에서는 그 번역의 목적을 자유민권운동을 고취하는 데 있다고 말하였다. 세르게이 스텝냐크의 이 저서는 당시 일본 사상가들의 러시아 허무당에 관한 지식에 많은 영향을 주었다. 또 후대의 일이기는 하지만 중국에서도 그의 저서 중의 "The Executive Committee to the Emperor Alexander Ⅲ"(pp.265-272)가 「俄國革命黨與歷山三世皇帝書」(愚公, 『民報』 26, 1910)로 번역되어 소개되기도 하였다.

한편 당시 자유민권운동과 관련하여 정치소설의 붐이 일던 시기로, 프랑스혁명과 더불어 러시아의 혁명운동이 정치소설의 중요한 사상적 자원이었던 것을 고려하면 허무당 소설 역시 당시 정치소설의 일환으로 소개되고 읽혔다.[12]

【표 1】 메이지 시기 일본 허무당 소설

제목	저 · 역자	출판사, 출판연도
婦女立志欧州美談	田島象二 編	廣知社, 1881
魯帝弑逆記(初編,2編)	大久保常吉 編	漸進堂, 1881
魯國奇聞烈女の疑獄	杣田策太郎 抄譯	由己社, 1882
露國虛無黨事情	西河通徹	競錦堂, 1882
虛無黨退治奇談	川島忠之助	慶應義塾/自費出版,1882
魯西國虛無黨/冤枉の鞭笞	宮崎夢柳 譯, 内藤久人 編	成文舎,1882
鬼啾啾:虛無黨実傳記	宮崎夢柳 譯	旭橋活版所,1883
魯國虛無黨祕錄		自由新聞, 1884
露國安那物語	坂崎紫瀾譯	土陽新聞, 1884
通俗虛無黨形氣	冷冷亭杏雨(二葉亭四迷)	1886(미간)
片手美人	黒岩涙香 譯述	聚栄堂, 1890
魯國奇聞虛無黨	田口掬汀	文藝俱樂部, 1903
虛無黨奇談	松居松葉 (眞玄) 譯	警醒社, 1904
虛無黨	塚原澁柿園	1904

※ 木村毅(1928), 『明治文學展望』, 東京: 改造社, pp.20-48; 大原社會問題硏究所 編(1929), 『日本社會主義文献』 1, 同人社書店; 柳田泉(1961), 『明治初期飜譯文學の硏究』, 春秋社를 참조하여 재구성

12 高須梅渓(1921), 『近代文藝史論』(上卷), 日本評論社, pp.99-100; 田中惣五郎(1930), 『東洋社會黨考』, 一元社, p.215; 杉山秀子(1993), 「十九世紀ナロードニキ覚え書き(一)」, 『駒澤大學外國語部論集』 37, p.3, 50.

러시아 허무당에 대한 소개는 【표 1】에서도 알 수 있는 바와 같이 1880년대 중반 이후 간헐적으로 보이다가 다시 러일전쟁 및 1905년 러시아혁명으로 러시아가 전 세계적으로 주목을 받던 시기를 전후해서 재차 대두된다. 이 시기 일본사상계의 중요한 한 특징은 더 이상 자유민권운동이 아니라 사회주의(무정부주의 포함)가 본격적으로 소개되면서 사회적 주목을 받던 시기였다. 1902년 고토쿠 슈스이 등에 많은 영향을 주었던 게무야마 센타로(煙山專太郎)의 『근세 무정부주의(近世無政府主義)』의 편찬을 비롯하여 사회주의와 사회당의 활동에 대한 소개가 본격적으로 이루어지고 이와 더불어 러시아의 혁명운동도 또다시 일본의 사상 · 문화계의 주목을 받게 되었다. 하지만 이 시기 허무당이나 무정부주의에 대한 소개는 일본내의 정치적 개혁과는 일정한 거리가 있다. 게무야마 센타로의 『근세 무정부주의』는 당시 일본에서 러시아의 나로드니키와 유럽의 아나키즘을 가장 체계적으로 소개한 저서로, 그 서문은 일본에서 무정부주의를 어떻게 수용하고 있는지를 잘 보여주는 대표적인 예이다.

> 근래 무정부주의당의 폭력은 실로 매우 참혹하여 듣기만 해도 간담을 서늘케 한다. 그렇지만 세상 사람들은 대부분 그 이름은 알지만 그 실질은 알지 못한다. 본서의 편찬이 조금이나마 이 부족한 부분을 메울 수 있기를 기대한다. 이른바 실천적 무정부주의자는 흉폭하고 사나워 천인이 질시(嫉視)하는 바이지만 그 무지몽매함은 또 자못 동정해야 할 점이 있다. (……) 본서의 편찬은 완전히 역사적 연구를 통해 이 망상자와 열광자가 어떻게 실제로 현실사회에 출현하게

되었는지 그 연원 및 발달을 밝혀 보고자 한다.[13]

게무야마 센타로는 일본의 근대 법학자이자 사회학자로서 1902년 이후 일본에 유학한 중국학생들에게 많은 영향을 주었던 아리가 나가오(有賀長雄)로부터 철학을 배웠으며, 주로 독일과 프랑스의 저자들의 저서와 일부 영문저서를 참고하여 『근세 무정부주의』를 저술하였다.[14] 게무야마 센타로는 위 저서의 서문에서 이탈리아 정신의학자 롬브로소(Lombroso, Cesare, 1836~1909)의 말을 빌려 무정부주의를 일종의 병리적인 현상으로 보고, 아나키스트를 망상적 열광자로 간주하였다. 이는 1880년대 민권운동시기 허무당에 대한 일본의 관심과 상당한 차이가 있다. 실제로 게무야마 센타로의 이 저서는 고토쿠 슈스이에게 영향을 주기는 했지만[15] 일본의 아나키즘 운동에 미친 영향은 매우 미약했다. 그럼에도 이 저서가 중요한 의미를 지니는 까닭은 당시 일본에 유학한 중국학생과 혁명운동가들에게 큰 영향을 주었다는

13 煙山專太郎(1902), 『近世無政府主義』, 東京專門學校出版部.

14 煙山專太郎(1902), 「參考書目」 참조.

15 1905년 이전에는 고토쿠 슈스이조차도 무정부주의에 대해 부정적인 인식을 가지고 있었다. 예를 들어 그가 1902년에 쓴 『社會主義長廣舌』(人文社) 가운데 「無政府的製造」에서 무정부당의 독해(毒害)를 비판하는 내용이 나온다. 또 1904년에 쓴 「與露國社會黨書」(『平民新聞』 18, 1904)에서는 자신을 허무당이나 테러리스트와 구분하여 사회민주당의 신봉자라고 주장하였다(김석근, 2008), 「고토쿠 슈스이(幸德秋水)의 무정부주의」, 『동양정치사상사』 7(1), p.53. 고토쿠 슈스이가 사회주의자에서 아나키즘으로 선회한 것은 1905년 이후이다. 이에 대해서는 김석근(2008); 유병관(2009), 「고토쿠 슈스이(幸德秋水)의 제국주의 비판과 일본 아나키즘의 수용과정」, 『일본연구』 41, pp.25-44 참조.

점 때문이다.[16]

1902년은 무술변법의 실패와 의화단의 난 이후 중국인들이 일본에 정치적 망명을 하거나 유학을 하면서 새로운 서구 정치사상을 본격적으로 접하고, 그것을 각종 잡지들을 통해 소개하기 시작하던 시기이다. 또한 청일전쟁 이후 제기된 일본 메이지 유신 모델론에 따라 량치차오 등을 비롯한 중국의 개혁적 지식인들이 일본의 메이지 시기 전반기 자유민권운동에 주목하고 서구의 정치, 사회, 철학 등 서구의 계몽사상과 더불어 정치소설을 제창하기 시작하던 때이기도 하였다. 여기에 의화단의 난 이후 러시아의 동북 지역에 대한 점거로 반러시아 운동이 전개되고 이어 러일전쟁이 발발하면서 러시아혁명운동과 더불어 허무당에 대한 관심이 높아졌다. 이러한 복합적인 계기를 통해 20세기 초 중국의 본격적인 계몽운동과 정치적 혁명운동은 처음부터 러시아혁명운동 및 허무당의 활동과 밀접한 연관 속에서 진행되었다. 게무야마 센타로의 『근세 무정부주의』는 저자의 의도와 달리 중국인 유학생 및 혁명가들에게 러시아 허무당과 유럽 무정부주의를 심도 있게 이해할 수 있는 사상적인 통로 역할을 하였던 것이다.

3. 허무당의 소개와 담론의 형성

중국에서 러시아 허무당에 대한 본격적인 소개는 1902년부터 진행되었다.[17] 마쥔우(馬君武)가 1902년 노마스 커컵의 『사회주의 역사』 가

16 中村哲夫(1992), 『同盟の時代: 中國同盟會の成立過程の研究』, 京都: 人文書院, p.109.

17 중국에 러시아 나로드니키의 활동이 처음 소개된 것은 1879년 『萬國公報』 제12책에 게재된 「尼黨逆書」이며, 1881년 러시아 황제 알렉산더 2세의 암살사건 이후 같은 해 6월부터 1883년 3월까지 『萬國公報』에 6차례에 걸쳐 나로드니키의 활동이 "난당(亂

운데 제9장 "ANARCHISM"[18]을 중심으로 번역한 『러시아 대조류(俄羅斯大風潮)』를 비롯하여 자오비전(趙必振)이 번역한 후쿠이 준조(福井準造)의 『근세 사회주의(近世社會主義)』, 중국국민총서사(中國國民叢書社)에서 번역한 고토쿠 슈스이의 『사회주의 장광설(社會主義廣長舌)』, 작신도서사(作新圖書社)에서 번역한 시마다 사부로(島田三郎)의 『사회주의 개략적인 평가(社會主義概評)』 등이 1902~1903년 사이에 중국에 소개되었다. 비록 이들 저서의 전체 내용 중 일부만이 허무당이나 아나키즘에 관한 내용이지만 새로운 시대적 사조로 부각된 사회주의의 일환으로서의 아나키즘이나 허무당의 활동을 적극 소개하고 있다. 물론 아나키즘을 무정부주의로 번역하고 허무당 활동을 보다 체계적으로 정리하여 중국에 많은 영향을 미친 것은 앞서 말한 게무야마 센타로의 저서였다. 러시아 나로드니키와 유럽의 아나키즘을 전문적으로 소개한 이 저서에 대한 중국어 번역은 1904년 진이(金一, 즉 金天翮)가 『자유혈(自由血)』(東大陸圖書譯印局印/鏡今書局)[19]이라는 제목으로 의역한 것이 있지만, 그 이전에 이미 많은 중국 잡지들에서 부분적으로 인용하거나 발췌하는 방식으로 러시아의 허무당을 소개하는 자료로 활용되었다.[20]

黨)"의 소행으로 소개되었다. 第13年 645卷(1881), 第13年 647卷(1881), 第13年 650卷(1881), 第14年 675卷(1882), 第14年 690卷(1882), 第15年 731卷(1883) 참조.

18 Thomas Kirkup(1892), *A History of Socialism*, A. and C. Black, pp.183-215.

19 이 역서는 기본적으로 게무야마 센타로의 저서를 의역한 것이지만 제3장 「俄國政府之內容及其壓制政策」은 원본 이외의 자료를 참고하여 번역한 것이며, 또 각 장의 순서도 원본과 적지 않은 차이가 있다.

20 대표적인 것으로는 「俄國虛無黨三傑傳」(『大陸雜志』 7, 1903), 「俄羅斯的革命黨」(『童子世界』 33, 1903), 「俄國虛無黨女傑沙勃羅克傳」(『浙江潮』 7, 1903), 「俄皇亞歷山大第二之

중국의 역자 및 소개자들이 러시아 허무당과 관련하여 주목한 것은 두 가지이다. 하나는 1881년 알렉산드르 2세를 폭탄으로 암살한 소피아 페로프스카야(Sophia Perovskaia)를 포함한 허무당원의 활동이고, 다른 하나는 전제주의에 대항하는 러시아 허무당의 전반적인 혁명운동이었다. 이 중 전자 특히 소피아 페로프스카야의 활동에 주목하였는데, 이는 1880년대 일본에서 러시아 허무당의 열기가 베라 자술리치라는 여성 혁명가와 연관이 있었던 것과 매우 유사하다. 다만 그 대상이 베라 자술리치가 아니라 소피아 페로프스카야였다는 점이 다를 뿐이었다. 귀족가문의 출신으로 자유와 민중을 위해 전제정부의 억압에 맞서 자기희생적으로 혁명에 참여한 묘령(妙齡)의 소피아는 혁명운동을 고취하는 데 유익한 스토리를 제공하였다. 이는 소피아에 관한 전기의 중점이 알렉산드르 2세에 대한 폭탄테러보다도 평소의 혁명가로서의 품성과 사형선고를 받고 형집행 현장에서 보여준 의연한 모습 등이 강조되고 있는 데서도 알 수 있다.

중국에서 소피아 페로프스카야를 가장 먼저 자세히 소개한 것은 런커(任克)의 「러시아 허무당 여걸 소피아전(俄國虛無黨女傑沙勃羅

死狀」(『國民日日報』, 1903), 「論俄羅斯虛無黨」(『新民叢報』 40 · 41, 1903), 「俄國虛無黨源流考」 · 「神聖虛無黨」 · 「俄虛無黨之斬妖狀」(이상 세 편은 『警鐘日報』 28 · 35 · 38-40 · 46-47 · 49-50 · 52-54 · 64-65, 1904) 등이 있다 이 외에 「虛無黨小史」(『民報』 11 · 17, 1907), 「俄國虛無黨之諸機關」(『漢幟』 1, 1907) 역시 게무야마 센타로의 저서를 저본으로 삼고 있다 한편 게무야마 센타로의 저서에서는 러시아 허무주의를 아나키즘과는 다르지만 당시 가장 극단적인 혁명주의(사회주의와 동일한 것은 아님)로 발전해왔다는 점에서 허무주의를 무정부주의의 특수한 형태로 보고 있으며, 알렉산드르 3세 이후의 활동에 대해서는 자료를 구하기 어려워 3세의 등극 전후시기까지만 서술하고 있다. 또 그의 서문에서는 아나키즘을 극단적 혁명주의로 간주하는 그의 입장이 나타나 있으며, 아나키즘의 번역어인 무정부주의도 부정적 의미로 사용되고 있다.

克傳)」[21]이며 그 후에도 「러시아혁명의 조모 페로프스카야전(露國革命之祖母婆利蕭斯楷傳)」,[22] 「소피아전(蘇菲亞傳)」[23] 등과 같이 반복적으로 소개되고 있다. 또 그녀 이외에도 러시아 나로드니키의 창시자인 헤르첸(Herzen Aleksandr Ivanovich), 체르니셰프스키(Chernyshevski, Nikolai Gavrilovich), 미하일 바쿠닌(Mikhail Aleksandrovich Bakunin)의 활동에도 관심이 많았는데, 이들의 활동을 통해 러시아에서의 혁명사상의 흥기, 특히 나로드니키 운동의 형성과정과 주요 특징을 소개하였다. 대표적인 예가 『러시아 허무당 삼걸전(俄國虛無黨三傑傳)』이다.[24]

두 번째는 러시아 허무당의 활동에 대한 역사적 서술이다. 러시아 허무당의 일반적인 역사에 관해서는 일찍이 자오비전이 번역한 『근세사회주의』나 작신도서사에서 번역한 『사회주의 개략적인 평가』에서도 소개하고 있다. 전자의 경우는 사회주의의 역사를 전체 3기로 구분하고 그중 제3기에 속하는 근세 사회주의의 한 현상으로서 무정부주

---

21 任克(1903), 「俄國虛無黨女傑沙勃羅克傳」, 『浙江潮』 7, pp.115-120. 이 문장과 無首의 「蘇菲亞傳」은 모두 게무야마 센타로의 저서 중 전편(前編) 제6장 「虛無黨の女傑」(pp.244-262, 베라 자술리치와 소피아 페로프스카야, 제시 헤프만(Jessie Helfman)을 소개)에서 소개한 세 명의 여성 나로드니키 가운데 소피아 페로프스카야만을 번역한 것이다. 이상 세 명의 여성 혁명가 가운데 유독 소피아 페로프스카야가 당시 중국에서 주목을 받았던 것은 소피아의 감동적인 스토리도 한 요인이지만 게무야마 센타로 저서 자체의 영향도 컸던 것으로 보인다. 게무야마 센타로는 비록 세 명의 여걸이라고 호칭하였지만, 소피아에 대해서는 크로포트킨의 회고록 등의 자료를 참고하여 그녀의 행적은 물론 평소의 성품, 사형 집행 시의 일화 등을 자세히 소개한 반면, 나머지 두 명에 대해서는 두 쪽 분량의 활동내용 위주로 간략히 소개하고 있다.

22 公權(1907), 『天義報』 4.

23 無首(1907), 『民報』 15.

24 「俄國虛無黨三傑傳」, 『大陸報』 7, 1903. 이 문장은 게무야마 센타로 저서 중 전편(前編) 제2장 虛無主義の鼓吹者(pp.31-76)를 번역한 것이다.

의 및 그 당원을 개괄적으로 설명하고 있다. 저자는 무정부주의란 모든 정부와 도덕, 계급을 부정하는 파괴주의라고 보고, 그들은 자신들이 추구하는 사회개량, 자유신장, 빈부격차 없는 평등을 달리 실현할 방법이 없어 암살, 방화 등의 극단적인 폭력수단을 사용함으로써 사회의 공적이 되고 있다고 보고 있다.[25] 각국의 사회주의 소개를 중심 내용으로 하는 『사회주의 개략적인 평가』는 러시아의 사회주의와 관련하여 주로 허무당을 중심으로 허무주의의 의미, 알렉산드르 2세의 암살, 헤르첸, 체르니셰프스키, 바쿠닌 등의 활동을 소개하였다. 다만 허무당의 활동에 대해서는 전반적으로 부정적인 평가를 내리고 있다.

이에 비해 '독립적인 개인(獨立之個人)'이라는 필명으로 『러시아 대조류』를 번역한 마쥔우는 서구의 사회주의와 진화론 두 사상이 함께 새로 배태시킨 것이 무정부주의로, 사회사상의 발전이라는 측면에서 이를 긍정적으로 평가했고 러시아의 전제정부에 맞서 언론의 자유를 위해 싸우는 러시아 나로드니키의 활동을 높이 평가하였다.[26] 또 게무야마 센타로의 저서에 대한 역서인 『자유혈』의 서문에서 역자 진이는 "허무당은 자유의 신이며 혁명의 최선봉이자 전제정치의 적이다"라고 허무당의 혁명적 활동을 평가하고, 중국인들도 허무당의 분투하는 바를 알아야 한다고 주문하였다.[27] 그러나 무엇보다 이러한 단행본보다도 러시아의 허무당과 관련된 소개는 『신민총보』, 『강소』, 『정예통보(政藝通報)』, 『민보』 등 당시 중국사회에 영향력이 상당했던 잡지

---

25 趙必振(1927), 『近世社會主義』(1903, 廣智書局), 上海時代書店印行, pp.178-179.

26 葛懋春 · 蔣俊 · 李興芝 編(1984), 「俄羅斯大風潮 · 序言」, 『無政府主義思想資料選』(上), 北京大學出版社, pp.1-2.

27 葛懋春 · 蔣俊 · 李興芝 編(1984), 「自由血 · 緖言」, pp.53-54.

들의 역할이 컸던 것으로 보인다.

의화단의 난 이후 중국의 전제주의에 대한 비판과 자유 및 민권 사상을 중심으로 한 계몽시기에 자유를 위해 헌신적인 러시아 허무당의 활동은 중국인들의 분투를 자극할 수 있는 좋은 사상적 자원이었다. 특히 당시 러시아는 중국 동북 지역에 대한 점령과 러시아 내부의 끊임없는 혁명적 활동으로 중국인의 주목을 받았으며, 강력한 전제통치에 맞서 개혁이나 혁명을 추진해야 한다는 점에서 중국 지식인들에게 동시대적인 참조 모델이었다. 허무당에 대한 본격적인 소개가 이루어진 것도 재일본 중국유학생 및 정객들 사이에서 혁명과 개량을 둘러싸고 정치적 분화가 점차 진행되던 1903년부터였다. 이 시기에 각기 다른 사상적 경향의 번역서들과 잡지들이 출간되기 시작하였고 일부 잡지들은 입헌개혁과 반만주족혁명을 둘러싼 사상담론 논쟁에 적극 참여하면서 독자들의 주목을 받았다. 이러한 담론적 상황에서 러시아 허무당에 대한 소개 역시 잡지가 표방하는 사상적 경향성에 따라 중점 및 관점의 차이를 보이는 것은 자연스러운 일이었다.

먼저 허무당에 대해 적극적인 관심을 보인 것은 혁명파 진영이었다. 앞서 런커의 「러시아 허무당 여걸 소피아전」을 게재한 『절강조』를 비롯하여 『강소』, 『정예통보』 등 혁명적 경향을 보이던 잡지들은 허무당을 중국의 혁명과 연계시켜 담론화하였다. 『절강조』는 소피아의 전기를 소개하기에 앞서 「허무당 제조가(虛無黨製造家)」에서 알렉산드르 2세에 대한 8차례의 암살과정을 소개하면서 군대와 경찰력 등 가장 강력한 무장력을 갖춘 러시아 전제군주가 어떻게 살해될 수 있었는가 의아해 하며 허무당을 조장하는 것은 다름 아닌 러시아 전제군주라고 지적하였다. 그리고 삼엄한 경계능력을 갖춘 러시아 황제도 암살을 면치 못했는데 그러한 방비능력도 없는 전제군주는 한 사람의 힘에 의해서도 쉽게 제거될 수 있다고 주장하였다.[28] 이와 같이 중국의 청 왕조에 대한 경고이자 중국인들을 대상으로 허무당과 같은 활동을 자극하는 논조는 혁명파 진영이 허무당을 소개하는 기본적인 서술방식이다.

위안쑨(轅孫)의 「러시아 허무당(露西亞虛無黨)」[29]은 당시 중국인들 사이에 혁명론이 구두선처럼 확대되고 있음에도 대부분 말뿐이고 실제적으로는 혁명가적인 정신과 의지력이 부재하다고 비판하였다. 나아가 세상에서 허무당을 잔혹하다고 비판하지만 정작 잔혹한 것은 전제군주라면서 국민들이 잠들어 각성하지 못하는 상황에서는 온 세상을 진동시킬 파괴적인 활극을 통해 일깨워야 하기 때문에 중국에도 허무당과 같은 혁명가들이 필요하다고 역설하였다. 마쉬룬 역시 무정부주의는 20세기 새로운 사상조류로, 러시아에서 무정부주의가 발전한 까닭은 러시아의 전제정부 때문이지만 러시아는 무정부주의운동을 통해 20세기 세계문명을 이끌어갈 것이라고 주장하였다. 또 현재 중국은 러시아만큼 전제적이지는 않지만, 장차 중국이 더욱 전제의 폭정을 할수록 중국인들은 더욱 그 해로움을 깨닫고 저항에 나설 것이라고 보았다.[30] 여기서 그가 말하는 신사조는 아나키즘을 말하는 것이지만 중국에서 그것이 지니는 의미에 대해서는 러시아 허무당에 대한 당시의 일반적 논조에 기반하여 서술하고 있다.

---

28 「虛無黨製造家」, 『浙江潮』 3, 1903.

29 轅孫(1903), 「露西亞虛無黨」, 『江蘇』 4,

30 馬敍倫(1903), 「二十世紀之新主義」, 『政藝通報』 14-16.

같은 해 량치차오가 『신민총보』에 「러시아 허무당론(論俄羅斯虛無黨)」[31]을 발표한 것은 당시 혁명담론 하에서 허무당에 대한 세인의 주목이 더 커지고 허무당 관련 담론이 확산되는 상황과 관계가 있다. 당시 중국의 전제주의를 비판하고 자유사상을 강조하는 데 누구보다도 적극적이었던 량치차오는 러시아 허무당을 단순히 혁명적 선동의 수단으로 삼는 것을 경계하면서 허무당에 대해 역사적으로 조망하고 그 득실을 논하였다. 그는 먼저 게무야마 센타로의 설명방식에 따라 러시아 허무당의 역사를 문학혁명시기, 연설선동시기, 암살공포시기로 구분하고, 혁명주의로서의 허무당이 암살공포를 주요 수단으로 삼게 된 것은 프랑스혁명처럼 폭동의 방식으로는 혁명주의를 실현할 수 없었기 때문이라고 보았다.[32] 또 허무당의 종지는 빈부평등과 토지소유권 개혁을 중심으로 한 무정부주의인데, 이러한 주장은 반대세력인 귀족들의 저항으로 실현하기 어려울 뿐만 아니라 그 개인적으로도 반대한다는 입장을 표명하였다. 하지만 허무당이 암살이라는 수단을 통해 경제적 요구에서 입헌제의 도입과 언론출판, 연설의 자유 등 정치적 개혁으로 중점이 변화해 가는 것은 허무당의 진보적인 현상이라고 평가하였다. 특히 테러리즘을 포함한 허무당의 활동방식은 사람들을 놀라게 하고, 기쁘게 하고, 흠모하거나 숭배하도록 하는 매력을 지니고 있다고 보았다.

---

31 中國之新民(1903), 「論俄羅斯虛無黨」, 『新民叢報』 40 · 41.

32 러시아에 폭동이 불가능한 이유에 대해 량치차오는 그 주요 원인으로 혁명활동이 소수의 사람에 의해 진행되고 다수의 참여가 없다는 점, 전제정부의 중앙군대 힘이 막강하다는 점, 주로 귀족이 거주하는 중앙지역이 아니라 지방에서 혁명활동이 이루어지고 있다는 점, 또 폭동을 준비하고 진행하기 위한 활동자금의 부족 등을 들고 있다.

이와 같이 량치차오는 입헌제를 주요 핵심으로 하는 자신의 정치적 개혁의 관점에서 허무당을 평가하고 있다. 혁명파들이 주로 전제와 혁명이라는 대립구도 하에서 허무당의 헌신적이고 자기희생적인 활동에 주목하였다면 그는 허무당의 종지와 발생 원인에 보다 주목하고 사회주의적 혁명에 반대하였다. 그러면서도 허무당원들의 활동을 숭고한 정신으로 표현하고 있으며, 러시아에서는 불가피한 현상으로 그 전체적인 원인이 바로 전제군주의 억압에 있다고 본 것은 혁명파와 차이가 없다. 이러한 시각은 혁명에 대한 그의 정치적 관점의 변화에도 불구하고 변함 없이 이어지고 있다. 예를 들어 1904년 사조노프(Yegor Sazonov)가 러시아 내무대신 폰 플레베(Vyacheslav von Plehve)를 암살하자 "핀란드의 비수, 허무당의 폭탄 테러"에 대해 장엄하고 위대하며 통쾌하다고 찬사를 보내기도 하였다.[33] 이와 같이 당시 중국의 개혁적 지식인들이 정치적인 입장을 떠나 허무당의 활동에 대해 보여주는 태도는 중국에서 허무당 소개의 동기와 중점이 어디에 있었는지를, 그리고 허무당의 증후군이 형성된 이유를 잘 말해준다.

4. 허무당의 탈역사화와 소설화

20세기 초 중국에서 허무당은 혁명정신의 기호이자 알레고리였다. 그 방법의 옳고 그름, 그 성패에 관계없이 허무당의 활동은 중생을 전제의 억압으로부터 구하기 위해 자기를 희생[34]하는 화신으로 간

33 飮冰(1904), 「俄國虛無黨之大活動」, 『新民叢報』 51, p.74; 飮冰(1904), 「俄國新內務大臣」, 『新民叢報』 56, p.70. 이 사건에 대한 또 다른 보도는 「俄國专制家之历史」, 『大陆』 2(8), 1904, pp.14-15 참조.

34 中國之新民(1903), 「論俄羅斯虛無黨」, 『新民叢報』 40 · 41, p.14.

주되었다. 허무당이 추상적 정신의 차원으로 승화한 것은 처음 허무당 담론의 형성과정에서 그 중점이 그들 활동에 대한 구체적이고 체계적인 인식에 있기보다는 자기희생적 혁명활동에 있었기 때문이다. 다른 한편으로는 허무당 활동이 비록 거의 동시대적으로 전개된 역사적 실재과정이었음에도 중국인들에게 러시아의 정치는 물론 사회문화에 대한 정보가 극히 한정적이었다는 것과 허무당 활동이 비공개적이고 신비한 점이 많았다는 것도 한 요인으로 작용했다. 그 결과 러시아 허무당은 실제성에 의한 제약으로부터 자유로운, 다양한 의미를 파생시킬 수 있는 기호가 될 수 있었다.

허무당은 1880년대 니힐리스트에 대한 일본의 번역어이지만, 당시 니힐리스트이든 교무토(虛無黨)든 20세기 초에 중국어 '쉬우당(虛無黨)'으로 번역되었을 때 그 의미는 니힐리스트나 교무토 대상어의 원의보다도 한자의 '虛無'와 허무당의 이름으로 소개되는 내용의 성격에 의해 구성되었다. 허무당의 의미에 대한 비교적 자세한 설명은 「러시아 허무당 원류고(俄國虛無黨源流考)」에서 찾아볼 수 있다. 『경종일보』에 연재된 이 글에서 저자는 헤르첸의 주장과 투르게네프의 『아버지와 아들』을 인용하며 허무주의를 신과 하늘, 정부를 부정하는 신사회 제도이자 신세계의 종교이고, 비판적 시각으로 모든 것을 관찰하는 것이라고 설명하였다. 그렇지만 '허무당'이라는 명칭은 러시아 사람들이 스스로 붙인 것이 아니라 서남(西南) 유럽 사람들이 파괴주의에 대해 붙인 명칭이라고 지적하고 있다.[35] 즉, '허무당'은 러시아혁명

35 「俄國虛無黨源流考」, 『警鐘日報』 35, 1904. 게무야마 센타로 역시 허무주의를 부정주의[否認主義], 파괴주의이자 러시아 특유의 혁명론이라고 규정하였다(煙山專太郎, p.5).

활동에 기반해 있지만 그 혁명활동에 대한 직접적인 지시어라기보다는 그 가운데 특정한 활동방식에 대한 서구인들의 명명이라는 것이다.

『강소』, 『절강주』 등에서도 허무주의 사상의 복잡성과 다양성을 인정하고 있고 '허무당'도 러시아혁명, 사회주의, 무정부주의와 상호 연계되거나 혼효(混淆)되어 소개하고 있지만, 기본적으로는 테러 방식을 통한 전제정체(專制政體)에 대한 저항이라는 의미를 부각시키고 있다. 그러나 무엇보다도 중국에서 '허무당'의 의미 구성에 중요한 역할을 한 것은 러시아혁명 관련 사건보도였다. 러시아혁명에 관한 많은 기사가 테러 활동이었고 그 활동 주체는 다수가 '허무당'이라는 이름으로 소개되었다. 더 나아가 세계 각처의 테러 활동에 대해서도 그 주의와 주장에 관계없이 허무당의 소행으로 간주되었다. 그 가운데는 스페인 허무당의 뇌물매수와 같이 실제 허무당과는 관계없는 사건보도도 적지 않다.[36] 또 청말 소설가이자 비평가인 왕중치(王钟麒)는 중국의 전통소설 『수호전』을 허무당 소설로 평가하기도 하였는데, 그 이유는 소설에서 원한을 복수하고 탐관오리에 폭력을 가했다는 점을 들었다.[37]

이와 같이 '허무당'의 의미가 테러 활동에 초점이 맞춰지면서 '허무(虛無)'의 의미에도 변화가 일어났다. 처음에 종교나 국가, 전통

36 「俄皇亞歷山大二世之死狀」, 『國民日日報滙編』 1, 1904; 「俄國革命黨之風潮」, 『鷺江報』 81, 1904, p.15; 「神聖虛無黨」, 『警鐘日報』 146 · 156, 1904; 「西班牙虛無黨之價值」, 『競業旬報』 11, 1908, p.34; 「賄賂虛無黨免殃」, 『大同報』 9(9), 1908, pp.28-29; 「英國嚴防虛無黨」, 『大同報』 9(19), 1908, p.29; (英)高葆直 · 徐惟岱(1908), 「北印度之虛無黨」, 『大同報』 9(23), pp.7-9; (英)高葆直(1908), 「印度虛無黨之又出現」, 『大同報』 10(17), pp.7-8; 「虛無黨火彈之出現」, 『大同報』 9(9), 1908, p.30.

37 天僇生(1908), 「中國三大家小說論贊」, 『月月小說』 14.

규범 등에 대한 부정과 비판적 태도라는 의미의 번역어인 'nihil-虛無'는 이제 허무당의 신비스러운 활동방식의 특징에 대한 규정으로 바뀌었다. 즉, "허무는 비밀스러움의 명사이다"[38]라든가, "러시아 백성은 전제정부를 대상으로 혁명하기 위해 허무당을 조직하였는데, 이는 곧 비밀스러워 붙잡을 수가 없다는 의미이다."[39] 여기서 '허무(虛無)'는 종적이 없다는 의미로서 더 이상 니힐리즘/허무주의와 관계가 없다.

이러한 허무당의 의미 변화는 1906년 이후 두드러진다. 그 이유는 첫째, 무정부주의와 사회주의에 대한 보다 심도 있는 이해가 이루어지면서 허무당의 의미가 이것들과 구분되기 위해 사상적인 것보다는 행동적인 양식으로 바뀐 것으로 보인다. 특히 1905년 러시아혁명을 계기로 러시아혁명이 이미 허무당이 주도하던 19세기 후반과는 상당한 차이가 있다는 점을 인식하게 되었으며, 『민보』(1905, 東京), 『천의보(天義報)』(1907, 東京), 『신세기(新世紀)』(1907, 파리) 등의 창간으로 사회주의와 무정부주의에 대한 보다 체계적이고 깊이 있는 이해가 이루어졌다. 그리고 동시대의 러시아혁명은 이제 허무당과 구분되었고, 단순한 테러 활동보다는 주의와 주장과 같은 사상적이고 이론적인 측면에서 더 주목하게 되었다. 이러한 변화에 수반되어 허무당은 이제 러시아혁명과 유리되어 보다 넓은 의미에서 암살이나 테러 활동의 의미와 밀착되어 갔던 것으로 보인다. 두 번째는 이상 혁명운동이나 사건보도 이외에도 허무당의 담론 형성에 소설이 중요한 역할을 했다는 점이다. 허무당의 담론을 사회적으로 확산시켜 나가는 데는 오히려

38 亞朔(1907), 「虛無黨之行爲」, 『漢幟』 1.

39 「俄國虛無黨之炸彈」, 『第一晉話報』 7, 1906, p.36.

소설이 훨씬 더 큰 역할을 했다고 볼 수 있다.

> 허무주의는 본래 러시아혁명을 설명하기에 부족하나. 혁명당 가운데 허무론자가 있다고는 할 수 있지만 양자를 합하여 동일시하는 것은 잘못된 것이다. (……) 이 이치는 너무나 당연하여 설명이 필요하지 않다. 그러나 우리 중국에서는 결국 양자를 동일시하고 있다. 그 이유는 여러 가지지만 평소에 확실하게 들은 바가 없고 일반 소설에서 오인하게 만들었기 때문이다. (……) 서구 사람들은 아직 양자를 확실히 구분하지 못한다. (……) 더욱이 우리 중국은 한두 소설에서 말하는 것을 실제 역사로 간주하고 있다(러시아 소설은 이에 해당하지 않으며, 외국소설 가운데에도 가치가 있는 것이 있지만 중국에서 번역한 것은 대부분 그러한 것이 빠져 있다). 작가도 그 내용을 깊이 이해하지 못하고 있는데 어찌 믿을 만한 것을 전할 수 있겠는가. 단지 임시방편으로 지어낸 것일 뿐이다.[40]

저우쭤런의 이러한 비판은 당시 중국에서 허무당 담론의 성격을 잘 말해주고 있다. 그는 허무당과 러시아혁명을 구분하지 못하는 것은 당시 소설들이 정확한 내용을 알지도 못하면서 혼융하여 사용하고 지어내고 있기 때문이라고 보고 있다.

허무당이 중국 소설작품의 세계와 접맥된 것은 1902년 11월 량치차오가 『신소설(新小說)』 잡지를 반간함과 동시에 시작되었다. 『신소

---

40 周作人(1907), 「論俄國革命與虛無主義之別」, 『天義報』 11 · 12.

설』이 정치소설을 통해 자유민권사상을 널리 확산시키기 위해 창간된 데서도 알 수 있는 바와 같이 그 잡지의 주요 기고자는 소설가로서보다는 계몽가 혹은 혁명가적인 입장에서 자신의 주장을 소설로 풀어내고자 하였다. 그중에 주목할 것은 창간호부터 제5호까지 역사소설이라는 분류하에 연재된 위이여사(羽衣女士, 羅普를 말함)의 「동유럽 여호걸(東歐女豪傑)」이다.

> 이 책은 전적으로 러시아 민당(民黨)의 사실을 서술한다. 여호걸 베라 자술리치와 소피아 페로프스카야, 제시 헤프만 세 사람을 중심으로 하여 운동의 역사 전체를 포함할 것이다. 대저 애국적인 미인이 많기로 러시아만한 것이 없다. (……) 가장 자유를 사랑하는 사람이 가장 전제적인 국가에서 태어나 수천 명의 지사들의 피를 희생하여 장래의 행복을 추구하지만 아직 성공하지 못하고 있다. 그러나 그 뜻을 굽히지 않고 그 세력도 나날이 더더욱 증가하고 있다. 중국의 애국자들도 모두 이를 가장 중요한 비책으로 삼아야 할 것이다.[41]

이상 『신소설』 발간 예고 광고에서 밝히고 있는 바와 같이 「동유럽 여호걸」은 게무야마 센타로의 저서에서 허무당의 3걸이라고 소개한 세 사람을 중심으로 러시아 허무당 혁명운동을 소설로 연의(演義)한 것이었다. 『신소설』에서 이 소설을 창간과 더불어 게재한 것은 그 잡지의 목적을 구현하기 위한 기획하에 이루어진 것이었다. 그 역사

41 「中國唯一之文學報」, 『新民叢報』 14, 1902.

소설 항목하에 기획된 작품으로는 이 이외에도 프랑스혁명을 연의한 「홍수화(洪水禍)」, 미국 독립운동을 연의한 「자유종(自由鐘)」과 「19세기연이(十九世紀演義)」, 「로마사연의(羅馬史演義)」 등이 있었다. 이러한 소설들은 서구의 혁명운동을 소설이라는 양식을 통해 선전하기 위한 일환으로 쓰인 것이었다. 이는 일본의 민권운동 시기에 프랑스혁명과 러시아혁명운동을 빌어 자유민권 사상을 선전하고 정부에 대해 경고성 비판을 하려 했던 것과 같은 취지일 뿐만 아니라 비록 역사소설로 분류되기는 했지만 일본의 정치소설과도 맥을 같이하는 것이었다. 저자 뤄푸(羅普, 1876~1949)는 캉유웨이의 문하생으로 량치차오의 신문잡지 발간활동에 적극적으로 참여하면서 입헌과 민권운동을 전개했던 인물이다. 뤄푸는 허무당의 주장 가운데 사회주의적 요소나 가치규범에 대한 부정적 태도에 대해 중국 현실과 일정한 괴리가 있음을 지적하였다.[42] 비록 러시아의 허무당이 서구의 근대적 계몽운동과는 일정한 거리를 둔 반계몽주의운동의 성격을 함께 지니고 있었지만 그는 반전제주의 자유민권을 위한 혁명적 투쟁을 고취하는 것으로 허무당을 이미지화하였다.

「동유럽 여호걸」이 연재되고 있던 1903년 반청혁명의 성격이 강한 재일본 유학생 잡지인 『절강조』가 창간되었는데, 그 창간호와 제

---

42 소설은 뤄푸에 의해 창작되었지만 소설의 상단과 중간 및 말미 부분에는 담호객(談虎客)의 비평적 설명이 병기되어 있다. 담호객은 역시 량치차오, 뤄푸 등과 함께 민권-입헌운동에 종사하던 한원쥐(韓文擧)인데, 그는 허무당의 주장이 사회주의적 내용을 담고 있고 또 서구사회에서 경제문제가 사회사상의 중요한 흐름을 형성하고 있지만 중국사회에는 부합하지 않는다는 등 허무당의 활동에 대해 비교적 자세하게 설명하고 있다.

3호의 소설란에는 데쉐셩(喋血生)의 「전제호(專制虎)」가 게재되었다. 「전제호」는 표면적으로는 탐정소설의 형식을 취하고 있지만 허무당의 비밀스러운 활동에 대한 서술이 주요 내용을 이루고 있다. "러시아 조정은 독사나 맹수보다 더 가혹한 정치로써 국민을 대하고 있고, 흉악하고 민첩한 탐정이 그 앞잡이 노릇을 하고 있지만 (……) 허무당은 기꺼이 목이 잘리고 피를 흘리는 것을 감내하며 시베리아 유배지를 극락세계로 여기고 매일 끊임없이 폭탄으로 정부에 맞대응하고 있다. 때로는 실패하기도 하지만 그럴수록 오히려 그 비밀활동의 지식과 수단은 늘어나고 있다. 탐정의 활동도 기이하지만 허무당의 수단은 더욱더 기이하다."[43] 작품에 대한 이상의 간략한 설명은 허무당을 제재로 한 소설의 세 가지 측면을 부각시키고 있다. 그중 하나는 바로 전제(專制)에 대한 비판이고, 다음으로는 허무당의 자기희생적 활동이며, 세 번째는 허무당의 비밀스럽고 기이한 행적이다.

『신소설』과 『절강조』에서 창간호에 허무당 관련 소설을 게재하고 연재했다는 것은 당시 허무당이 계몽이나 혁명의 대중적인 확산을 위한 중요한 사상적 자원이자 제재로 받아들여졌음을 의미한다. 특히 『절강조』에서 정치소설이나 역사소설과 같이 그 정치적 의미를 부여하기보다 당시 외국소설의 번역을 통해 중국 독자들의 주목을 받기 시작한 탐정소설로 소개한 것은 허무당의 제재를 대중적인 취미와 연계시키려는 의도를 드러낸 것이라고 할 수 있다.

그러나 누구보다도 허무당을 혁명담론의 대중화와 연관시켜 소

---

43 喋血生(1903), 「專制虎」, 『浙江潮』 1.

설이라는 양식을 통해 적극적으로 소개한 사람은 진톈허(金天翮, 1874~1947)와 천징한(陳景韓, 1878~1965)이었다. 진톈허는 일찍이 1903년 상하이 혁명단체인 애국학사(愛國學社)에 가입하여 혁명활동을 하였으며 상술한 바와 같이 1904년에는 게무야마 센타로의 『근세 무정부주의』를 번역한 『자유혈』[44]을 출판하기도 하였다. 이 번역서에서 그는 여성 허무당에 대해 "허무당 여걸은 누구인가. 하늘의 선인(仙人)이 인간으로 변신한 것이며, 혁명을 품고 있는 꽃이자 자유를 잉태한 어머니이다"라고 하면서 허무당 여걸의 활동에 특별한 관심을 가지고 자세히 소개하였다.[45] 이어서 『자유혈』 번역 직후에 재일본 유학생의 혁명잡지인 『강소』에 기린(麒麟)의 필명으로 「얼해화(孽海花)」 제1~2회를 발표하기도 하였다.[46] 그는 이 소설을 "중러교섭, 파미르경계사건, 러시아 허무당 사건, 동3성 사건" 등을 중심으로 한 '정치소설'로 기획하여 출판하려고 했지만, 결국 6회만을 저술하여 출판하지는 못하고[47] 소설림사(小說林社)를 설립한 청푸(曾朴)와 함께 60회로 재구성한 후 청푸가 완성토록 하였다.[48] 『얼해화』에서도 러시아 허무당, 특히 여성 허무당원은 중요한 모티브이다. 제15~17회에서는 러시아 허무당 샤야리(夏雅麗)의 활동을 중심으로 허무당의 활동과 주의 등을 소개하고 있다.[49]

---

44 金一(1904), 『自由血』, 鏡今書局.

45 金一(1904), p,125,

46 麒麟(1904), 「孽海花」, 『江蘇』 8.

47 金一(1904), 「爱自由者撰譯廣告」.

48 寇振鋒(2010), 「『孽海花』における『三十三年の夢』の受容」, 『言語文化論集』 31(2).

49 진톈허가 "爱自由者金一"이라는 필명으로 체계적으로 여권의 중요성을 논한 『여계종(女界鐘)』을 발표한 시점은 바로 그가 러시아 허무당에 관해 본격적인 관심을 가지

이상 「동유럽 여호걸」과 「얼해화」가 러시아 여성 허무당을 제재로 하여 중국의 국내외 문제점을 비판하고 혁명적 사상을 고취하는 창작소설이라면, 천징한은 주로 허무당 관련 소설 번역을 통해 중국에 허무당 증후군을 확산시켰다. 천징한은 1904년 『허무당』이라는 소설 번역서를 출판하였다. 이 소설집은 영국의 탐정소설가 코난 도일(Arthur Conan Doyle)의 작품을 번역한 「바이거 씨(白格氏)」[50]와 일본 와타나베 다메조(渡邊爲藏)와 다구치 기쿠테이(田口掬汀)가 쓴 미상의 작품을 번역한 「치뤄샤 부인(綺羅紗夫人)」 및 「자쉬커프 씨(加須克夫氏)」[51] 등 세 편의 소설을 번역하여 묶은 작품집이다. 그는 이 소설집에 앞서 탐정소설집을 번역하여 출판한 바 있으며, 이 소설집 역시 처음에는 탐정소설의 시각에서 접근하였다. 그러나 다른 탐정소설과 달리 허무당을 중심으로 독특한 스토리 전개 양상을 지니고 있어 별도로 『탐정담 증간: 허무당(偵探談增刊: 虛無黨)』이라고 제목을 붙였다고 한다.[52] 역자에 의하면 이 소설집의 번역이 단지 허무당의 기이한 행적에 대한 흥미 때문만은 아니었다. 그는 이 소설을 통해 러시아의 전제권력에 대한 허무당의 저항운동에서 보여주는 바와 같이 자칭 중국의 허무당이 진정한 허무당이 되어 더 이상 중국이 러시아로부터 주권침략을 당하지 않고 국민들도 정부로부터 더 이상 부당한 대우를

고 저역활동에 종사하기 직전인 1903년 7월이었다.

50 코난 도일의 원제목은 "A Night among the Nihilists"(Toledo Blade, Thursday, May 5, 1881)이며 1889년 출판된 작품집 *Mysteries And Adventures*에 수록되어 있다.

51 이상 일본의 두 작품의 원문은 아직 확인되지 않고 있다.

52 冷血譯(1904), 「譯虛無黨感言」, 『虛無黨』, 開明書店, p.2.

받지 않도록 분발을 촉구하고자 하였다.[53]

같은 해에 천징한은 영국의 윌리엄 르 퀴(William Le Queux)의 작품을 일본인 마쓰이 쇼요(松居松葉)가 번역한 『허무당 기담(虛無黨奇談)』[54]을 「허무당 기화(虛無黨奇話)」로 중역하여 『신신소설(新新小說)』에 연재하였다.[55] 『신신소설』은 처음부터 소설양식을 통한 의기(義氣)·호협(豪俠)과 사회 및 국가에 대한 사랑[忠群愛國]의 뜻을 밝히는 것을 창간 취지로 표방하였다.[56] 제1기부터 제12기까지 주로 협객 위주의 작품을 중심으로 삼고 그 밖의 작품을 부수적인 것으로 삼는다고 편집방침을 표방하고 '협객담(俠客談)'을 연재하였다. 남아시아 협객담 「필리핀 외사(非列賓外史)」, 프랑스 협객담 「비밀낭(祕密囊)」과 더불어 「허무당기화」는 러시아 협객담의 일환으로 연재되었다. 「허무당기화」는 러시아 허무당을 빌어 의협심을 고취시키고 "타락하고 부패한 중국사회"를 개량하기 위한 것이었다.[57]

허무당 소설은 이후에도 소설잡지를 통해 꾸준히 발표되었다. 【표 2】에서 보여주는 바와 같이 상대적으로 계몽의식이 강한 『월월소설(月月小說)』에 천징한 등의 번역소설이 계속 발표되기도 했지만, 『부녀시보(婦女時報)』와 『소설시보(小說時報)』 같은 대중성이 강한 소설잡지에서도 허무당을 소재로 한 작품들이 적극적으로 소개되고 있다.

---

53 冷血譯(1904), p.1.

54 ウイリアム・ル・クユ-(1904), 『虛無黨奇談』, 警醒社. 이 소설은 윌리엄 르 퀴(William Le Queux)의 *Strange Tales of a Nihilist*(London, New York, Melbourne, Sydney: Ward, Lock. Bowden and Co., 1892)를 번역한 것이다.

55 冷血譯(1904-1907), 「虛無黨奇話」, 『新新小說』 3-10.

56 俠民(1904), 「新新小說敘例」, 『大陸』 2(5).

57 「俠客談敘言」, 『新新小說』 1, 1904; 「本报特白」, 『新新小說』 3, 1904.

특히 『소설시보』에서는 신해혁명 이후에 더더욱 허무당 소설이 발표되었는데, 대표적인 인물은 바로 저우서우쥐안(周瘦鵑)이었다. 그는 1912~1914년 사이에 허무당을 소재로 한 저역작품인 「원앙혈(鴛鴦血)」, 「맹허무당원(盲虛無黨員)」, 「녹의녀(綠衣女)」, 「철창쌍(鐵窻雙)」, 「무정부당미인(無政府黨美人)」, 「번운복우(翻雲覆雨)」, 「여허무당인(女虛無黨人)」 등을 발표하였다. 여기서 특기할 것은 그 가운데 「원앙혈」, 「맹허무당원」, 「녹의녀」, 「철창쌍」은 비록 번역한 소설로 게재되었지만, 실제로는 번역을 가장한 저우서우쥐안의 창작소설이라는 점이다.[58] 이는 당시 허무당 소설이 외국문학의 특수한 현상이라는 인식이 중국 독자들에게 이미 보편화되었다는 점을 의미한다.

이처럼 소설잡지의 지면을 꾸준히 메운 허무당 소설은 번역자나 잡지 편집자가 이를 통해 독자의 정치의식을 각성시키기 위한 목적도 있었지만, 더 주요하게는 대중적인 독자들의 독서 취향과도 부합했기 때문이었다. 상술한 바와 같이 허무당 소설은 중국 독자들에게는

【표 2】 신해혁명 시기 허무당 관련 저·역서 및 원서

허무당 관련 저 · 역서	원 서
(英) 克喀伯/獨立之個人(馬君武) 譯, 『俄羅斯大風潮』, 廣智書局, 1902	Thomas Kirkup, *A History of Socialism*(A. and C. Black, 1892)
幸德秋水/中國國民叢書社 譯, 『社會主義廣長舌』, 商務印書館, 1902	幸德秋水, 『社會主義長廣舌』, 人文社, 1902
福井準造/趙必振 譯, 『近世社會主義』, 廣智書局, 1903	福井準造, 『近世社會主義』, 有斐閣, 1903

58 潘少瑜(2011), 「想像西方:論周瘦鵑的「偽翻譯」小說」, 『編譯論叢』 4(2), pp.1-23.

西川光次郎/周子高 譯, 『社會黨』, 廣智書局, 1903	西川光次郎, 『社會黨』, 內外出版協會, 1901
島田三郎/作新圖書社 譯, 『社會主義概評』, 上海作新社, 1903	島田三郎, 『社會主義概評』, 警醒社, 1901
自然生(張繼) 譯纂, 『無政府主義』, 上海, 1904	
煙山專太郎/金一(金天翮) 譯, 『自由血』, 東大陸圖書譯印局印/鏡今書局, 1904	煙山專太郎, 『近世無政府主義』, 東京專門學校出版部, 1902
冷血(陳景韓) 譯, 『虛無黨』, 開明書店, 1904	(英) 柯南道爾, (日) 渡邊爲藏, (日) 田口掬汀 譯, 『魯國奇聞虛無黨』, 『文藝倶樂部』 9(16), 1903
江西一靑民, 『虛無黨女英雄』, 上海, 1905	
傅闊甫 譯, 『俄宮怨』, 1904	森林黑猿, 俄宮怨
佚名 譯, 『俄羅斯國事犯』, 『大陸報』 2(1–12), 1905	
冷血 譯, 『虛無黨奇話』, 『新新小說』 3–10, 1904–1907	(英) William Le Queux, (日) 松居松葉 譯, 『虛無黨奇談』
奚若 譯, 『虛無黨案』(『福爾摩斯再生案』 4), 小說林社, 1906	(英) 柯南道爾
華子才 譯, 『虛無黨之秘密會』, 『奇獄』 2, 小說林社, 1906	(美) George McWatters
芳草館主人(張朋園) 譯, 『虛無黨直相』, 廣智書局, 1907	(德) 摩哈孫
上海知新室主人(周桂笙) 譯, 『八寶匣』, 『月月小說』 1–2, 1906	
冷血 譯, 『女偵探』, 『月月小說』 13–15, 1908	
冷血 譯, 『殺人公司』, 『月月小說』 17, 1908	
冷血 譯, 『爆裂彈』, 『月月小說』 16–18, 1908	
冷血 譯, 『俄國皇帝』, 『月月小說』 19–21, 1908	
(英) 邱維年/覺民 譯, 『虛無美人』, 『婦女時報』 4, 1911	
楊心一 譯, 『虛無黨飛艇』, 『小說時報』 11, 1911	
楊心一 譯, 『虛無黨之女』, 『小說時報』 12, 1911	
天津路鈞, 『女虛無黨』, 『小說時報』 14-15, 1912	

대부분 친숙한 전통 장르인 의협소설이거나 협정(俠情)소설로서 수용되었다. 이는 러시아혁명이 중국의 대중독자들에게 어떤 시각적 프레임 하에서 이해되는지를 말해준다. 폭동이나 테러와는 달리 대중독자들에게는 이타적이고 정의를 위한 의협심을 바탕으로 개인적인 희생을 감수하는 이미지나 자신의 이상을 위해 적극적으로 실천에 나서는 인물 또는 사회적 억압과 위협 속에서 모험적으로 불의에 맞서는 형상, 즉 협의(俠義)라는 시각 속에서 중국의 대중독자들은 러시아혁명을 받아들였다. 이러한 방식으로 허무당 소설은 중국의 대중적인 독자들이 러시아혁명을 접할 수 있었던 주요 매체로서 기능하며 이른바 정치성과 대중성을 결합시킬 수 있었다. 학생이나 지식인들은 주로 허무당과 러시아혁명에 대한 보다 체계적인 저서를 통해 러시아혁명을 이해하였다면 여성과 기층대중들 가운데 식자층이 주로 접하는 것은 바로 이러한 허무당 소설을 통해서였다.

5. 허무당 증후군의 의미망

이와 같이 신해혁명 시기 중국에서 러시아 허무당은 매우 복잡한 양상으로 소개되면서도 하나의 시대적 증후군을 이루고 있다. 당시 중국에서 허무당은 하나의 개념이 아니라 다양한 의미변주가 구성하는 의미군체로서 역할을 하였다. 따라서 이들은 하나의 시대적 증상으로 읽힐 수 있으며, 그러한 증상은 복합적인 원인으로 인해 발생하는 하나의 특수한 현상이다.

허무당의 의미의 가장 중심적인 층위에는 실제적인 역사적 사건으로서의 러시아 허무당의 활동이 자리잡고 있다. 20세기 초 중국에서 러시아 허무당은 러시아혁명을 지시하는 부호로 사용되었다. 1905

년 러시아혁명과 중국에서의 사회주의 및 무정부주의에 대한 이론적 인식이 심화되면서 러시아 허무당이 러시아혁명의 한 부분으로 이해되기까지 중국에서 러시아 허무당의 활동은 전체 러시아혁명의 주요 특징으로 이해되었다. 그리고 당시 중국에서 역사적 실재로서의 허무당활동은 주로 방법적인 측면에서 부득이한 방식을 취할 수밖에 없는 특수한 조건하의 자유민권운동으로 해석되었다. 즉, 허무당은 프랑스혁명과 같이 자유민권운동이나 사회적 평등을 주장하는 근대적 정치운동의 의미를 지니고 있었다. 1880년대 전후 일본에서의 자유민권운동론자들이 허무당에 대해 관심을 가졌던 이유도 이 점에 있었는데, 중국에서도 1900년 이후 개량주의와 혁명주의를 막론하고 허무당운동을 동시대적인 자유민권운동으로 인식하였다.

그러나 허무당은 이상의 역사적 층위의 의미에서 다소 확대되어 다른 차원의 의미를 아우르는 것으로 변화되었다. 그중 대표적인 양상은 러시아혁명이라는 역사적 맥락에서 유리되어 일반적인 테러리즘의 의미로 확장된 것이다. 이는 당시 중국에서 혁명운동의 한 방법으로서의 정치적 암살이나 테러 활동이 주목을 받고 실제 실천에 옮겨지던 상황과 직접 관련되기도 했지만, 허무당은 그러한 정치적 운동과 상관없는 일반적인 테러 활동을 의미하기도 하였다. 또 허무당은 허무당활동의 신비한 비밀주의를 의미하기도 하였다.

이상 중심적인 차원과 그 외연의 확장된 의미 층위를 함께 아우르면서도 새로운 대중적인 의미부호를 만들어낸 것이 허무당 소설이다. 허무당의 소설화는 다양한 차원의 소설세계를 통해 허무당의 대중적인 의미부호를 만들어냈다. 물론 허무당 소설 가운데 일부는 소피아 페로프스카야의 활동을 모델로 한 것이 적지 않지만, 실제 소설에서는 역사적 소피아 페로프스카야와는 무관한 허구적인 인물이었다. 결국 허무당 소설은 허무당의 탈역사화를 주도하였으며, 그 주요 방식은 당시 대중적인 소설독서의 취향과 결합하여 다양한 층위의 의미로 확장하는 것이었다. 허무당 소설에서 만들어낸 여러 의미를 보면 다음과 같다.

우선 실제 러시아 허무당은 남녀의 여러 인물들이 주도하였지만 소설에서는 주로 여성활동가들에 집중하고 있다. 당시 여성에 대한 주목은 두 가지 측면의 의미를 지니고 있다. 하나는 근대적 평등관념에 대한 중국의 주요 반향은 남녀평등에 기반한 여성의 권리운동이라는 점이고, 다른 하나는 중국의 사회적 기풍의 개량에 있어서 여성활동가들의 자기희생적이고 영웅적인 활동은 중국의 남녀 모두를 자극하는 의미를 지니고 있었다는 점이다. 따라서 여성의 권리나 혁명활동을 위해 러시아 허무당 가운데 여성들의 활동은 당시 중국에서 특별한 의미를 지닌 것이었다. 두 번째는 허무당 소설은 전통적인 기담과 협의소설이라는 일종의 전통 장르 성격과 결합하였을 뿐만 아니라 당시 서구의 번역소설 가운데 대중적인 인기를 끌고 있던 탐정소설과도 연계된 통속적인 소설이었다. 요컨대 허무당 소설은 대중적이라는 측면과 정치적 의미망이 결합된 것으로 인식되었으며, 넓은 의미에서는 바로 정치소설을 중심으로 한 당시 신소설의 대표적인 양상을 보여주었다. 즉, 당시 많은 정치소설이 대중독자를 대상으로 한 계몽을 주창하면서도 실제 대중적인 독자와 유리되어 있었다면, 허무당 소설은 대중적 취향과 계몽성을 결합시킨 성공적인 사례였다.

이러한 의미에서 20세기 초 중국에서의 허무당은 당시 중국의 정치사상적 지형과 대중적 정치운동 그리고 상업적 문화가 결합되어 시대정신의 문제성을 드러내 보여주는 대표적인 증후군이었던 셈이다. 더욱이 허무당은 당시 러시아-서구-일본-중국으로 이어지는 연쇄적인 문화번역의 산물로서, 종전과는 다른 새로운 근대성의 정신 메커니즘과 의미의 증식과 변용과정을 보여주는 시대적 증상의 의미를 지니고 있기도 하다.

IX. 1905~1907년의 러시아혁명을 바라본 조선의 시각: 러시아혁명에 관한 조선 언론매체의 논의를 중심으로

블라디미르 티호노프(박노자, 노르웨이 오슬로대학)

1. 서론: 1905~1907년의 러시아혁명과 그 의미

유럽의 19세기는 혁명의 시대였다. 민족주의적 투쟁이 자유주의적 입헌주의운동과 겹치는 경우도 종종 있었다. 1871년에 설립된 파리코뮌에서 전형적으로 드러나듯이 어떤 경우에는 자유민주주의의 범위를 넘어서는 사안, 가령 임금노동자의 해방과 소외된 도시 서민에 의한 직접민주제와 같은 문제가 핵심적 쟁점이 되기도 했다. 하지만 이런 시대적 배경을 놓고 보더라도 1905~1907년의 러시아혁명은 특별한 현상으로 보였다. 러시아혁명은 적어도 네 가지 다른 시대적 흐름이 결합했다. 신뢰를 잃은 제정 러시아의 전제정권에 대항하는 전반적인 민주주의 투쟁, 자신들의 열망을 더 이상 수용하지 않는 제국의 질서에 대항하는 소수민족들의 투쟁, 대규모의 지주귀족에 대항하는 농민혁명, 반전제주의적인 동시에 반자본주의적인 노동자들의 투쟁이 그것이었다. 앞의 세 가지 흐름은 19세기 유럽 역사에서 선례가 없는 것은 아니었으나 정치적 파업에서부터 무장봉기 시도에 이르기까지 노동자들의 혁명은 유럽의 전반적 상황에서 대체로 선구적인 시도였다. 파리코뮌이 설립된 시기에도 프랑스의 90퍼센트에 달하는 공장에서는 파업으로 인한 작업 중단이 일어나지 않았다. 그렇지만 바로 그런 일이 1905년 러시아에서 일어났던 것이다. 8백만 내지 1천만의 노동자가 파업을 일으켰다. 이 수치는 서구 세계의 역사상 유례 없는 것이었다.[1] 노동자들의 혁명의 시대가 도래한 것이다. 이런 점에서 노동자들의 급진주의적 시대로서 20세기는 1905~1907년의 러시아에서 탄생했다. '소비에트'(어의상으로는 '평의회'라는 뜻)라는 단어는 이런 맥락에서 태어났다. 처음에는 단순히 노동자들의 파업 평의회였던 것이 어떤 지역에서는 사실상의 '직접민주제'로 발전했고 사무직 노동자와, 군인, 학생이 참여했다. 1905년부터의 투쟁에서 대략 50여 개의 소비에트가 등장했다. 12년 후에 일어날 다음 러시아혁명이 보다 급진주의적 전환을 일으킬 것을 시사하듯이 이 중에서 40개 이상의 소비에트를 이끈 것은 볼셰비키였다.[2]

러시아는 세계 자본주의체제의 주변부에 위치하고 있었지만 러시아의 혁명세력이 1905년에 제정 전제주의체제에 대항하여 투쟁하면서 제기한 거의 모든 쟁점은 서유럽과 동유럽 국가들에도 공통되는 문제였다. 귀족가문에 의한 준 봉건적 토지소유는 이 중 많은 나라에 아직도 널리 만연되어 있었다. 어떤 국가들은 형식적으로는 입헌주의를 빙자하면서도 극히 독재적인 군주제 치하에 있었다. 소수민족에 대한 억압은 여전히 성행했다. 후진적인 러시아보다 훨씬 더 자유주의적인 국가로 대개 간주되는 스웨덴에서 1905년경에 투표권을 가진

1 Korelin, Avenir, and Stanislav Tyutyukin, eds.(2005). *Pervaya Revolyutsiya v Rossii: Vzglyad cherez Stoletie* (The First Revolution in Russia: A Reappreciation after a Century). Moscow: Pamyatniki Istoricheskoi Mysli, pp.544-545.

2 Golub, Pavel(1985). *Istoricheskiy Opyt Trekh Rossiyskikh Revolyutsiy* (The Historical Experience of the Three Russian Revolutions). Vol. 1. Moscow: Institute of Marxism-Leninism, p.401.

사람은 전 인구의 8퍼센트뿐이었다.[3] 스웨덴의 입헌군주제는, 비록 러시아식의 전제정치는 아니었지만, 정치 참여를 바라는 대다수의 욕구를 아직 충족시키지 못했다. 러시아에서 일어난 혁명에서 노동계급과 사회주의 정당들의 중요한 역할과 아직 대다수가 투표권을 갖지 못하고 극도로 빈곤했던 20세기 초의 유럽 노동자들 사이에서 지속된 급진주의를 고려하건대, 1905년의 혁명이 다른 무엇보다도 서구의 노동자들과 그들의 사회민주적 지도자들에게 영향을 미쳤다는 것은 전혀 놀랍지 않은 일이다.

사회주의에 영향을 받은 서구의 많은 노동자들에게 '러시아에서의 획기적 사건'은 그들의 계급투쟁의 무기로서 정치적 파업이 효과적이라는 것을 입증한 명확한 증거였다. 그것을 증명하듯 파업은 급격히 확산되었다. 1905~1907년 사이에 서유럽과 동유럽의 중요한 8개 국가(독일, 프랑스, 오스트리아-헝가리, 영국, 벨기에, 이탈리아, 스페인, 스웨덴)에서 2만 2천 건의 파업이 기록되었는데, 이는 그 이전 3년간 일어난 파업의 거의 두 배에 달하는 수치였다. 더욱이 사회민주주의 정당들의 당원은 1905~1907년에 25퍼센트가 증가하였다.[4] 이러한 변화의 많은 부분은 서유럽과 동유럽 사회 자체의 내부 동역학에서 기인하겠지만, '러시아의 획기적 사건'이 미친 영향은 부정하기 어려웠다. 러시아혁명은 서유럽 사회민주주의 정

---

3 Andersson, Carl Ingvar(1956). *History of Sweden,* London: George Allen and Unwin, p.394.

4 *Revolyutsiya 1905–07 gg. v Rossii i eyo Vsemirno-istoricheskoe Znachenie* (The 1905-07 Revolution in Russia and Its World-Historical Significance)(1976), Moscow: Izdatel'stvo Politicheskoi Literatury, pp.212-213.

당의 급진세력에 영감을 준 주요한 원천이었다. 로자 룩셈부르크(1871~1919)의 『대중파업, 정당 그리고 노동조합(*Massenstreik, Partei und Gewerkschaften*)』(Hamburg: Erdmann Dubber, 1906)은 동구권의 이웃에게서 자신들이 배운 것을 깔끔하게 요약했다. 즉, 전반적인 정치적 파업과 급진화된 소농민계층과의 연합이 체제를 변화시킬 수 있는 방법이라는 것이다.

하지만 일본을 제외한 아시아의 대다수 국가에서 1905년의 러시아 사건으로 영감을 받은 부류는 대체로 아직 존재하지 않는 사회주의자보다는 자유주의적이거나 민주주의적인 지식인이었다. 아직도 전제주의적이었던 이란이나 중국의 서구화된 지식인들에게 1905년 러시아혁명의 가장 주목할 만한 부분은 헌법과 기본적인 현대적 자유를 위한 투쟁으로 간주된다. 대부분 일본에 거점을 둔 중국의 망명혁명가들이 러시아의 획기적 사건을 면밀히 지켜보았다는 것은 잘 알려진 사실이다. 이와 더불어 그들은 일본에 망명한 소수의 러시아 급진주의자들과 개인적으로 친분을 유지했다. 그 급진주의자 중 하나인 뛰어난 민속학자이자 선구적인 아이누민족 연구가인 브로니스와프 피우수츠키(Bronisław Piłsudski, 1866~1918)는 장차 1911년 신해혁명의 지도자가 될 쑹자오런을 1906년 3월 10일에 도쿄에서 처음 만났고, 미국 시민권을 가지고 필리핀 등 여러 곳을 전전했던 인민주의자이자 의사인 니콜라이 러셀(Nikolai Sudzilovsky-Russel, 1860~1930)은 쑨원과 수차례 서신교환을 했으며 1906년 12월에 도쿄에서 직접 만나기도 했다. 중국공화주의 혁명가들의 주요 기관지인 『민보』의 제3호(1906년 4월 5일)에서 미래 중국혁명의 또 다른 지도자였던 후한민(胡漢民, 1879~1936)은 러시아의 혁명가들이 서로 근본적인 차이점이 있음에도 불구하고 이제 모두 '민권과 입헌주의 정당' 주변으로 모이고 있다고 언급했다. 즉, 기본적인 정치적, 사회적 자유의 쟁취에 관심을 집중하고 있다는 것이다.[5] 청나라에 저항한 혁명가들은 사회혁명보다 정치혁명에 우선순위를 두면서도 바로 이 점을 강조했다. 러시아에서 사회주의 정당은 사실 전제군주제의 전복만을 위해서가 아니라 정치적, 사회적 혁명을 위해 끊임없이 압박을 가하고 있었다. 중국 혁명가들의 관심의 각도와는 대조적으로 일본 사회주의 전통의 설립자 중 하나인 고토쿠 슈스이는 러시아혁명과 관련된 글에서 노동자들의 계급투쟁 무기로서 전반적인 정치적 파업에 보다 큰 관심을 드러내며 러시아의 선례가 서구의 노동자들을 급진적으로 변화시키는 데 더욱 영향력을 미치기를 희망한다고 피력했다.[6] 고토쿠의 시각은 실로 중국 혁명가들의 관점보다는 서유럽 국가들의 동료 사회주의자들의 관점에 더 가까웠다.

2. 조선 언론에 비친 러시아: 절대주의체제, 확장, 전쟁 그리고 혁명

그렇다면 1905년 러시아의 획기적 사건에 관해 조선 지식인들은 어떤 견해를 갖고 있었을까. 당시 교육받은 조선인들은 러시아를 상당히 중요한 국가로 보았다. 러일전쟁(1904년 2월 8일~1905년 9월 5일)의

5 和田春樹(1973), 『ニコライ・ラッセル: 國境を越えるナロードニキ』 第1券, 東京: 中央公論社, pp.189-199에서 재인용.

6 고토쿠 슈스이(1906), 「세계 혁명 운동의 흐름」, 『光』 1(16) 참조.
고토쿠 슈스이(2011), 임경화 역, 『나는 사회주의자다: 고토쿠 슈스이의 작품 선집』, 교양인, pp.398-399.

와중에 혁명이 일어났는데, 이 혁명은 러시아의 전투능력에 지대한 영향을 미칠 터이므로 조선인의 관점에서는 중대한 사건이었다. 러시아 세력이 약해지면 일본의 승리 가능성이 높아지고, 일본의 승리는 조선의 운명에 심각한 영향을 미칠 것이다. 동시에 조선 지식인들은 1905년의 혁명투쟁이 주창한 몇 가지 사안이 조선에도 절실한 과제라고 생각했다. 그중 하나는 입헌군주제였는데, 이 개념은 '군주와 국민의 공동통치(군민공치)'로 종종 옮겨지기도 했다. 조선 근대의 초기 간행물들은 1880년대 초에 이미 입헌제를 소개하면서 대중의 정치참여 수준을 높이고 더욱 효율적인 통치를 가능케 함으로써 국가를 강화하는 체제라고 설명했다. 조선의 유명한 온건파 개화주의자인 김윤식과 그의 동료들이 1886년에 대체로 일본의 자료를 바탕으로 엮은 『만국정표(萬國政表)』는 외국의 국가들을 전제군주제, 입헌군주제, 공화제로 분류했다. 1890년대 후반과 20세기 초 10년 사이에 온건한 엘리트 개혁가들은 1890년대 초에 제한적 의회주의를 도입한 일본의 제도를 대략적으로 본뜬 입헌군주제가 조선에 가장 적합한 제도라는 점에 대체로 의견이 일치했다.[7] 그러므로 러시아의 투쟁은 기본적으로 입헌주의를 설립하기 위한 싸움으로 쉽게 인식되었고, 러시아 영세농민의 혁명은 대체로 지주계층에 속한 조선 엘리트 지식인들에게서 거의 공감을 이끌어내지 못했다. 그리고 진정한 산업화가 아직 일어나지 않았고 무산노동자가 거의 존재하지 않았던 합병 이전의 조선에서 프롤레타리아 혁명이란 진직으로 이질적인 개

7 왕현종(2003), 『한국 근대국가의 형성과 갑오개혁』, 역사비평사, pp.64-100.

념이었다.

조선의 개혁파 지식인들과 중국 혁명가들은 러시아혁명을 기본적으로 사회경제적이라기보다는 정치적 혁명으로 간주하는 인식을 공유하지만 1905년의 조선은 중국과 달리 그 나름의 뚜렷한 공화주의 운동이 없었다는 점에서 큰 차이가 있다. 역사상 처음으로 공화주의의 목표를 명확히 표명한 (비밀)단체 신민회는 1907년이 되어서야 설립되었다. 그러나 신민회도 먼 미래의 공화주의적 이상보다는 한반도에 대한 일본의 지속적 식민화 야욕에 대항하는 투쟁의 실제적 측면에 더 관심을 기울였다.[8] 임박한 식민화의 위협에 처한 나라에서는 군주제를 진보의 적으로 보기보다는 국제법적 독립의 최후의 보루로 인식하는 것이 훨씬 더 용이한 일이었다. 이런 이유 때문에 사실 조선의 지식인들에게는 러시아의 맹렬한 반군주제 혁명전쟁이 매혹적이고 고무적이기는 하지만 이질적인 사건이었다. 또한 러시아 언어를 조금이라도 구사할 수 있는 사람이 거의 없었기 때문에 조선의 지식인들은 러시아의 사건을 일차 자료들을 통해 이해할 수 없었다는 점도 기억해야 한다. 다음에 언급되는 조선의 언론자료들은 대체로 일본과 중국 혹은 영어권 언론에서 가져온 자료들을 편집한 것이었다. 러시아 언론의 보도에 근거한 것은 거의 없었다. 하지만 이렇게 외국의 2차 자료에 의존함으로써 러시아혁명에 관한 서유럽의 보도에 드러난 어떤 특징, 가령 노동자들의 투쟁의 기능이나 제정 러시아의 반유대주의 및 폴란드 식민지배에 대한 강조는 일본과 중국의 번역문에

8 Shin, Yong-ha(1994), "The Sinminhoe's Independence Movement during the Last Years of the Choson Dynasty." *Seoul Journal of Korean Studies* 7, pp.13-44.

그대로 남아 있었고 조선의 번역문에도 고스란히 남아서 조선 독자의 세계관을 풍부하게 해주었다는 의미도 있었다.

또한 1905년의 격동적 사건 이전에도 조선 언론은 러시아혁명당에 관한 주제를 자주 다루었음을 기억할 필요가 있다. 1905년 이전 몇 년간 한반도에서 러시아는 일본의 주적이었다. 그러므로 1903년 5월에 러시아가 경쟁국인 일본에 대해 전략적 이점을 확보하려는 열망으로 1896년의 벌목 관련 계약을 이행한다는 구실을 내걸고 조선 국경에 상륙거점을 마련하여 압록강의 용암포 국경 마을을 점령했을 때 조선 언론은 러시아의 공격적 입장과 당시 아직은 '외국의 백인 침략자'에 맞서 조선을 '보호'해 줄 듯한 일본의 입장을 대조적으로 평가하곤 했다.[9] 따라서 러시아혁명의 혼란상에 관한 조선의 보도는 대체로 침략자 러시아의 국내 정치의 모순적인 면들을 보여주었고 러시아의 내부적 약점을 강조했다. 실은 용암포 침략사건 이전에도 조선의 관찰자들은 러시아 내부의 정치적 분쟁을 면밀히 주시했다. 결국, 조선의 진보주의자들은 1898년 독립협회의 반러시아운동 이후로 러시아를 조선의 독립이라는 대의에 대한 커다란 잠재적 위협세력으로 간주해왔다.[10] 러시아 내부의 정치분쟁은 조선의 언론에 끊임없이 보도되면서 그 분쟁이 러시아의 전제적 폭정과 대외 팽창주의가 독특하게 결합되어 초래된 사건으로 받아들여진 것은 당연하다. 가령 1901년 4월 12일에 온건한 개신유림들의 대변지인 『황성신문』(1898

---

9 현광호(2007), 『대한 제국과 러시아 그리고 일본』, 선인, pp.5-80.

10 O, Se-ŭng(1995), *Dr. Philip Jaisohn's Reform Movement, 1896–1898: A Critical Appraisal of the Independence Club*, Lanham, Md.: University Press of America, pp.71-74.

~1910)은 런던 발 전보를 인용하여 "혁명당 당원 73명이 러시아의 수도 상트페테르부르크에서 격렬한 싸움을 벌인 후 경찰에 체포되었다"[11]고 조선 대중에게 알렸다. 이 보도에서 언급된 것이 어느 '혁명당'인지는 명확하지 않다. 아마도 여기서 언급된 사건은 1901년 3월 4일에 상트페테르부르크에서 대규모의 학생시위가 일어난 후 진보적 학생들이 다수 체포된 사건일 것이다.[12]

조선의 시각에서 보았을 때 러시아의 혁명가들은 그저 수동적으로 고통을 겪는 것이 아니라 그들의 압제자들에게 중대한 타격을 가할 수 있는 위치에 있었다. 1902년 4월 15일에 사회혁명당(SR) 당원이 러시아의 내무대신 드미트리 시퍄긴을 암살한 충격적 사건이 전 세계적으로 돌풍을 일으킨 후에 『황성신문』은 주로 런던 『타임스』에 실린 보도에 의존해서 그 사건을 다루었다. 『황성신문』의 편집진은 그 암살을 '흉행(凶行)'으로 평가하면서도 러시아에서 테러 투쟁이 일어나는 배경으로 "대학생들에 대한 야만적 탄압"과 "공장 노동자들의 격렬한 동요"를 언급했다.[13] 제정 러시아정부는 그 자체의 무분별한 정책에 대한 응분의 대가를 치른 것으로 간주되었다.

용암포 침략사건 직후에는 러시아 내부의 잠재적 분쟁에 관한 보도가 한층 심화되었다. 가령, 1903년 7월 25일자 『황성신문』에 실린 한 기사는 러시아에 도래할 "내란의 징후"를 밝혔고 예상대로 그 문제

11 『皇城新聞』 4(재판), 경인문화사, 1982, p.715.

12 이 시위에 참가했고 후에 유명한 작가가 된 라줌니크 이바노프-라줌니크(1878~1946)의 회고록에 이 시위에 대한 상세한 묘사가 들어 있다. Ivanov-Razumnik, Razumnik(1994), "Tyur'my i ssylki" (Prisons and Exiles). *Mera* 1, pp.146-191 참조.

13 『皇城新聞』 6, 1902. 5. 20, p.421.

는 외국에 대한 군사적 공격을 선호하는 황제 니콜라이 2세의 호전적 성향과 더불어 국내의 개혁 실패, 과도한 세금 징수, 소수종족 특히 유대인 박해로 인해 빚어진 결과라고 파악했다.[14] 사실 20세기 초 몇 해에 걸쳐 급증한 영세농민의 소요를 이끌어낸 것은 대다수 빈농들의 '토지 태부족 상황'이었다. 그렇지만 니콜라이 2세 황제체제가 필요한 개혁을 제도화하는 데 실패했다는 『황성신문』의 주장은 실로 타당한 것이었다. 경찰이 종종 용납한 러시아 유대인에 대한 반유대주의 폭동이 과격해지면서 오래지 않아 혁명의 중요한 도화선이 된 것과 관련해서도 역시 타당한 지적이었다고 할 수 있다.[15]

사실 러일전쟁이 발발하자 반년만에 조선의 신문에서는 러시아와 관련된 보도가 비약적으로 증가했다. 이제 러시아와 일본의 지속적 적대관계의 맥락에서 러시아의 약점은 특히 중요한 요인이었다. 러시아에서 혁명이 일어나면 러일전쟁의 결과에 결정적 영향을 미칠 수 있기 때문이었다. 어떤 기사들은 장차 분쟁이 일어날 진원지를 정확히 알아내려고 시도하기도 했다. 예를 들어 러시아 남부지방은 혁명가들이 물밀듯이 밀려들어서 그 지역의 주지사들이 상트페테르부르크에서 열릴 그들의 상관들과의 회의에 소집될 것이라는 보도가 있었다.[16] 다른 기사들은 러시아에서 혁명적 선전이 증대되는 현상을 보도했다.[17] 또 다른 기사들은 러시아혁명에 대한 이른바 서구의 지지를

---

14 『皇城新聞』 8, p.293.

15 Ulam, Adam(1981), *Russia's Failed Revolutions,* London: Weidenfeld and Nicholson, p.134, 154.

16 『皇城新聞』 9, 1904. 2. 25, p.113.

17 『皇城新聞』 9, 1904. 3. 11, p.165.

주목했고, 가령 베른 대학교 학생들이 러시아혁명의 대의를 지지하려는 모임에서 "군주 독재 철폐!"와 "국제 사회주의 만세!"를 외쳤다고 보도했다.[18]

어떤 기사들은 러시아의 상황을 보다 심도 있게 조사하려고 시도하기도 했다. 예를 들어 1904년 4월 29일자 『황성신문』에 실린 '러시아혁명당'에 관한 기사는 전쟁을 먼저 도발했다는 러시아 정부당국의 '악정'에 대한 불만 수준을 고려할 때, 일 년이나 일 년 반 안에 러시아에서 '내란'이 일어날 것으로 예측했다. 이 기사는 또한 러시아의 혁명운동에 대한 명료한 분석을 시도하면서 그 운동의 다양한 흐름을 대략적으로 본질적으로 자유주의자를 지칭하는 '점진주의자'와 '급진주의자'로 분류했다.[19] 이 예측은 곧 사실로 입증되었다. 6개월 남짓 후 러시아혁명은 조선 언론의 해외 뉴스와 사설의 핵심적 주제가 되었던 것이다.

조선 언론의 많은 자료들은 서구의 뉴스 자료를 번역한 일본의 뉴스에 기반하고 있었다. 러시아 언론을 직접 번역한 것은 비교적 드물었다. 이처럼 번역된 자료에 의존한 보도가 문제가 없었던 건 아니지만 보도의 정확성이 반드시 떨어진 것은 아니었다. 예를 들어 그 악명 높은 피의 일요일(그레고리안력으로는 1905년 1월 22일, 율리우스력으로는 1905년 1월 9일)이 일어난 지 사흘 후인 1월 25일자 『황성신문』은 익명의 '독일 신문'을 언급하며 러시아의 주요 혁명세력들에 관한 긴 기사를 발표했다. 이 조선 신문은 8개의 혁명세력을 밝히고 혁

---

18 『皇城新聞』 9, 1904. 3. 31, p.231.

19 『皇城新聞』 9, p.329.

명적 민족주의자들의 역할을 강조했다. 신문이 열거한 '8대 혁명당' 가운데 핀란드 적극저항당(Suomen aktiivinen vastustuspuolue), 폴란드 민족민주당(Stronnictwo Narodowo-Demokratyczne), 아르메니아 혁명연합(Dashnaktsutiun), 폴란드 사회주의당(Polska Partia Socjalistyczna), 라트비아 사회민주주의 노동자당(Latvijas Socialdemokratiska Stradnieky partija)이 포함되어 있었다. 이 신문이 열거한 민족주의적 혁명가들의 공통된 특징은 테러 수단과 무장저항을 적극 수용했다는 점이다. 하지만 아르메니아인들의 경우에는 당시 러시아인들보다 오스만제국의 관료집단을 무장저항의 표적으로 삼았다.[20]

러시아에서 일어난 극적인 테러 행위는 조선 관찰자들의 상당한 주목을 끌었고, 이 점에서 그들은 일본인 관찰자들과 다르지 않았다. 상당수가 극단적 과격파들이었던 메이지 시기 지사에 의한 정치적 암살은 일본 현대 정치사의 중요한 특징이었다.[21] 따라서 일본의 관찰자들은 러시아제국의 몰락기에 러시아 정치의 기준점이 된 혁명적 테러 문화를 인정하고 경탄하기 쉬웠으며, 특히 스스로도 과격한 투쟁 전통에 속한다고 느꼈던 사람들이 그러했다. 러시아와 중국의 혁명은 지지하면서도 동시에 일본에 혁명이 불가능하고 불필요하다고 여겼던 범아시아주의자들은 대체로 러시아와 중국을 중심으로 한 외국의 혁명운동을 다룬 잡지인 『혁명평론』을 출간하기도 했다. 이 평론집에는 러시아의 혁명적 테러에 관한 많은 논문이 실렸고 대체로 다소 긍

20 『皇城新聞』 10, 1905. 1. 25, p.469.

21 Wilson, George(1992), *Patriots and Redeemers in Japan: Motives in Meiji Restoration*, Chicago: Chicago University Press, p.61, 97.

정적 어조로 기술되었다. 이 잡지의 제3호에 「암살의 러시아」라는 강력한 제목으로 실린 긴 평론은 기독교도 자유주의자인 와다 사부로의 글인데, 1905년 혁명 기간과 그 이전의 주요한 암살을 열거하고 그것을 제정 러시아의 실정에 대한 일종의 처벌로 설명했다.[22]

이런 식의 조망은 세상을 떠들썩하게 한 러시아혁명에 관한 주류 언론의 보도에 자료를 제공했고, 이와 같은 일본 언론의 기사는 신속히 조선 언론의 보도에 영향을 미쳤다. 예를 들어 『황성신문』은 '폴란드의 허무당'이 바르샤바에서 러시아 경찰들을 끊임없이 '학살'하면서도 가까스로 체포되지 않았다고 언급하거나[23] 그들이 체포된 동료를 위해 보복하려고 폭탄을 던져서 46명의 인명을 살상했는데 대부분은 러시아 경찰이었을 것이라고 보도했다.[24] 민족해방 투쟁에 나선 소수민족 지사들을 포함해서 러시아혁명가들의 무장저항에 대한 이와 같은 언론의 주목은 이후에 유명한 안중근의 이토 히로부미 처단 같은 조선 애국자들의 투쟁방법 선택에 영향을 미쳤을지도 모른다는 점에서 중요하다. 『황성신문』이 위에 언급된 1905년 1월 25일자 기사에서 거론한 러시아의 정당은 사회혁명당과 자유입헌해방연합('입헌민주당')뿐이었다.[25] 투쟁수단으로 테러를 수용하지 않았고 무장반란을 조직한 경력도 아직까지 보이지 않았던 사회민주당의 존재는 적어도 이 시점에는 조선 관찰자들의 눈에는 띄지 않았다.

---

22 勞動運動史硏究會 編(1960-1962), 『明治社會主義史料集』 8, 東京: 明治文献資料刊行會, p.144.

23 『皇城新聞』 13, 1906. 7. 9, p.237.

24 『皇城新聞』 13, 1906. 8. 21, p.385.

25 『皇城新聞』 10, 1905. 1. 25, p.469.

3. 입헌주의 투쟁 대 노동자혁명

하지만 그렇다고 해서 사회민주당의 주요 지지기반이었던 노동자들이 조선 독자들의 눈에 띄지 않은 것은 아니었다. 오히려 노동자들의 불만은 러시아혁명을 일으킨 중요한 요인으로 명확히 인식되었다. 그렇지만 동시에 기본적으로 강조된 것은 전제군주제의 실정과 반전제투쟁이었지, 노동자들의 불만이나 사회주의적 지향이 아니었다. 예를 들어 청원운동을 벌인 상트페테르부르크의 노동자들이 황제의 군대에 의해 야만적으로 학살당한 피의 일요일[26] 이후 며칠 지나지 않아 『황성신문』은 상트페테르부르크 노동자들의 주요 요구사항에 관한 속보를 발표했다. 이 속보는 도쿄발 전보를 언급하며 '자본가들의 노동자 억압철폐'를 그 첫 번째 요구사항으로 보도했다. 이것이 아마도 조선의 언론에서 외국의 반자본주의운동을 처음으로 다룬 사례일 것이다. 하지만 그 기사에서 언급된 다른 요구사항, 즉 언론, 집회, 양심의 자유 및 러일전쟁의 종결은 모두 러시아의 전제정치와 그 무모한 대외정책을 겨냥하는 데 맞춰져 있었다.[27] 따라서 산재보험, 여성 노동자에 대한 임금차별, 일일 8시간 노동, 노동조합 결성과 파업의 자유와 같은 그 청원의 중요한 부분[28]은 삭제되었다. 피의 일요일의 여파로 상트페테르부르크와 모스크바에서 일어난 파업이 언급되기는 했지만 그 보도의 주된 초점은 당국과의 무장대결 시도, 화재,

---

26 1905년의 혁명을 촉발한 피의 일요일 사건이 일어나는 과정과 의미에 대해서는 Sablinksy, Walter(1976), *The Road to Bloody Sunday: Father Gapon and the St. Petersburg Massacre of 1905*, Princeton, N.J.: Princeton University Press 참조.

27 『皇城新聞』 10, 1905. 1. 28, p.481.

28 *Revolyutsiya 1905–07 gg. v Rossii i eyo Vsemirno-istoricheskoe Znachenie*(1976), p.160.

바리케이드, 전제군주제에 대한 충성의 전반적 소멸에 맞춰져 있었다.[29] 조선의 관찰자에게 더 흥미로운 것은 러시아 노동자들의 특정한 요구사항이 아니라 제정 러시아정부의 세력이 점점 약화되면서 러일전쟁의 추이에 미칠 영향 및 입헌제로의 전환 가능성이었다.

매우 일반적인 수준에서 볼 때 러시아혁명에 관한 조선 언론의 보도에서 두 가지 중요한 관점을 찾아볼 수 있다. 첫 번째로 군사전략적 관점은 러시아혁명이 러일전쟁의 결과에 미칠 영향, 더 나아가 조선의 운명에 미칠 영향에 관련되어 있었다. 러시아가 패배하고 조선에서 철수할 경우에 일본이 곧 조선의 주권을 침해할 터이므로 고종의 조정에서는 러시아의 승리를 바랐음이 분명하다. 고종은 주로 전주한 공사 알렉산더 이바노비치 파블로프와 같은 상하이에 기반을 둔 러시아 외교관들과 1905년 내내 서신을 교환했다. 또한 당시 프랑스는 러시아의 가장 가까운 우방이었기 때문에 고종은 가령 프랑스어를 구사했던 현상건과 이인영 같은 친러시아적이면서 친프랑스적인 조신들을 통해서 '일본의 억압'에서 구해달라고 요청하는 탄원을 황제 니콜라이 2세에게 보냈다.[30]

하지만 조선의 결정권자들과 달리 조선의 여론 주도자들은 일본에 의한 임박한 식민화의 위험을 그리 심각하게 의식하지 않았고, 일본의 범아시아주의 이데올로기에 더 큰 영향을 받아 여전히 일본을 위협이 아니라 본받을 만한 모델로 간주하고 있었다. 전반적으로 『황성신문』의 편집진은 일본의 전쟁노력이 러시아나 혹은 총제적인 백

29 『皇城新聞』 10, p.477.

30 서영희(2003), 『대한제국 정치사 연구』, 서울대학교출판부, pp.220-229.

인의 침략으로부터 "동양을 수비"하리라고 믿은 듯하다. 하지만 그들도 러시아가 완전히 패배하는 것은 바라지 않았는데, 그렇게 되면 승리를 거둔 일본과의 협상에서 조선의 입장이 열세에 놓일 터이기 때문이었다.[31] 그러므로 이 필진들은 혁명으로 인한 러시아의 급속한 쇠퇴를 어느 정도 우려했고, 그 혁명이 전쟁 중인 러시아의 안정성을 약화시키려는 일본정부의 노력에 영향을 받았을지 모른다고 어느 시점부터 의심하기 시작했다. 『황성신문』의 한 기사는 익명의 러시아 신문을 인용하여 일본정부가 전쟁을 치르느라 자원을 이미 거의 소진했지만 그럼에도 불구하고 발틱 해와 흑해 함대의 해군 무기고를 파괴하기 위해서 첩보원을 통해 '혁명가'들에게 1,800만 루블에 달하는 돈을 지불했다고 보도했다.[32] 현재 알려진 바로는 실제로 아카시 모토지로 대령(1864~1919)은 일부 선정된 러시아 혁명가집단(특히 핀란드와 폴란드, 코카서스의 급진파 민족주의자들)에게 일본의 자금을 비밀리에 지원한 당사자로서 혁명 기간 중 러시아제국의 붕괴를 촉진하기 위해 약 49만 6천 엔[33]을 사용했다. 하지만 그에게 우선순위가 높은 표적이 꼭 해군 무기고는 아니었고, 대부분의 자금은 전반적인 혁명 작업, 특히 무기 구입자금으로 쓰였다.[34]

---

31 현광호(2007), 『대한제국과 러시아 그리고 일본』, 선인, pp.5-80.

32 『皇城新聞』 10, 1905. 2. 14, p.517.

33 Pavlov, Dmitry, and Sergei Petrov(1993), *Yaponskie den'gi i russkaya revolyutsiya* (Japanese Money and Russian Revolution), Moscow: Progress-Akademiya, p.67.

34 Akashi, Motojirō(1988), *Rakka ryusui: Colonel Akashi's Report on His Secret Cooperation with the Russian Revolutionary Parties during the Russo-Japanese War*, Translated and edited by O. Fält and A. Kujala. Studia Historica 31, Helsinki: Suomen historiallinen seura.

러시아혁명을 보도한 조선 언론에게 가장 중요했던 두 번째 관점은 전제군주제의 결함과 대조된 입헌군주제에 관련되어 있었다. 전제군주제의 러시아는 사실 내부적으로 너무 약체였기 때문에 국내의 큰 동요가 없는 입헌제 일본에 맞서 싸우는 전쟁에서 살아남을 수 없었다. 반면에 일본은 비록 한계가 있기는 하지만 입헌의회 정치체제를 갖추고 있어서 전시에 사회를 통합해 나갈 수 있었다. 실제로 일본은 애국적 열기에 휩싸여 있었고, 그것은 당대의 조선인들에게 쉽게 사라지지 않을 인상을 남겼다. 그들은 조선의 백성도 그만큼 애국적이기를 바랐을 것이다. 시련의 시기에 러시아의 내적 혼란과 일본의 애국적 통합의 대조는 극명하게 드러났다.

그리고 이런 상황에 대한 진단도 마찬가지로 명료했다. 전제군주제가 문제였던 것이다. 『황성신문』은 「俄國의 內亂」이라는 제목으로 실린 꽤 길고 분석적인 기사에서 러시아인들이 여타 민족 못지않게 애국적이라고 독자에게 장담했다. 그러나 그들이 전시에 내란을 계속 일으키는 유일한 이유는 전제군주제가 러시아의 평민을 '고통의 바다'에 빠뜨렸기 때문이다. '자유의 나무 아래서의 [자유로운] 경쟁'이 시대의 중요한 추세임에도 불구하고 평민들은 자유와 평등에 대해서 언급할 수 없었다. 그리고 폴란드인과 유대인, 억압받은 다른 소수민족들은 더 큰 불만을 축적해왔다.[35] 그러므로 러시아혁명은 세계사적 법칙의 문제였다. 억압으로부터의 급격한 해방은 백 년 전 프랑스에서 유사한 '참렬(慘烈)'로 귀결된 반면에, 영국은 '점진적 개혁'을 통해

---

35 「俄國의 內亂」, 『皇城新聞』 13, 1906. 8. 16, p.374.

그러한 혼란을 피해나갔다.

명백히 일본은 영국의 개혁방식을 성공적으로 뒤따르는 듯이 보였다. 당시 일본 유학생으로서 러일전쟁 중에 일본 측 군사 통역으로 실제 참전 경험이 있고 후에 중간급 식민관리가 된 최석하(1866~1929)가 일본에 관한 수필에서 언급한 유명한 말처럼 메이지 시기의 지도자들은 "내치를 개혁하고, 헌법을 공표하고, 자유와 권리를 백성(국민)에게 허용"했고, 그런 다음에 "외교술을 혁신하고, [서양인들의] 치외법권을 철폐했으며, [서구 열강과] 동등한 조약을 체결했고, 그리하여 그들의 주권을 완전히 회복했다." 이 모든 것은 입헌제와 의회정치의 발달로 인해 촉발된 일본인들의 비길 데 없는 애국심 덕분이다.[36] 여기서 연결고리가 극명하게 드러난다. 최석하뿐만 아니라 일본에서 교육받은 많은 개화파들은 "작은 섬나라 일본이 강한 세력인 청나라와 러시아를 이길 수 있었던 것은 일본의 입헌제 통치가 국민의 권리를 존중하고 개인의 자유를 보호해줌으로써 국민의 애국심을 강화했기 때문"[37]이라고 믿었다. 또한 입헌주의로 인해 과거에 70개 이상의 번국(藩國)으로 나뉘어 있던 나라가 국민국가로 거듭났고, 그 안에서 '높은 계층이나 낮은 계층 모두'가 애국적으로 단합하여 자신들의 의무를 다해서 최고 수준의 '민족적 단합'을 이루었기 때문이라고 믿었다.[38]

일본은 실로 다분히 자유주의적인 나라여서 러시아의 급진파인

36 최석하(1908), 「日本 文明觀」, 『대한학회월보』 8, pp.43-44.

37 김진성(1909), 「立憲世界」, 『대한흥학보』 4, p.23.

38 윤대진(1909), 「喚起我半島帝國之民族的觀念」, 『대한흥학보』 7, pp.31-33.

‘허무당’들은 그곳에서 자신들의 선전활동을 전개할 수 있었다. 『황성신문』은 「俄國 虛無黨의 活動」이라는 제목의 기사에서 “러시아 허무당의 지도자 러셀과 여덟 명의 러시아인”이 나가사키에서 그들의 신문 『볼랴』를 인쇄하여 블라디보스토크를 거쳐 시베리아로 보냈다고 간략히 언급했다.[39] 러일전쟁 직후에 일본 유학파 출신이 우세한 조선의 계몽주의적 신진 지식인들은 조선이 내란에 휩싸여 패배한 러시아의 운명에 동참하지 않으려면 일본의 입헌제 개혁을 따를 필요가 있다는 전반적인 합의에 이르렀다.[40]

사실 이들은 러시아인들에 대해서도 동일한 길을 따르라고 조언했다. 러시아가 일본에 대해 놀랍도록 취약한 이유 중 하나는 가령 전제군주제의 검열로 통제된 러시아 언론의 가련한 상태에서 찾아볼 수 있었다. 『황성신문』이 「報筆의 自由로以 觀國之盛衰」라는 인상적인 제목의 기사에서 피력했듯이 러시아는 표트르 대제와 그가 들여온 유럽문화에 의해 문명화되었지만 무엇보다도 ‘민당, 민권’을 억압한 행태를 보면 ‘야만성’이 남아 있었다. 언론인들에게 표현의 자유가 부족하다는 사실은 러시아 전체 인민의 억압을 상징했고, 결과적으로 러시아 황제의 거대한 제국은 전 세계가 믿기지 않는 눈으로 지켜보는 가운데 일본의 ‘세 개의 작은 섬’에 치욕스럽게 패배했던 것이다. 패배의 참사는 ‘폴란드인과 유대인들의 반란’으로 인해 더 심각한 양상

39 「俄國 虛無黨의 活動」, 『皇城新聞』 13, 1906. 8. 8, p.329. 니콜라이 러셀의 『볼랴』 출간에 대해서는 和田春樹(1973), 같은 책, 第2券, pp.108-121 참조.

40 1905～1910년 조선에서 일본을 모델로 간주한 것에 대해서는 권태억(2003), 「자강운동기 문명 개화론의 일본 의식」, 『한국 근대 사회와 문화』 1, 서울대학교출판부, pp.447-481 참조.

을 보였다. 이제야 마침내 러시아는 입헌제의 일부 요소를 도입하는 것처럼 보이지만 "어느 정도로 [이 정책들을] 신뢰할 수 있을지는 분명하지 않다."[41] 실은 당사자인 러시아인들에게도 이 점이 거의 분명하지 않았다. 사상 최초의 두마(국회)가 노골적으로 반민주적인 선거법을 토대로 선출되었고 대부분의 급진정당에 의해 거부되었으며 1906년 7월에 제정군주제에 의해 강제로 해산되었다.[42] 1906년 10월에 러시아는 여전히 전제군주국가였다. 혁명이 전제군주제를 뒤흔들기는 했지만 완전히 파괴하지는 못했던 것이다.

그렇지만 조선에서는 1905~1907년의 혁명이 가까스로 일으킨 변화, 즉 제한된 권력이나마 갖고 있던 두마와 황제가 1905년 10월 17일의 선언문("On the Improvement of State Order")[43]에서 약속한 자유권을 상당히 낙관적으로 바라보았다. 예를 들어, 1910년 당시 메이지 대학의 유학생이었던 조소앙(1887~1958, 1920년대에 조선 상해 임시정부의 중요한 지도자가 되었고, 얄궂은 운명의 장난으로 1950년에 북한 인민군에 의해 평양으로 납북된 인물)은 러일전쟁 후 전 세계에 일어난 정치적 변화에 관한 긴 기사를 쓰면서 러시아가 1904~1909년에 겪은 변화를 다소 낙관적으로 평가했다. 조소앙이 이해한 바로는 러시아는 팽창주의 세력으로 인해 전쟁을 일으켰고 반면에 일본은 스스로를 방어하기 위해 응전했다. 일본의 전시선전에 짙게 물든 이와 같은 해석은 합병 직전의 조선 지식인들, 일본에서 교육받은 비교적 젊은 지식인들 사이

---

41 「報筆의 自由로以 觀國之盛衰」, 『皇城新聞』 13, 1906. 10. 16, p.558.

42 Korelin, Avenir, and Stanislav Tyutyukin, eds.(2005), pp.457-462.

43 Fitzpatrick, Sheila(2008), *The Russian Revolution*, Oxford: Oxford University Press, pp.32-35.

에서 어느 정도 합의된 의견을 반영한 듯하다.

조소앙은 더 나아가 러시아의 수치스러운 패배로 인해 급진파인 '허무당'과 온건 자유주의자들의 '민권당'은 이제 대중이 보기에 무익한 전쟁으로 러시아 군인들의 무의미한 죽음을 야기한 무능한 정부를 공격할 자유를 얻었다고 주장했다. '암살과 연대파업'이 잇달았고 결국 러시아정부는 다른 대안을 찾지 못해 1905년 10월 선언문을 공표하고 이듬해에 의회주의를 시험적으로 실시해야 했다. 전쟁과 혁명의 결과로 '민권 발달'[44]이 이루어졌고, 조소앙은 의심할 바 없이 조선에서도 그런 발달이 이루어지기를 바랐다. 실로 그는 러시아 패배의 여파로 일본의 보호국 체제에서 조선의 주권을 사실상 빼앗긴 것을 슬퍼하면서 동일한 기사에서 1904년 이후 조선에 유익한 발전으로 '종교의 확산'과 젊은이들의 '애국심 강화', 나아가 '인간 권리의 회복'을 뽑았다. '민권과 인권'의 발달은 조선의 젊은 진보주의자들이 주장했듯이 그 시대의 지배적 동향이었다. 그리고 러시아혁명은 '허무당'의 온갖 '극단주의'에도 불구하고 전반적으로 이 동향을 따르고 있었다.

4. 맺음말

러시아의 혁명적 급진파인 허무당운동의 세부적인 사항에 대한 조선의 인식은 일본과는 비교할 수 없을 정도의 낮은 수준이었음을 지적해야 한다. 조선의 언론이 실제로 다룬 러시아혁명이라는 사건에 관한 많은 정보를 일본은 제공했다. 20세기 초 10년 동안 일본에서는

44 조소앙(1910), 「申辰以後 列國 大勢의 變動을 論함」, 『대한흥학보』 10, pp.4-15.

조선에서는 상상할 수 없을 정도의 세밀한 관심을 기울여 러시아혁명 이전과 그 기간의 혁명적 운동에 관해 열광적으로 보도한 급진주의적 간행물이 넘치도록 출간되었다. 예를 들어 『오사카 평민신문(大阪平民新聞)』은 런던에서 러시아 사민주의 노동당 제5차 회의(1907년 5월)가 열린 지 한 달 후에 그 회의에 관해 보도하면서 급진파인 볼셰비키와 그 반대편 사이의 파벌분쟁을 언급하기도 했다.[45] 이와 대조적으로 식민지시대 이전의 조선에서는 누구도 볼셰비키에 대해 들어본 적이 없었다. 조선은 자국에 영향을 미칠 러일전쟁에서 당면한 러시아의 군사적, 정치적 전망에 대한 관심을 제외하면 러시아에 대해서 대체로 호전적이고 전제적인 제국의 일례로서 관심을 보였다. 특히 폴란드인들과 유대인들의 불행한 이야기를 통해 많이 알려졌듯이 러시아는 피통치자들을 억압하고, 언론검열체계로 질곡을 가해 표현의 권리를 부정하며, 대중의 정치참여체제를 갖추지 못해 결국 안에서 파열되고 거의 파괴된 제국의 사례였다.

조선의 관찰자들은 러시아 '허무당'의 폭력행위가 러시아 황제의 '전제적 폭정'에 대한 불가피한 결과로 이어졌다고 생각했다. 중요한 점은 때로 노동쟁의의 경우들이 '동맹파공'처럼 일본어에서 만들어져 널리 쓰이게 된 용어들로 언급되었다는 것이다. 하지만 핵심은 '민권투쟁', 즉 기본적 공민의 자유권과 어느 정도의 일반대표제를 위한 투쟁이었다. 조선에서 '민권'은 조선 진보주의자들의 개혁 프로그램에서 중요한 문제였으므로, 러시아혁명은 전제군주체제가 그 독점권을 사

45 「露西亞社會民主黨」, 『大阪平民新聞』, 1907. 6. 1.

회권력에 양도하기를 거부할 때 발생할 현상에 대한 교훈으로 받아들여졌다. 분명 조선의 개혁가들은 일본에 의한 식민화가 임박하여 조선이 위기에 직면했을 때 조선의 관료제가 더 넓은 대중의 정치참여를 허용함으로써 더욱 융통성을 발휘하고 그리하여 조선을 더 강하게 만들어 나가기를 희망했다.

X. 『음청사』에 나타난 러시아혁명 이해의 양상

황재문(서울대학교 규장각한국학연구원)

1. 머리말

조선이 러시아와 처음으로 접촉한 시기는 나선정벌이 있었던 1650년대로 알려져 있다. 두 차례에 걸친 무력충돌이 있었지만, 이를 통해 조선이 러시아에 대해 많은 정보를 얻게 된 것은 아니었다. '대비달자(大鼻㺚子)', 즉 코가 큰 오랑캐라는 명칭이 대변하듯이 몽골의 별종(別種)이라는 정도의 부정확한 인식이 오랜 기간 동안 이어졌으며, 1860년의 베이징조약 체결로 국경을 맞대게 되면서 비로소 구체적인 이해가 시작되었다고 할 수 있다.[1]

결국 실질적인 접촉의 역사는 그리 길지 않았다고 할 수 있을 것인데, 19세기 말에 이르면 두 나라 사이의 관계는 급속도로 밀접해진다. 러시아는 점차 조선의 중요한 교류 상대국이 되었고, 『조선책략』에서 볼 수 있듯이 조선의 대외정책과 관련하여 가장 중요한 위치에 놓이는 국가 가운데 하나로 부상하게 된다. 이 시기에는 일본과 중국의 영향 하에 형성되고 유포된 공로증(恐露症)이나 대한제국의 대외전략의 하나로 등장하는 인아책(引俄策)의 경우에서 볼 수 있듯이 관

1 허동현(2002), 「1880년대 한국인들의 러시아 인식 양태: 공로증(恐露症)의 감염에서 인아책(引俄策)의 수립까지」, 『한국민족운동사연구』 32, 한국민족운동사학회, pp.27-29; 김문식(2009), 『조선후기 지식인의 대외 인식』, 새문사, pp.217-237. 김문식은 이익을 비롯한 지식인들의 러시아에 대한 인식이 부정확할 뿐 아니라 부정적인 묘사가 많았다고 지적하였다.

료 지식인 사이에서는 러시아에 대한 부정적 인식과 긍정적 인식이 교차하면서 나타나게 된다.[2] 또한 러시아에 대한 정보도 상당히 구체적인 수준으로 유입되었는데, 당시에 새로운 매체로 등장한 신문이나 잡지로 인해 큰 시차 없이 정보가 전달되기도 하였다.

그런데 이처럼 짧은 시기에 상당한 양의 러시아 관련 정보가 전달된 흔적을 찾아볼 수 있다고 하더라도 그런 자료들이 러시아에 대한 일반적인 인식의 변화수준을 입증하는 것인지는 단정하기 어렵다. 당시의 신문이나 잡지의 독자 수도 문제이겠지만, 이미 오랜 기간 동안 축적된 러시아에 대한 인식 그리고 소문이나 경험을 통해 형성된 러시아인에 대한 이미지가 인식의 변화를 방해하는 요인이 될 수 있기 때문이다. 결국 러시아에 대한 일반적인 인식이라는 문제는 개별 수용자의 측면에서도 따로 검토해 보아야 한다고 지적할 수 있게 되는데, 이를 위해서는 매체를 통해 전달되는 정보와 함께 개인으로서의 수용자가 나타낸 반응이나 발언에 주목해야 할 것이다.

한국에서 러시아에 대한 대중적 관심이 가장 높아진 시기는 아마도 아관파천으로부터 러일전쟁에 이르는 기간일 것이다. 이 두 사건은 국가의 운명과 직접 관련된 것이었기 때문이다. 이 시기에 러시아

---

2 허동현(2002); 허동현(2005), 「개화 · 일제기 한국인의 러시아 인식에 보이는 고정관념」, 『한국민족운동사연구』 42, 한국민족운동사학회; 배항섭(2008), 「아관파천 시기 조선인의 러시아 인식」, 『한국사학보』 33, 고려사학회; 노대환(2012), 「19세기 조선 지식인들의 대러시아 인식의 변화」, 『역사문화연구』 42, 한국외국어대학교 역사문화연구소. 허동현(2005)에서는 러시아(소련)에 대한 한국인의 인식 양상을 거시적인 관점에서 파악하였는데, 문명의 주변부에 있는 야만국가나 침략국가로 파악하는 적대적 인식과 독립의 옹호자나 인텔리겐치아의 나라, 이상적 모델로 파악하는 우호적 인식이 있었다고 지적하였다.

는 국내적으로 중요한 변화를 겪고 있었다. 차르 체제에 대한 직접적인 도전이 지속된 것인데, 그 정점에 '1905년 러시아혁명'이 존재했다. 러일전쟁이 한창 진행되던 시점이기에 전황과 함께 러시아 내부 사정에 대한 기사들이 한국의 신문에 자주 실렸는데, 그 가운데는 이 혁명에 대한 기사도 포함되어 있었다. 일본 또는 서구 언론의 기사를 번역하여 싣는 수준이기는 했지만 러시아의 혁명당 및 1905년 혁명에 대한 구체적인 상황을 다룬 것까지 나타나기도 했다.[3]

이처럼 신문에서 러시아 및 러시아혁명에 대한 정보를 소개하고 있었다는 사실은 대러시아 인식의 역사에서 중요한 의미를 지닌 것이라고 평할 수 있다. 그런데 이런 현상만으로는 당시 한국에서 러시아, 특히 1905년 혁명에 대한 대중적인 관심의 양과 질이 특별히 높았다고 말할 수는 없을 듯하다. 신문이나 잡지 등의 매체가 독자의 요구에 따라 기사를 작성하였으리라고 생각하기 어렵고, 반대로 모든 독자가 신문에 실린 기사들을 균일한 수준의 관심에서 정독하고 수용하였으리라고 단정할 수 없기 때문이다. '1905년 러시아혁명'이 당시의 동아시아에서 상당히 주목 받는 사건이었다는 점은 일본이나 중국의 사례에서 분명히 확인할 수 있지만, '혁명'이라는 문제 자체를 접할 만한 사회적 환경이 조성되지 못했던 한국의 경우에도 두 나라와 유사한 현상이 나타났으리라고 짐작하기는 어려울 것이다.

결국 러시아 및 러시아혁명에 대한 일반적인 이해와 인식의 수준

---

3 Vladimir Tikhonov(2014), "The 1905-7 Russian revolution seen from Korea: Korean Periodicals Debate Revolutionary Russia", *Horizons* 5(2), Institute of Humanities, Seoul National University.

은 신문과 같은 매체에 관련 정보가 얼마나 수록되는가보다는 수용자, 즉 독자가 그러한 정보에 대해 어떤 관심을 갖고 얼마나 받아들이고 있는가를 통해 검토해야 한다는 결론에 이르게 된다. 이를 위해서는 우선 이 사건을 다룬 독자 투고나 비평과 같은 사례를 검토해야 하겠지만 당시의 신문에서 그런 사례를 찾기는 어려운 것이 현실인 듯하다. 다만 간행되지 않은 기록, 특히 개인적인 기록 가운데는 단편적이면서 간접적이나마 여기에 해당하는 사례가 일부 나타나는데, 본고에서는 그러한 사례의 하나로서 김윤식(金允植, 1835~1922)의 일기인 『음청사』를 검토하고자 한다.[4]

2. 관료-유배객-신문독자로서의 김윤식

김윤식은 처음 관직에 오른 1865년 12월부터 세상을 떠나기까지 50년 이상의 기간 동안 일기를 썼는데, 영선사(領選使)로 선발된 1881년 이후의 일기가 현재 전한다.[5] 그는 유신환(兪莘煥)과 박규수(朴珪壽)의

4 김윤식에 대한 연구는 여러 분야에서 이루어졌다. 문학 분야의 경우에는 권오돈(1960), 「近朝의 漢文學에 對한 一考察: 滄江과 雲養을 中心으로」, 『인문과학』 5, 연세대학교 인문과학연구소 이래로 한시문(漢詩文) 및 고문론(古文論)에 대한 연구가 다수 이루어졌다. 최근에는 정치사상과 관련하여 주목할 만한 논의가 다수 발표된 바 있는데, 대표적인 사례로는 장인성(2002), 『장소의 국제정치사상』, 서울대학교출판부; 기무라 간, 김세덕 역(2007), 『조선/한국의 내셔널리즘과 소국의식』, 산처럼; 김성배(2009), 『유교적 사유와 근대국제정치의 상상력』, 창비를 들 수 있다. 특히 김성배(2009)는 김윤식의 생애와 활동을 상세하게 다루어서 참고할 만하다.

5 현재 전하는 일기는 1881년 9월부터 1921년 12월까지의 것이며, 국사편찬위원회에서 한국사료총서 제6권(음청사, 1958)과 제11권(속음청사, 1971)으로 간행하였다. 국사편찬위원회에서는 활자본으로 간행하면서 1881년 9월에서 1883년 8월까지의 일기를 '음청사'로, 1887년부터 1921년까지의 것을 '속음청사'로, 그리고 1883년에서 1887년까지의 것을 '추보음청사(追補陰晴史)'로 명명하였는데, 이를 모두 합하여 '음청사'로

문하에서 수학하였으며 영선사의 임무를 마치고 귀국한 이후에는 강화유수를 거쳐서 협판통리내무아문사무(協辦統理內務衙門事務), 협판군국사무(協辦軍國事務), 독판교섭통상사무(督辦交涉通商事務) 등의 직책을 맡으면서 개화정책을 실천하는 역할을 담당하였다. 갑오개혁 이후에는 외무아문대신에 올랐으며 노년에는 중추원 의장으로 활동하기도 하였다.

이처럼 중요한 직책들을 맡았음에도 불구하고 김윤식이 관료로서 활동한 기간이 길었던 것은 아니었다. 40세가 되던 1874년에 대과에 급제하여 비교적 늦게 벼슬길에 나아갔을 뿐 아니라, 오랜 기간 동안 유배 또는 근신 생활을 했기 때문이다. 김윤식은 1887년부터 1893년까지 면천(沔川)에서 유배 생활을 했고, 1897년에 제주도에 유배되었다가 1901년부터 1907년까지는 지도(智島)로 유배지를 옮겨 생활해야 했다. 그렇지만 이 기간 동안에도 서울 소식에 대해서는 지속적으로 관심을 기울였으며, 당시의 일기에 그 흔적을 남겼다. 이는 아들인 김유증(金裕曾)을 비롯하여 그의 문인(門人)을 자처했던 육종윤(陸鍾允)이나 나인영(羅寅永, 즉 羅喆) 등이 유배지를 오가면서 소식을 전해주고 때로는 서간이나 책을 보내준 덕분이었다.

유배 기간 동안 김윤식은 서울에서 보내거나 유배지에서 얻은 문헌들을 지속적으로 읽었던 것으로 보이는데, 『음청사』에 기록한 것만 정리해 보아도 그 분량이 상당하였음을 확인할 수 있다. 이는 김윤식이 이미 노년에 접어든 유배객이면서도 세상에 대한 관심을 잃지 않

일컫기도 한다. 본고에서는 김윤식의 일기 전체를 '음청사'로 일컫되, 인용을 할 때는 국사편찬위원회에서 붙인 서명에 따라 인용면수를 밝히기로 한다.

【표 1】 김윤식의 유배지별 독서 목록

면천 유배기 (1887~1893)	資治通鑑, 旬五志, 囊中訣, 道德經, 江漢集, 星軺指掌, 金陵集, 弇州集, 東國通鑑, 白沙集, 魯史零言[李恒福 編], 冲庵集, 說選, 韓詩外傳, 正宗紀事, 晩圃家狀, 寒碉集, 東輿攷, 服齋遺稿, 東國通鑑, 宋鑑, 皇明通紀輯錄, 龜峯集, 安文成公實記, 四友堂集, 桂苑筆耕, 邵亭集, 朱子語類, 禮記, 南谷集, 西事彙編[西國近事彙編], 冶谷集, 語林[明 何良俊]
제주 유배기 (1897~1901)	車雲岩雪冤錄, 韓魏叢書, 漁隱叢話, 皇明通紀, 傳燈錄, 復初齋集, 唐代叢書, 瀛寰志略, 漢城新報, 淸議報, 皇城新聞, 參同契, 西遊記, 攝生祕剖, 八代詩選, 胡傳春秋, 蘆沙集答問類編
지도 유배기 (1901~1907)	今古奇觀, 戊戌政變記[玄采 編], 燕岩集, 錦溪集, 竹齊集, 東史輯要[金澤榮], 公法會通, 世說抄, 麗史提綱抄, 明朝紀事本末抄, 宋名臣錄抄, 左傳, 經國美談, 泰西新史, 傳燈錄, 大東新報, 大韓日報, 四書正文, 忠孝合璧, 大韓每日申報, 朝陽報, 越南亡國史, 自强會月報, 西友會報, 帝國新聞, 太極會報[太極學報]

았음을 보여주는 근거라고 할 수 있을 것이다.

【표 1】에 제시한 독서 목록이 완전한 것은 아니다. 우선 『음청사』에서는 책을 전달받거나 빌린 경우 또는 특별한 감상이 있는 경우에만 책의 제목을 언급하기 때문에 원래 갖고 있었던 책은 기록되지 않았을 가능성이 있다. 또 이 목록이 각각의 문헌들을 처음으로 접한 시점을 나타낸 것은 아니기도 한데, 일기에서는 처음 언급되는데도 "다시 읽었다"고 서술한 사례를 적지 않게 확인할 수 있기 때문이다.

그럼에도 불구하고 이 목록을 통해 김윤식의 독서 경향은 어느 정도 짐작할 수 있다. 우선 동아시아의 전통적인 고전과 개화사상이나 정책을 담은 서적이 함께 포함되어 있다는 점을 들 수 있는데, 이는 전통적 지식인이었던 김윤식이 가진 관심의 폭을 보여주는 것이라고 해석할 수 있다. 즉, 김윤식은 전통적인 지식과 외래적인 지식 및 정보를 함께 주목했던 것이다.

본고의 논의와 관련해서는 다수의 신문과 잡지가 여기에 포함되어 있다는 점을 주목할 필요가 있다. 김윤식은 초창기 신문의 발간에도 관여한 바 있지만[6] 신문과 잡지를 구하거나 읽은 기록을 유배기의 일기에 지속적으로 남기고 있다. 이러한 기록은 제주도 유배기에서부터 나타나는데, 특히 지도 유배기에는 의식적으로 여러 종류의 신문을 구해서 읽은 흔적들을 확인할 수 있다. 다만 앞에 제시한 목록에 그 상황이 정확히 나타나지는 않는데, 이 가운데는 제호를 밝히지 않은 신문들도 포함되어 있기 때문이다. 또한 그는 신문의 내용을 일기에 기록해 두기도 하였는데, 주로 내용을 요약하는 형태를 취하고 있어서 그가 어떤 기사에 관심을 갖고 있었는지를 이를 통해 짐작해 볼 수도 있다. 요컨대 제주 및 지도 유배기의 김윤식은 상당히 적극적인 신문독자였다고 할 수 있을 것이다. 1905년 러시아혁명이 일어난 시기가 지도 유배기(1901~1907)에 해당한다는 점에서 살펴보면 본고의 주제와 관련해서는 김윤식을 오랜 관료로서의 경력을 지닌 70세 전후의 유배객이자 적극적인 신문독자라고 규정할 수 있을 것이다.

그렇지만 본고에서는 1905년 전후로 시기를 한정하지 않고 『음청사』에 나타나는 러시아에 대한 전반적인 기록들을 살펴보고자 한다. 이는 '1905년 러시아혁명'이라는 사건을 이해하는 데에는 김윤식이 일생 동안 쌓아온 러시아에 대한 이미지가 관여할 수 있으리라고 예상되기 때문이다. 김윤식은 러시아에 대해 부정적인 인식을 보였다고 이미 지적된 바도 있는데[7] 실제로 그러한지 또 어떤 측면에서 그러했

6 김윤식은 영선사로 활동하면서 청나라 관리들과 신문의 속성에 대해 대화한 바 있다. 또한 『한성순보』의 창간에도 관여하였으며, 『한성순보』 간행에 참여한 바 있는 이노우에 가쿠고로(井上角五郎)에게 글을 써 주기도 하였다.

7 김성배(2009), pp.211-218. 김성배는 김윤식이 '친러'는 의리가 아니라고 이해했다고

는지를 살펴보아야 할 것이다. 일기 자료인 『음청사』가 일정한 한계를 지니고 있음은 분명하지만[8] 본고에서는 이러한 한계를 인정하면서 그 대체적인 양상에 대해 먼저 검토해 보고자 한다.

3. 제주 유배기 이전의 인식: 편견 또는 부정적 이미지의 형성

김윤식은 관직 생활 초기에는 러시아와 직접적인 관련을 맺지는 못하였다. 『조선책략』이 유포된 이후 러시아의 위협 여부가 국가적 관심의 대상이 되었지만 김윤식은 청과의 교섭에 주로 참여하였고 러시아와의 교섭에서 중심적인 역할을 하지는 않았다. 때문에 초기의 러시아에 대한 인식은 대체로 막연한 것이었으며, 어떤 면에서는 편견에 가까운 일방적인 것이기도 했다. 또 때로는 서양/서양인 일반에 대한 인식의 일부로서 나타나기도 했다.

일기에 나타난 초기의 사례는 영선사로 파견되어 청 관리들과 주고받은 필담(筆談)에서 찾아볼 수 있다. 다음은 당경성(唐景星), 허기광(許其光)과 진행한 필담의 일부이다.

보았으며, 중국에서의 정세를 보면서 그 흉중에 '친러=수구=망국'이라는 등식이 성립할 만했다고 지적했다.

8 『음청사』는 일기이기 때문에 몇 가지 중요한 제약 요인을 갖는다. 일기를 쓸 만한 시간적 여유가 항상 있는 것은 아니어서 때로는 자세하게 기술하지 못하거나 아예 일기를 쓰지 못하는 경우도 있다. 김윤식의 경우 관료로서 활동할 때의 일기는 소략하거나 '추보(追補)'로만 남아 있다. 유배기와 같은 특정한 시점에는 자신의 유배 해제나 친척 및 지인의 등용 여부와 같은 문제에 관심을 기울여서 다른 주제에 대한 언급은 소략해지기도 한다. 개인의 일기는 사후에 수정되는 사례도 적지 않은데, 이런 이유로 특정한 구절이 기록된 시점의 것이라고 확정하기는 어렵다.

김윤식 일찍이 듣건대 태서의 여러 나라들 가운데 러시아 이외에는 남의 토지를 탐하지 않는다고 하였는데, 이 말 또한 잘못된 것이었습니다.

당경성 대개 토지를 탐하지 않는 나라가 없는 것은 돈을 탐하지 않는 사람이 없는 것과 같습니다.[9]

김윤식 서양의 여러 나라에서는 아래에서 의론이 일어나고 윗자리에 있는 자가 편견이 없으니, 그런 까닭에 실패하는 일이 드뭅니다.[10]

허기광 태서에서 윗자리의 사람에게 편견이 없는 나라는 미국 정도입니다. 영국은 아직 과거의 법도를 지니고 있습니다. 프랑스에서는 찬탈과 시해가 잇달아 나타나고 러시아와 독일에서는 그 임금을 원수로 삼고 있습니다. 그러니 모두 배울 만하지 않습니다.

김윤식 서양의 나라에서는 형제의 인륜이 없다고 들은 것 같은데, 과연 그렇습니까.

허기광 요즈음에 와서 조금 윤리를 알게 되었는데 그 또한 거의 중화의 풍속에 물들게 되었기 때문입니다.[11]

당경성과의 필담에서는 영선사 활동 이전부터 김윤식이 가졌던 러시아에 대한 인식이 엿보인다. 러시아가 다른 서양 국가들과는 달리 남의 토지를 탐내는 나라라고 들었다 하였으니, 김윤식은 러시아

---

9 『음청사』, 1882. 3. 22, p.126.

10 '성심(成心)'은 『장자』의 「제물론(齊物論)」에 나오는 말이다. 주관적으로 형성된 일정한 견해를 뜻하니 편견으로 풀이할 수 있다.

11 『음청사』, 1882. 5. 9, p.158.

가 서양 국가의 보편적인 덕목을 지니지 못한 특이한 나라라는 생각을 이미 갖고 있었던 것으로 짐작된다. 프랑스의 베트남 침략에 대해 듣고 발언한 것임을 고려하면 프랑스 또한 러시아와 같은 나라라고 생각했을 가능성은 있지만 모든 나라가 그러하다는 당경성의 말을 김윤식이 받아들였을지는 분명하지 않다.

허기광과의 필담에서 김윤식은 서양 국가의 장단점을 모두 거론하였다. 장점이란 윗사람이 편견 없이 아랫사람의 의견을 받아들일 자세를 갖추고 있다는 것이며, 단점이란 형제와 같은 인륜(人倫)이 제대로 지켜지지 않는다는 것이다.[12] 서양 국가를 직접 접한 경험이 있는 허기광은 조금 다른 의견을 제시한다. 미국이나 영국 정도가 상하간에 조화를 이룰 뿐이며, 프랑스 · 러시아 · 독일 등은 임금을 죽이거나 원수로 여길 만큼 갈등이 크다고 했고, 최근에는 서양에서도 중국의 풍속이 퍼지면서 인륜을 조금 알게 되었다고 했다. 이 필담에서 김윤식은 귀신을 숭상하고 겸애(兼愛)를 행하며 기교를 숭상한다는 점에서 서양을 묵자의 부류로 이해할 수 있다는 결론을 내리는데, 허기광 또한 이에 동의한다. 이러한 이해가 아직 구체적인 수준에 이른 것이라 하기는 어렵겠지만 러시아를 이해하는 기본적인 틀은 여기서 어느 정도 갖추어진 것이라 해도 좋을 것이다.

---

12 김윤식이 윗사람에게 편견이 없어서 실패가 드물다고 지적한 것이 어떤 근거에서 나온 것인지는 분명하지 않다. 다만 김윤식은 국왕의 권한을 제한해야 한다는 주장을 지속적으로 제기했는데, 서양에서의 상하관계에 대한 이해방식이 김윤식의 주장과 상당히 유사하다는 점은 유의해 볼 만하다. 국왕권한의 제한을 지향하는 김윤식의 견해에 대해서는 김성배(2009), pp.237-262 참조. 다만 여기서 언급한 '태서 각국'에 러시아가 포함되는지는 확정하기 어렵다.

김윤식은 러시아와의 통상조약이 체결된 이후에는 관료로서 러시아와의 실제 접촉 경험을 갖게 되지만, 면천 유배기의 일기에서도 러시아를 구체적이거나 개별적으로 묘사하는 예는 잘 보이지 않는다. 서울에 퍼진 외국인에 의한 아동납치 소문을 언급하면서 외국인에 대한 백성들의 막연한 두려움에 대해 근심하고 비판한 사례가 있기는 하지만[13] 구체적 인식의 수준에 이른 것이라고 하기에는 무리가 있다. 독일의 공맹학교(孔孟學校)나 한문학교(漢文學校)를 언급하면서 동양의 좋은 풍속이 서양으로 전파될 것이라는 기대감을 드러낸 사례도 보이는데,[14] 이는 앞서 살펴보았던 허기광의 견해와 유사한 맥락에서 이해할 수 있는 것이며 역시 추상적인 수준이라고 할 것이다.

면천 유배기에 러시아에 대해 비교적 자세히 언급한 예로는 두 가지를 찾을 수 있다. 하나는 러시아 황태자가 일본 순사 쓰다 산조(津田三藏)의 칼에 부상을 당한 일, 즉 오쓰[大津]사건에 대한 것인데, 1891년 4월 21일(양력 5월 28일)의 일기에 기록되어 있다. 사건이 일어난 것이 5월 11일이니 유배지에 있으면서도 상당히 빨리 소식을 접했던 셈이다. 사건이 일어난 장소가 사쓰마(薩州)로, 범인이 자유당(自由黨)의 난민(亂民)으로 기술되는 등 부정확한 정보가 다수 포함되

---

13 1888년 5월 13일과 23일의 일기에는 외국인이 승복을 입고 유괴하거나 약을 섞은 엿을 먹여서 납치한다는 소문에 대한 언급이 있다. 서울에서 소문이 사라진 뒤에도 향리에서는 계속 소문이 퍼지고 있다고 하였다.

14 『음청사』, 1890. 7. 15, 1891. 2. 17. 공맹학교나 한문학교에서는 성명지학(性命之學)을 가르친다고 하였는데, 실제의 설립 목적을 이해하지는 못한 것으로 보인다. 김윤식은 이 사건으로부터 서양이 동양을 배우게 되리라는 스승 박규수의 말이 옳았다는 결론을 이끌어낸다.

어 있는데,[15] 러시아에서 복수를 위해 군사를 일으키려 하고 일본에서 이에 대비하는 등의 위기가 있었다고 묘사하고 있다. 정보의 출처는 명시되어 있지 않지만 "정부를 원수로 여기는 자의 행위이며 일본정부의 뜻이 아니다"라는 일본 측의 해명이 제시된 것을 보면 일본에 퍼진 소문이 이 기록에 반영되었을 가능성이 있다.

다른 하나는 영선사 활동 시기의 필담 기록을 모은 책을 편찬하면서 쓴 「천진봉사연기(天津奉使緣起)」에서 찾을 수 있다. 1892년 6월 6일의 글이니 10여 년이 지난 뒤에 유배지에서 영선사 활동 시기를 회고한 것인 셈이다. 김윤식은 "러시아는 그 영토를 블라디보스토크까지 넓혔는데, 여기에 군사를 주둔하고 항구를 열었다. 우리나라와는 강물 하나만을 사이에 두고 있으니, 마치 호랑이가 곁에 있는 것과 같다"[16]고 쓰고 있는데, 여기서 호시탐탐 남의 땅을 노리는 국가로서의 이미지가 구체적으로 형성되어 있음을 확인할 수 있다.

1894년 6월에 강화유수로 복귀한 이후의 일기에서는 러시아가 자주 그리고 구체적으로 언급된다. 이는 기본적으로는 김윤식이 서울에 머물면서 외부(外部)의 업무에 주력하고 있었기 때문일 텐데, 실제로 러시아 황제 조문 등을 위해 러시아 공관을 방문하거나 러시아 공사를 접촉한 일 등 공적인 업무가 자주 등장한다. 그렇지만 자신의 업무나 체험과는 거리가 있는 소문도 일부 기록하고 있는데, 여기서 러

15 일본 자유당에 대해서는 1888년 1월의 『한성주보(漢城週報)』에 유신시대의 제후(諸侯)·왕공(王公)의 자손들이 중심을 이루고 있으며 반란을 도모한다는 식의 묘사가 보인다. 이러한 인식이 반영된 것일 가능성도 생각해 볼 만하다.

16 『속음청사』 상, 1892. 6. 6, p.228. "俄羅斯廓其境土, 至于海蔘威, 屯兵開港, 與我國邊彊只隅一水, 如虎豹之在傍."

시아에 대한 관심의 방향이나 인식의 틀을 엿볼 수도 있다. 베베르(韋貝, Weber Karl Ivanovich)의 동정에 대한 소문들이 그 예가 될 수 있는데, 김윤식은 목귀 이전의 일기에서 이미 베베르가 일본과 조선정부 간의 조정을 시도했다는 소문을 언급했으며 명성황후 시해사건과 관련해서는 오직 러시아만이 일본을 의심하여 병함(兵艦)을 불러들여서 왕궁을 호위하겠다는 등의 말을 했다는 소문을 기록하기도 했다. 또 잘못된 소문임이 밝혀졌다고는 했지만 대원군이 블라디보스토크에 서신을 보내 러시아에 구원병을 청했다는 소문을 언급하기도 했는데,[17] 이를 통해 김윤식이 '외국의 영토를 탐내는 러시아'라는 인식을 여전히 갖고 있었던 것으로 짐작해볼 수 있다.

1896년 1월의 아관파천 이후에 김윤식은 관직을 잃었으며 서울을 떠나 피신 및 근신 생활을 하게 된다. 이 시기에도 러시아의 동정은 자주 언급되는데, 아일밀약(俄日密約)(1897. 3. 2 및 3. 22), 러시아 사관(士官)의 입국(1897. 8. 12), 공사의 교대(1897. 9. 5), 재정고문 알렉세예프(戛櫟燮, Alexieff)의 동정(1897. 10~11) 등에 대한 기술이 보인다. 당시 김윤식은 과천 및 광주(廣州, 지금의 방이동)에 머물고 있었으니 방문객들로부터 이와 같은 정보를 얻은 것으로 추정할 수 있다. 이 일기들에서는 일본과 러시아에 의해 국권이 침탈되고 있는 상황을 근심하는 모습을 일부 찾을 수 있지만 정국의 변화에 따라 자신의 운명이 어떻게 결정될 것인지가 더 큰 관심사였던 것으로 이해하는 것이 자연스럽다.

---

17 『속음청사』 상, 1896. 2. 1, p.390.

4. 제주 유배기의 기록: 러시아와 일본의 충돌에 대한 예상

1897년 12월 21일의 일기에서는 자신을 제주도로 종신정배(終身定配)하는 명이 내렸다고 기록했다. 이후 1901년 7월 10일에 새로운 유배지인 지도로 떠날 때까지 제주도에서 유배 생활을 하게 되는데, 당시 김윤식은 나인영(나철)과 동행하였으며 편지와 신문을 통하여 외부 소식을 접할 수 있었다. 한편 이 시기에는 제주도에 두 차례의 민란이 있었는데, 김윤식을 비롯한 유배객들은 여기에 직간접적으로 연루되었다. '방성칠의 난'과 '이재수의 난'으로 일컬어지는 이 두 차례의 민란은 부분적으로 외국 세력과 연관된 것이기도 하였으므로[18] 민란의 과정에서 당시의 국제정세와 관련된 소문들이 널리 퍼지기도 하였다. 유배지인 제주도가 서울과 멀리 떨어져 있는 곳임에도 불구하고 이 시기의 일기에 러시아에 관한 기록이 적지 않게 나타나는 것은 이러한 배경 때문이라고 해야 할 것이다.

이런 점을 고려하면서 『음청사』에서의 언급들을 살펴보기로 하자. 【표 2】는 제주도 유배기 동안 작성된 일기 가운데 러시아와 관련된 내용을 정리한 것이다.

편지에는 서울에 떠도는 소문과 신문에 실린 기사가 모두 포함될 수 있다. 일기에서 '편지'를 출처로 거론한 부분은 결국 소문일 수도, 기사일 수도 있는 셈이다. 그렇지만 편지에서 언급하는 신문 기사의 내용은 결국 편지 작성자의 관심이나 이해를 반영한 것이라 할 수 있

---

18 『음청사』에서는 방성칠의 난을 1898년 2월 8일에서 4월 2일까지, 이재수의 난을 1901년 2월 9일에서 6월 13일까지 다루었다. 이재수의 난에 대해서는 특별히 상세한 묘사가 이뤄지고 있는데, 지도로 유배지를 옮긴 이후에도 그곳에 전해진 소식을 다시 언급하였다.

【표 2】 제주도 유배기의 러시아 관련 기록

연월일	출처	주요 내용
1898. 3. 10	배(顯益船)	절영도 문제, 한아회사(韓俄會社), 러시아 은화 통용
1898. 3. 21	한성신보	절영도 문제, 아한도승은행(俄韓道勝銀行) 설치
1898. 4. 5	편지	러시아에 대한 반발 여론, 사관 및 고문관 철수의 건
1898. 6. 16	편지	일·러의 협약(한국의 자주, 고문관 파견 사전 협의)
1898. 11. 11	북경의 소식[近信]	청 황제의 독살설(황태후–러시아의 연계에 대한 소문)
1899. 4. 12	편지	서양 제국의 회담(러시아의 농간으로 실익이 없을 것)
1899. 12. 1	편지	러시아·영국·일본의 갈등과 전쟁 준비
1900. 1. 31	일본의 배	러시아와 일본의 개전설
1900. 2. 8	소문[傳聞]	러시아와의 밀약설로 인한 처벌 소식(이용익 등)
1900. 3. 3	편지	러시아와 일본의 화평조약. 개전설 사라짐
1900. 8. 23	편지	의화단운동 이후의 처리 문제
1900. 11. 9	편지	의화단운동에 대한 처리 및 러시아의 불만
1901. 2. 11	근일 신문	유인석이 러시아에 구원병을 청했으나 실패했다는 소문
1901. 3. 2	황성신문/한성신보	러시아·일본 밀약설과 일본의 반응
1901. 3. 13	편지	아청밀약에 대한 일본의 반응(흑룡회/수상 이토)
1901. 6. 5	일본 순사[대화]	일본의 현황에 대한 문답 → 러일개전의 견해(김윤식)

으므로 김윤식 자신이 신문독자로서 정보를 찾아내는 것과는 구별해야 할 것이다.

이 시기의 일기에서 러시아를 거론한 사례들은 대체로 국제정세의 변화와 관련된 것이 주를 이루고 있는데, 그 가운데서도 세력이 커진 러시아가 라이벌인 일본과 전쟁을 벌일 것인가, 즉 화평(和平)인가, 개전(開戰)인가에 대해 관심이 집중되고 있음을 엿볼 수 있다.

유배를 떠나기 직전의 일기에서도 이미 국제정세에 대한 관심은 나타난다. 김윤식은 1897년 12월 25일에 제주 유배의 명을 받고 고등

재판소에 수감된 상태에서 일본인들이 한국에서 발행하던 신문인 『한성신보(漢城新報)』를 읽었다고 했다. 이 날의 일기에서는 독일, 러시아, 일본, 영국이 청의 몇 지역을 점령하였으며 영국 군함이 목포에 정박하면서 거문도를 엿보고 있다는 기사를 옮기고서 "탄식할 만하다"는 평을 덧붙였다. 일본을 포함한 열강의 침략이 이어지는 상황임을 알고 유배의 길에 오른 것이다.

유배지 제주도에서 들은 러시아에 대한 첫 번째 소식은 일본과 곧 전쟁을 치르게 될 것이라는 소문이었다.[19] 이 소문은 제주도에 널리 퍼진 것이었던 듯한데 방성칠과 같은 인물까지도 대강의 사정에 대해 짐작할 수 있었던 정도였다.

> 방성칠—곧 일명 방갑이다—이 유배객 최영순, 김낙영을 초청하여 함께 일을 도모할 것을 요청하니 최영순과 김낙영이 허락하는 체하였다. 방성칠이 다음과 같이 말하였다.
>
> "제주도는 방성(房星)의 분야에 속하고 내 성이 방이니 서로 부합합니다. 또 비기(秘記)에는 방(房)과 두(杜)의 장수라는 말이 있는데, 또한 내 성과 부합합니다. 이것이 하늘의 뜻이 아니겠습니까. 지금 나라의 운수는 이미 쇠하였고 진인(眞人)은 마땅히 섬에서 나올 것이니 이 기회를 잃을 수는 없습니다. 또한 제주의 유배객들이 지금처럼 많았던 때가 없으니, 이는 문무(文武)가 함께 갖추어진 것입니다. 하늘이 나의 일을 돕는 것입니다. 이제 일본과 러시아가 다투고

---

19 『속음청사』 상, 1898. 3. 3, p.457.

조정에는 일이 많으니 여기에 군사를 보낼 겨를이 없을 것입니다. 또 온다 하여도 두려워할 것이 없습니다."[20]

남학당(南學黨)의 일원인 방성칠은 육지에서 온 사람이니 섬의 주민들과는 다른 배경을 갖고 있었다고 할 만하다. 특히 남학당이 동학을 계승한 것이라는 점을 고려하면 러시아와 일본이 경쟁하던 당시의 국제정세에 대해 남다른 관심을 가졌을 수도 있다.

제주 유배기의 일기에서 러시아는 대체로 부정적으로 묘사되는데, 김윤식이 러시아와 악연을 맺고 유배를 가게 된 점도 일부의 이유가 될 수는 있을 것이다. 그렇지만 이미 갖고 있었던 부정적 인식이 이어진 것이 더 큰 이유일 것이다. 청나라 황제의 독살에 관여했다는 소문, 유인석의 구원요청을 받아들였다면 서북 지역에 큰 비극이 있었을 것이라는 판단, 청나라나 한국과의 밀약을 통해 영토를 점유하려는 음모를 감추고 있다는 이해 등은 사실과 거리가 먼 부분이 있음에도 불구하고 분명한 사실인 것처럼 서술되곤 한다. 김윤식이 러시아의 속셈에 대해 판단한 다음의 서술은 그러한 점을 잘 보여준다.

생각건대 이 회담(네덜란드에서 개최한 열강의 평화회담)이 유명무실한 것은 러시아의 농간 때문이다. 시베리아 철도가 완공되기 전에 여러 나라에서 군대를 움직이면 철도공사에 방해가 될까 두려워하여 러시아에서 잠시 이를 빙자하여 군대를 쉬도록 하게 한 것이다.[21]

---

20 『속음청사』 상, 1898. 3. 4, p.457.

21 『속음청사』 상, 1899. 4. 12, p.506.

지속적으로 관심을 기울인 문제, 즉 러시아와 일본의 개전 여부에 대해서 김윤식은 반드시 일어날 일이라고 확신하고 있었다. 사실 일본과 청나라, 일본과 러시아 사이에 전쟁이 일어날 것이라는 점에 대해서는 이미 영선사 활동 시기부터 현실화될 것이라고 근심한 바 있었는데, 제주도에서 들은 소식들은 이러한 근심을 확신으로 바꿔놓고 있었다. 일본인 순사들과 대화한 이후에 김윤식은 다음과 같이 자신의 생각을 밝히고 있는데, 이는 이재수의 난이 정리되던 시점의 일이었다.

> 이로 보건대 일본과 러시아 사이에는 반드시 아무 일이 없을 수는 없을 것이다. 러시아 또한 전함을 크게 늘리고 있고 이미 청나라 북부에 육군 3만 명을 수송하였으니 전쟁이 일어날 형세는 이미 현저한 것이다. 베이징의 강화회담이 결말이 난 후에는 개전의 설이 출현할 것이다.[22]

5. 지도(智島) 유배기의 기록: 러일전쟁과 러시아혁명

김윤식의 유배지가 옮겨진 직접적인 계기는 이재수의 난이었다. 제주도 유배객 가운데 일부는 민란에 관여했다는 이유로 처벌을 받았고 나머지는 전라도 지역의 섬들로 유배지를 옮기는 처분을 받았다. 김윤식의 유배지로 정해진 지도(智島)는 목포 인근에 있는 섬으로, 목포 지역에는 다수의 일본인들이 머물고 있었다. 때문에 김윤식은 서

---

22 『속음청사』 상, 1901. 6. 5, p.584.

울에서 전달된 편지나 신문뿐 아니라 현지의 일본인들에게서도 정보를 얻을 수 있었다.

이 시기에도 러시아에 대한 김윤식의 관심은 거의 일본과 연결되고 있었다. 지도에 도착한 지 10여 일이 지난 1901년 7월 25일의 일기에서는 러시아와 일본의 세력이 크게 부각된 국제정세를 자연현상을 보면서도 떠올리고 있는데,[23] 이는 일종의 한담일 수도 있겠지만 당시의 관심사나 인식의 방향과 무관하지는 않을 것이다.

러시아 · 일본의 갈등과 개전설(開戰說)

지도 유배 초기에는 러시아와 일본 간의 갈등과 경쟁이 심해지고 있었다. 『음청사』에서는 두 나라 사이의 형세 변화에 상당한 관심을 보이고 있는데, 그 내용을 날짜별로 정리하면【표 3】과 같다.

러시아와 일본은 전쟁을 할 것인가 아니면 화평을 맺을 것인가. 이 문제에 대해서 관심을 기울이는 것은 한국이 그 결과에 따라 상당한 영향을 받게 될 것으로 예상되기 때문이었다. 편지와 신문을 통해 전해지는 소식은 개전의 가능성이 높아짐을 알려주는 쪽이 우세한 듯하지만 때로 화평의 가능성에 대해서도 언급하고 있다. 여기에는 어느 정도는 희망 사항도 섞여 있는 것이 아닐까 한다.

---

23 『속음청사』 상, 1901. 7. 25, p.596. "(아들이) 『황성신문』을 빌려서 보내주었다. 나라 안에 가뭄이 극심하여 경기와 호서 지방은 붉게 변하였고 공주와 군산은 더욱 심하다고 한다. 그런데 경성과 부산만은 비가 충분히 내린다고 한다. 이 두 곳은 일본, 러시아와 인접한 지역이니, 또한 기이하도다."

【표 3】 러일전쟁 이전의 지도 유배기 러시아 관련 기록

연월일	출처	주요 내용
1901. 9. 5	황성신문	러시아·일본의 밀약설(만주–한국 점령의 상호 인정)
1901. 11. 6	편지	러시아에 예속된 만주 풍경(일본의 한국 점령 연상)
1902. 1. 28	편지	위안스카이 집권 이후의 만주 상황(러시아/일본의 대응)
1902. 2. 26	편지	영국과 일본의 압박에 의한 러시아의 만주 철군
1902. 3. 13	편지	영일협상 공포. 북경에서의 환영(러시아는 인심 잃음)
1903. 5. 13	윤주찬(尹株瓚) 편지	삼림 문제로 인한 개전설
1903. 5. 21	황성신문(13~19일)	러시아 의주로 파병. 일본의회의 개전 결의
1903. 5. 26	황성신문(20~26일)	러시아의 청 압박. 일본은 동정을 살핌
1903. 6. 4	황성신문(29~4일)	의주, 용천 지방에 러시아 군인 주둔
1903. 7. 4	일본인 편지(정운복)	일본 조정에서의 개전 결의 소문
1903. 7. 8	황성신문(5~9일)	개전 결의의 설
1903. 7. 18	황성신문(17일)	일본, 러시아의 베이징 담판(만주 문제)
1903. 8. 13	황성신문(11~15일)	일본과 러시아의 개전 준비
1903. 9. 14	신문(14~18일)	개전설과 만한교환설(滿韓交換說)
1903. 10. 3	편지	개전설로 인한 국내의 소동(소를 잡아먹는 사람들)
1903. 10. 9	황성신문(9~12일)	개전의 기미
1903. 11. 8	편지	개전 소문으로 인한 국내의 물가 상승
1903. 11. 11	신문(3장)	화평의 조짐이 있으나 러시아 군인는 계속 주둔
1903. 11. 14	황성신문(18일)	화평이 어려울 것이라는 전망
1903. 12. 8	황성신문(10~14일)	일본 정부 내의 개전–화평 논의
1903. 12. 29	황성신문(1~5일)	일본, 청, 러시아의 입장
1904. 1. 12	편지	청나라에서의 일본 원조 분위기
1904. 1. 19	황성신문(21~24일)	서울의 분위기(임진란 때 울렸던 북이 울림)

전쟁이 실제로 일어나고 마무리된다면 그 결과는 어떻게 될 것인가. 김윤식은 만한교환설(滿韓交換說), 즉 러시아가 만주를 차지하고

일본이 한국을 차지한다는 밀약이 논의되고 있다는 점을 이미 알고 있었는데, 밀약이 체결된다면 한국이 일본에 예속될 것은 분명한 일이었다. 김윤식은 일본이 러시아보다는 낫다는 생각과 결국은 특별히 다를 것이 없다는 생각을 함께 갖고 있었던 것으로 보이는데,[24] 이때도 러시아에 대한 부정적 이미지는 여전히 유지되는 것이 사실일 듯하다. 전쟁이 일어날 경우에는 일본을 돕겠다는 중국인들이 여러 차례 언급되는 것은 이러한 인식과도 연관된 것일 듯하다.

한편으로는 정세의 변화에 대응하는 한국 내부의 상황에 대한 묘사도 일부 나타나는데, 그 장면은 적어도 오늘날의 관점에서는 비극적으로 이해될 만하다. 한 가지 예를 제시한다.

> 금년 추석에는 마을마다 소를 잡는데도 고기 값은 계속 오르고 있다. 민간에서는 일본과 러시아가 전쟁을 할 것이라는 설로 인하여 공연히 소동이 일어나니 여기저기서 소를 잡아 먹곤 한다. 또한 가소로운 일이다.[25]

관료들은 일본이 강한지, 러시아가 강한지를 생각하며 한국이 어느 편에 서야 할 것인지를 고민하였는데,[26] 백성들은 눈앞에 다가

---

24 『속음청사』 상, 1901. 11. 6, p.608. “만주에 있는 청인들은 러시아인에게서 혹독한 노역과 세금을 요구받고 있다. 살아갈 방도가 없어 소리만 지를 뿐이니 비참하여 차마 볼 수가 없다고 한다. 장래에 일본인들이 우리나라 사람을 대우하는 것이 러시아인의 흉폭함보다 조금 낫다고 하더라도 그 차이는 얼마나 되겠는가. 개탄스러울 따름이다.”

25 『속음청사』 하, 1903. 10. 3, p.60.

26 『속음청사』 하, 1902. 3. 13, p.8.

온 전쟁의 소식을 접하고는 키우던 소를 잡아먹는다. 전쟁이 시작되면 정상적인 생활이 불가능할 것이고 생업의 자산인 소는 더 이상 자신의 소유물일 수 없음을 짐작했기 때문일 것이다. 실제로 물가는 오르고 백성들의 삶은 더욱 어려워져만 간다. 임진란 때 울렸던 북이 다시 울렸다는 소문까지 퍼지면서 혼란은 더욱 깊어진다. '가소로운 일'이라는 판단은 일기에서 기록하고 있는 상황들에 대한 일종의 탄식일 수도 있겠는데, 그럼에도 불구하고 김윤식은 스스로 어떤 책임을 느끼거나 대책을 생각해내지는 못한다. 근심과 무력감만을 보여줄 뿐이다.

러시아 · 일본의 개전과 전황

러시아와 일본의 전쟁이 실제로 일어난 이후 김윤식은 전쟁 상황에 대한 각종 정보를 지속적으로 일기에 기록했다. 『황성신문』 이외에도 『대동신보』, 『대한일보』 등 일본인이 발행한 신문들을 함께 언급하였으며,[27] 목포 인근의 일본인들로부터 전해 들은 소문 또한 자주 거론하였다. 이 정보들 가운데는 실제 사실과는 차이가 있는 것들도 적지 않은 것으로 보이지만 이들을 통해 우선 전쟁 상황에 대한 관심도가 어느 정도였는지는 짐작해볼 수 있을 듯하다. 일기에 나타난 내용을 날짜별로 정리하면 【표 4】와 같다.

---

27 『대동신보(大東新報)』는 1904년 4월에 일본인 기쿠치 겐조(菊池謙讓)가 서울에서 창간한 것으로, 동일 제호의 국한문판과 일문판이 발행되었다. 『대한일보(大韓日報)』는 1904년 3월에 인천에서 창간되었으며 사장은 일본인인 아리후 주로(蟻生十郎)였다. 1906년 8월까지는 국문으로 간행되었다. 결국 김윤식은 국문 또는 국한문으로 기록된 일본인 발행 신문을 읽었던 것으로 짐작할 수 있다. 두 신문의 개략적인 경향에 대해서는 임경석 편(2010), 『동아시아 언론매체 사전: 1815~1945』, 논형 참조.

【표 4】 러일전쟁 시기의 러시아 관련 기록

연월일	출처	주요 내용
1904. 2. 3	황성신문(7~10일)	일본의 개선 방침과 각국의 중립 표명
1904. 2. 9	일본인 편지(정운복)	목포의 신문에 실린 개전 소식
1904. 2. 10	현지 소문	일본의 지게 제작 소문(한국인을 이용한 운송 목적)
1904. 2. 11	편지(정운복)	일본인이 전하는 일본 승전의 소식
1904. 2. 15	뱃사람(충청도)	해전의 풍경
1904. 2. 23	일본인 편지(정운복) 및 목포신문 호외	개전 초기의 전황
1904. 2. 29	황성신문	12월 26일~1월 8일. 이미 들은 바와 같은 전황, 일본 보호국의 가능성에 대한 소문
1904. 3. 2	정운복 (원출처 일본인)	미국, 영국, 청에서의 자발적 기부, '공전(公戰)', '의전(義戰)'으로 칭송하는 세계 여론
1904. 3. 5	황성신문(9~11일)	고종의 일본군 지원, 러시아 내부의 반란 조짐
1904. 3. 13	황성신문(15~18일)	한반도에서의 육군 충돌 조짐, 러시아에 불리한 여론
1904. 3. 28	편지	알렉세예프의 호언장담과 패전, 영국신문의 '일본보호국' 언급
1904. 4. 6	황성신문(10~15일)	러시아 황제의 친정설(親征說)
1904. 4. 14	장윤선(방문객)	정주의 전황, 러시아군에게 피살된 의주 백성들
1904. 5. 8	편지, 황성신문, 한성신보	러시아의 위법 행위와 패배, 일본군의 삼엄한 군기(백성들에게 해를 끼치지 않음)
1904. 5. 17	목포의 신문(1장)	봉황성(鳳凰城) 전투
1904. 6. 5	황성신문(13~16일)	알렉세예프의 사임과 러시아군의 약탈
1904. 6. 21	목포에서 온 사람	러시아 배가 일본 영사의 배를 공격했다는 소문
1904. 7. 12	황성신문(9~18일)	러시아의 일본 상선 공격
1904. 8. 20	대동신보, 대한일보	일본의 승전 소식
1904. 8. 25	황성신문(5~6일)	뤼순의 해전
1904. 9. 26	황성, 대동, 대한	랴오양(遼陽)의 전투와 전사자 수
1904. 10. 8	황성신문(17~24일)	관북에 러시아 군사들이 왕래하여 소요가 있음
1904. 11. 1	대동신보, 대한일보	만주의 전투(양측 다수의 사상자), 독일, 프랑스, 미국의 움직임

1904. 11. 11	김유증(아들)	펑톈 일대의 악전(惡戰)
1904. 12. 10	황성, 대동, 대한	대한제국 군대의 관망과 일본군의 책망
1905. 1. 11	황성신문(30~2일)	뤼순 함락과 항복한 장군 스테셀의 자결[28]
1905. 2. 3	대동신보, 대한일보	펑톈에서의 결전 준비
1905. 2. 8	황성신문(25~28일) 대동신보, 대한일보	러시아 국내의 반란(자유당, 허무당 등)과 공장 파업, 정부의 대책 실패와 피난설, 핀란드 등의 독립 요구
1905. 2. 10	목포에서 온 사람	일본의 상선 징발
1905. 2. 17	황성신문(6~7일)	훈허(渾河)에서의 일본 승리
1905. 3. 22	세 신문[29]	펑톈 함락
1905. 3. 27	대동신보, 대한일보	러시아의 연패와 내란의 발생
1905. 4. 4	황성, 대동, 대한	일본의 카이위안(開原) 점령
1905. 4. 21	세 신문	대해전의 조짐
1905. 4. 24	세 신문	러시아 함대의 이동
1905. 4. 27	세 신문	발틱 함대의 이동과 일본의 대비
1905. 5. 27	김윤식(목격)	러일전쟁 화보를 보여주며 돈을 받는 사람
1905. 6. 3	목포	발틱 함대의 패전과 일본의 환호
1905. 6. 7	세 신문	발틱 함대의 패전
1905. 6. 14	세 신문	일본의 해전 승전보
1905. 6. 19	세 신문	러시아 황제의 통곡, 영국과 미국의 강화 주선
1905. 7. 20	세 신문	강화 담판의 대표와 일정 확정
1905. 9. 1	세 신문	강화 담판 미결, '한국에 대한 일본의 보호' 조항 확정
1905. 9. 13	황성, 대한	강화 담판과 일본 내에서의 불만
1905. 9. 16	대판매일신문	강화 담판에 대한 일본에서의 불만과 구미에서의 칭송
1905. 9. 27	황성, 대한	강화조약과 일본에서의 반응 (화약문 요약 제시)

러일전쟁은 본군이 한반도에서 보도통제와 검열에 관여하는 계기가 된 사건이기도 했는데, 일본군의 움직임을 보도함으로써 군사기밀을 누설하는 일이 많다는 것이 그 직접적인 이유였다.[30] 따라서 낭시의 신문기사는 적어도 내부검열은 거친 것이라고 해야 할 것이다. 그럼에도 불구하고 전황에 대한 기사나 소문을 일기에 옮겨놓은 사례는 적지 않게 보이는데, 이는 대한제국이나 자신의 미래에 영향을 미칠 것이 분명한 전쟁의 경과 및 결과에 대해 관심을 집중할 수밖에 없는 상황이었기 때문일 것이다.[31]

일기에 옮겨진 기사의 내용에 있어서는 일본 측에 유리한 정보 또는 일본의 시각에 가깝게 어느 정도 편향된 정보가 많다는 점을 하나의 특징으로 들 수 있다. 이는 일본인들의 거주지와 가깝다는 지도(智島)의 지리적 특성과도 관련된 것일 수 있다. 함께 유배 생활을 하

---

28 스테셀(Anatoli Mikhailovich Stessel)이 자신의 병졸과 생명을 구해 줄 것을 청하는 항서(降書)를 보내고서 화약고에 불을 붙여 자결했다고 하였으며, 그 충성과 용맹에 대한 칭송이 있었다고 했다. 그런데 여기에는 "뒤에 들으니 죽지 않았다고 한다"는 주석이 붙어 있다.

29 '세 신문'을 보았다는 기록이 이하에 여러 차례 나타나는데, 이는 『황성신문』, 『대동신보』, 『대한일보』을 가리키는 것으로 추정된다. 여기서는 일기의 기록에 따라 '세 신문'으로 표기한다.

30 정근식(2003), 「식민지적 검열의 역사적 기원: 1904~1910」, 『사회와 역사』 64, 한국사회사학회, pp.11-12; 정진석(2008), 『극비 조선총독부의 언론검열과 탄압』, 커뮤니케이션북스, pp.23-30. 1904년 3월 1일에 일본공사 하야시(林權助)가 『황성신문』의 기사를 지적하면서 '충분한 취체법(取締法)'을 만들도록 요구한 것이 대표적인 사례이다.

31 일본군의 검열 계획에도 불구하고 당시의 신문이 전황 관련 보도를 계속했다는 점도 하나의 원인일 것이다. 실제 이 당시의 검열과 관련하여 최초의 신문 정간 사건이 발생하는데, 이는 1904년 8월 13일에 일본인이 간행하던 『대동신보』에 내려진 정간 명령이었다. 이에 대해서는 정근식(2003), p.12 참조.

던 정운복(鄭雲復)이 일본어를 할 수 있을 뿐만 아니라 일본인들과도 친분이 있었으므로 그를 통해 김윤식이 일본인의 입장을 대변하는 정보를 접하는 것은 자연스러운 일일 것이다. 또한 『황성신문』에 일본에서 유입된 정보가 실리는 일이 적지 않을 뿐 아니라[32] '목포의 신문'을 비롯하여 여기에 언급된 신문들은 일본인들이 간행한 것이 대부분이다. 결국 개전의 경위와 세부적인 전황이 일본 측의 시각에 의한 묘사를 반영한 것일 가능성이 높다고 할 것이다.

실제 일본군의 패전 또는 고전의 소식을 전한 예는 상당히 드물어 아들인 김유증이 전해준 평톈 지역에서의 어려운 전투 소식(1904년 11월 11일) 정도가 예외적인 것처럼 보인다. 또한 악행을 저질러 배척받는 러시아군과 엄정한 군기를 지켜서 칭송받는 일본군이 대비되는 사례 또한 적지 않은데 이 또한 기본적으로는 정보의 출처가 관련된 문제일 것이다.

그렇지만 이는 또한 러시아에 대한 부정적 이미지가 여전히 유지되고 있었기 때문일 수도 있다. 부정적 이미지가 이미 자리잡은 상태에서 부정적인 정보가 유입될 때 보다 자연스럽게 받아들일 수 있었을 것임은 충분히 짐작할 수 있는 바이다. 김윤식 자신의 견해나 발언에서 그러한 사례가 보이지는 않지만 여기에는 또 하나의 논리적 근거가 더해질 수 있다. 당시에 널리 퍼진 견해 가운데 하나인 '전제국(專制國)'에 대한 부정적 이해가 그것이다. 다음은 개전 초기에 정운복이 전해준 것으로 추정되는 정보를 서술한 부분인데, 이는 그 하나

32 Vladimir Tikhonov(2014), p.8.

의 예가 될 수 있다.

> 러시아는 유럽의 전제군주국으로 정치가 부패하였으며 오직 남의 토지를 탐하는 성질만은 대대로 지키고 변하지 않으니 만국이 원수로 여기고 미워하는 바이다. 이제 일본과 전쟁을 시작하니, 누구도 그들의 패배를 불행히 여기지 않으며 다투어 일본인을 돕는다. 일본인의 이 전쟁은 가히 세계 초유의 의전(義戰)이라 일컬을 만하다.[33]

남의 토지를 탐하는 본성을 여전히 버리지 못한 '부패한 전제군주국'이 곧 러시아의 구체적인 이미지인 셈이며 그러한 러시아와 결전을 벌이고 있는 일본은 의로운 전쟁을 수행하는 셈이라는 구도가 여기에는 정확히 드러난다. 같은 날의 일기 서두에서는 "미국의 워싱턴 사람들은 모두 일본의 이 거사[개전]가 세계의 공전이라고 여긴다"고 하였는데, 이 또한 일본이 세계를 대표하여 러시아와 전쟁을 벌이는 의로운 일을 하고 있다는 견해를 제시하고 있는 셈이다.

한편 한국의 운명과 관련해서는 '보호국'이라는 결말이 서구에서 그리고 서구를 인용하는 일본인들에게서 거듭 언급되고 있다는 점에 주목할 필요가 있다. 그러한 소문에 대해 탄식하기는 하지만 결국 김윤식이 이른 시기부터 한국의 보호국화에 이르는 요구가 존재한다는 점을 분명히 알고 있었다는 점은 명확해 보인다. 그럼에도 불구하고 이에 대한 내비책이나 타개책을 구상하는 사례는 보이지 않는데, 이는 닥쳐

33 『속음청사』 하, 1904. 3. 2, p.81.

올 현실에 대한 무력감에서 기인하는 것이라고 할 수 있을 것이다.

러시아의 내부 사정과 혁명

『음청사』에서는 개전 초기부터 일본의 승리와 러시아의 패배를 언급하고 있는데, 이것이 실제의 전황을 정확하게 반영한 것은 아닐 가능성은 정보의 출처에서 짐작해볼 수 있다. 같은 맥락에서 전황에 따른 러시아 내부의 상황 변화에 대한 묘사 또한 사실과 부합한다고 믿기는 어려울 수 있다. 패전으로 인한 황제와 국민들의 분노 및 절망감, 황제가 직접 전장에 나갈 것이라는 친정설이 여러 차례 언급되고 있으며 러시아 내에서 반란의 조짐이 나타났다는 언급도 찾아볼 수 있다. 이런 요소들은 당시의 러시아 사정과 어느 정도 유사한 측면이 있기는 하지만 동시에 일반적으로 전쟁에 패배한 국가 내부에서 나타날 것이라고 예상할 만한 것들이기도 하다. 이런 점을 고려한다면 김윤식이 신문 등에서 얻은 러시아 내의 소식 가운데 패전의 결과로 예상할 만한 사건들을 현실로 받아들이고 일기에 기록했을 것이라는 추정을 해 볼 수도 있을 듯하다.

러시아에서의 반란의 조짐과 관련된 서술은 세 번 정도 보이는데, 그 가운데 둘은 전쟁 초기의 일을 기록한 대목에서 보인다. 뤼순에서 패배하고 여러 나라가 중립을 선언하여 러시아 함대가 쫓겨나게 되니 각지에서는 반란을 생각하고 조정에서는 두렵게 여긴다고 하였으며(1904년 3월 4일), 하얼빈이 위태롭게 되니 러시아 수도의 여론이 악화되고 "반드시 내란이 일어날 것"이라고 했다(1904년 5월 8일).

한편 러시아의 패전이 거의 굳어진 시점에서는 실제의 내란이 발생했다는 서술을 볼 수 있다. 다음은 1905년 3월 27일의 일기 가운데

한 부분이다.

> 10일부터 14일까지의 『대한일보』와 『대동신보』를 읽었다. 일본과 러시아의 전쟁에서 러시아인이 연달아 패하였다. 훈허 강[渾河]이 단단히 얼어붙자 일본군이 바로 건너와 사면으로 공격하여 펑톈, 푸순(撫順) 톄링(鐵嶺), 싱징(興京)을 차례로 점령하였다. 러시아군의 사상자는 20여만 명이요, 내버린 군기와 음식이 산처럼 쌓였으며, 일본군이 승세를 타서 계속 몰아갔다. 상트페테르부르크가 진동하고 내란이 어지럽게 일어났다. 그러나 러시아 황제는 오히려 전쟁을 계속할 것을 고집하며 군인 30만을 뽑아 동쪽으로 와서 옛날의 위명을 회복하기를 바란다고 한다.[34]

러시아의 세력권에 있던 만주 지역의 도시들이 차례로 점령당했고 패배한 러시아군은 막대한 인적 · 물적 손실을 입은 상황이라고 했다. 이 시점에서 거론된 '내란'은 1905년 러시아혁명에 해당될 것인데, 그 묘사는 앞서 개전 초기에 "반드시 내란이 일어날 것"이라고 추정한 부분과 큰 차이가 없다. 또 러시아 황제의 친정설도 또한 전쟁 초기에 언급된 것과 크게 다르지 않다. 결국 여기에서의 서술은 패전의 결과로 자연스럽게 예상되고 이해될 만한 수준의 '내란'으로 혁명을 이해한 것이라고 보아도 좋을 것이다.

그렇지만 『음청사』에서 러시아혁명의 상황에 대한 묘사를 전혀

---

34 『속음청사』 하, 1905. 3. 27, pp.132-133.

찾아볼 수 없는 것은 아니다. 1905년 2월 8일의 일기에서는 자유당과 허무당 그리고 노동자와 학생들의 소요와 파업을 언급한 바 있으니 혁명의 상황에 대한 보다 진전된 서술을 보인 것이라고 할 수 있다.

> 25일부터 28일까지의 『황성신문』을 읽었다. 『대한일보』와 『대동신보』도 각기 4장이었다. (……) 러시아에서는 뤼순이 함락된 이후로 온 나라의 민심이 크게 끓어올랐다. 자유당, 허무당 등과 노동자, 학생들이 도처에서 소란을 일으키고 공장들은 파업동맹을 하였는데, 모두가 정부의 압제에 허물을 돌렸다. 러시아의 황제가 부득이하여 바야흐로 정치를 개혁하고자 하는데, 백성이 원하는 바에 따라 자유의 권리를 주었다. 그렇지만 소동은 더욱 심해져 잇달아 죽이는데도 이를 막을 수 없었다. 황제와 태후가 피난했다는 설이 나오기에 이르렀으며 또 핀란드와 폴란드는 이 틈을 타서 국권을 회복하고자 한다고 전한다.[35]

앞서 살펴본 3월 27일의 일기와 비교해 보면 약 50일 전의 일기임에도 불구하고 오히려 더 구체적인 상황과 명칭을 기록한 점이 인상적이다. 러시아 황제를 비롯한 정부의 대책과 그 실패 그리고 러시아에 예속되어 있던 핀란드와 폴란드의 국권회복 문제에 대한 언급까지 볼 수 있다. 이처럼 진전된 이해를 보인 이유는 무엇인가.

---

35 『속음청사』 하, 1905. 2. 8, p.129. 원문에는 '폴란드'가 '네덜란드[和蘭]'로 되어 있는데, 명백히 '폴란드[波蘭]'를 오기한 것으로 판단된다. 이는 '波'를 '和'로 잘못 탈초하여 나타난 결과로 보이는데, 정확한 이유는 알 수 없다. 여기서는 고쳐서 인용한다.

이에 답하기 위해서는 우선 정보의 출처인 1월 25일에서 28일까지의 『황성신문』 기사내용을 검토해볼 필요가 있다. 해당 시점의 '외보(外報)'란에는 러시아 관련 기사가 지속적으로 나타나는데, 이 가운데 러시아의 내부 상황 특히 혁명의 전개과정에 대한 기사가 다수 포함되어 있다. 【표 5】는 해당 기간 동안의 『황성신문』 '외보'란 기사를 정리한 것이다.

【표 5】 1905년 1월 25~28일자 『황성신문』의 '외보'란 기사 요약

날짜	기사 제목	주요 내용
1월 25일	日軍의 公報	일본 기병의 승전
	俄國의 豫算	[런던] 러시아의 1905년 예산 감축
	日本艦隊의 根據地	[런던] 일본 함대의 인도양 근거지 선언
	美國의 對淸策	미국의 청 문호개방과 영토보전 보증
	俄國의 通牒	러시아에서 일·청의 締約으로 인한 중립위반 통첩 → 독일은 접수 거부, 미국은 조사 착수
	俄國의 八大革命黨	[독일신문] 러시아의 8개 혁명당이 선언서 발표
1월 26일	俄京의 革命運動	[大韓日報東京電] 1만 5,000명의 청원, 군대와 혁명당의 충돌, 황궁 발포 사건, 사상자, 해군공장 파업, 황제·황태후의 피난
	日俄大戰의 臨迫	[營口電] 러시아군 부상자 매일 200~300명 운송
	法國新聞의 所論	[베를린] 프랑스 신문의 '청 중립 문제'에 대한 의견
	俄國貴族의 會議	모스크바에서의 귀족회의 → 황실 藩屛으로 협력 결의 부결, 議院 설립 청원 결의
	英法協定의 說	[베를린] 파리 발행 신문에서 '영불협정' 공포 보도(만리장성 이북의 러시아 領有 승인 포함)
	馬賊의 募集	러시아 군대가 전선 보호를 위해 만주의 마적을 고용
1월 27일	俄都革命運動	[大韓日報東京電] 살육, 화재, 흉흉한 인심. 철공장과 해군공장의 파업, 水兵의 폭동과 진압군의 발포 거부
	淸廷의 辨明	러시아의 통첩(중립 위반 5개조)에 대해 청에서 날조 또는 오해라는 취지로 각국에 변명하게 함

1월 27일	日軍의 公報	[日軍의 公報] 일본군의 야습 성공과 戰果
	波艦東行說	발틱 함대가 마다가스카르를 지나 東行할 것이라는 소식
	大艦新造	일본에서 裝甲巡洋艦을 만들고 있다는 소식
	日軍의 戰利砲	일본군이 旅順에서 얻은 대포 546문
	遼西中立과 日本	러시아군이 遼西를 거쳐 기습한 까닭에 일본에서 청에 중립을 유지할 것을 경고함
1월 28일	俄國情況	[大韓日報東京電] 러시아의 '소란'이 지방으로 전파, 폴란드와 핀란드의 반란, 러시아군의 보급 곤란, 시베리아 철도 일부 파괴
	日軍公報	[日軍의 公報] 일본군의 러시아군 격퇴
	俄國大使의 談話	[런던] 주미 러시아대사가 청이 중립을 위반한 증거가 있으며 고치지 않으면 조치를 취할 것이라고 말함
	俄國勞働者의 請求條件	러시아 노동자들이 정부에 청원한 5개 조건(民權 보장, 자본가의 압제 교정, 언론·집회·종교의 자유 보장, 러일전쟁 중지, 國事犯 대사면)

『황성신문』에서는 여러 나라로부터 얻은 소식을 모아서 러일전쟁을 비롯한 외국의 소식을 전하고 있다. 러시아혁명에 대해서는 '아국(俄國)의 팔대 혁명당(八大革命黨)', '아경(俄京)의 혁명운동(革命運動)', '아도 혁명운동(俄都革命運動)', '아국 정황(俄國情況)', '아국 노동자(俄國勞働者)의 청구조건(請求條件)' 등의 기사에서 자세하게 다루었다. '혁명' 또는 '혁명당'을 직접 거론하였고, 파업에서부터 화재, 군대의 항명, 발포사건 및 사상자, 황제의 피난에 이르기까지 혁명의 과정과 양상들을 구체적으로 묘사하였다. 또 혁명당의 종류나 노동자들의 청구조건과 같은 세부적인 정보까지 별도의 제목 하에 다루었다. 관심의 정도가 상당한 수준이라고 할 수 있겠는데, 이 가운데 비교적 자세한 기사의 출처가 『대한일보』로 되어 있다는 점은 유의할 필요가 있을 듯하다. 『음청사』에서도 자주 거론되는 이 신문은 재한 일본인

들이 발행한 것이며, 러시아혁명의 양상에 대한 관심 또한 상당 부분은 일본인들의 관심에서 유래한 것이었을 수 있기 때문이다.

『음청사』의 기록과 비교해보면 신문에서 다룬 범위가 훨씬 넓다는 점을 우선 확인할 수 있다. 따라서 일기에서 서술했듯이 3종의 신문을 모두 읽었다고 가정한다면 김윤식은 기사 내용을 선택하거나 배제하고 다시 이를 재구성함으로써 러시아의 내부 사정을 서술하였다고 말할 수 있을 것이다. 물론 보다 정밀한 논의를 위해서는 김윤식이 해당 일자의 『황성신문』 전체를 온전한 형태로 구해 읽었다는 근거가 있어야 하겠지만 일기에 기록된 것만으로도 이에 대해 기본적인 추론은 가능할 듯하다.

선택과 배제라는 측면에서 본다면 '혁명'이나 '노동자'라는 단어를 피하려 했거나 이해하지 못했다고 짐작할 수 있다. '혁명'은 기사의 제목에서도 사용하였으니 독자 김윤식의 눈에 띄었을 것이지만 실제 사용하지는 않았다. '노동자'라는 단어는 폴란드 · 핀란드 문제를 거론한 기사가 실린 1월 28일자 신문의 같은 면에 언급되었으니 김윤식이 이 단어가 실린 신문을 구했을 가능성은 높지만 이 또한 사용하지 않았다. 민권이나 자본가 등의 문제도 이 기사에 함께 거론되었으니 이 역시 이해하지 못했거나 피했다고 할 수 있을 것이다.

『음청사』 전체를 놓고 보면 '혁명'이라는 단어가 전혀 사용되지 않은 것은 아니다. 이미 1900년 8월의 일기에서 '쑨원의 혁명당'을 거론한 바 있으며,[36] 이후에도 '배외 혁명(排外革命)',[37] '(일본의) 혁명

36 『속음청사』 상, 1900. 8. 6, p.534. "청나라의 비밀결사는 그 수가 매우 많다. (……) 가장 근심할 만한 것은 오직 쑨원의 혁명당이다."

37 『속음청사』 하, 1906. 3. 14, p.175.

당',[38] '청의 혁명당'[39] 등을 언급한 바 있다. 따라서 단어 자체를 특별히 꺼리거나 피했다고 보기는 어렵다. 한자어인 '혁명(革命)'이 왕조의 교체를 의미한다는 점을 고려해보면 러시아에서 일어난 '내란'에는 이 단어가 어울리지 않는다고 판단했을 가능성도 배제할 수 없다.

한편 김윤식이 재구성한 러시아 내부 사정의 면모에는 어느 정도 '민란'과 가까운 측면도 엿보이는데, 이 또한 주목할 만한 점이다. 특히 '정부의 압제'에 근본 원인이 있다고 한 점은 유의할 만한데, 이는 김윤식이 '이재수의 난'을 체험하면서 정부의 실정과 지방관의 부패 및 무능에서 내란의 원인을 찾은 것과 유사하기 때문이다. 이재수의 난은 정부의 징세정책뿐 아니라 천주교의 폐단, 외국 세력과의 갈등, 제주도 백성의 내부 갈등 등과 같은 다양한 문제가 얽혀 있는 사건이었지만 김윤식의 일기에서는 정부의 실정을 강조하는 한편, 백성들의 처지는 동정하는 경향의 서술을 보이고 있다. 물론 황제 일가의 피신이나 핀란드 등의 국권회복운동과 같은 문제와는 다소 거리가 있지만 일기를 통해 신문기사를 재구성하는 데 이러한 유사성이 일종의 이해의 틀을 제공하였을 가능성이 있지 않을까 한다.

6. 맺음말

김윤식의 일기인 『음청사』를 통하여 러시아혁명에 대한 인식과 이해의 정도를 살피고자 하는 것이 본고의 출발점이었다. 거칠게나마 검토한 결과로는 김윤식이 러시아에 대해서 편견에 가까운 이미지를

38 『속음청사』 하, 1911. 1. 26, p.342.
39 『속음청사』 하, 1911. 10. 16, p.352.

지속적으로 갖고 있었고 이에 따라 러시아에 대해 부정적인 묘사를 하고 있다는 점 그리고 러시아혁명의 상황에 대한 이해나 관심의 수준이 그리 높지 않았다는 점을 우선 지적할 수 있을 것이다.

김윤식이 『황성신문』과 일본인이 발행한 몇 종의 신문들을 통해 상당한 정보를 얻을 수 있었으리라는 점을 고려한다면 '왜 관심을 두지 않았나'라는 방식으로 문제를 바꾸어볼 수 있을 것이다. 러시아혁명이 내포한 문제들—특히 노동자 · 농민과 자본가의 문제—에 대해 이해하거나 관심을 둘 만한 상황이 아니었다는 것이 우선 답변할 수 있는 부분일 것이다. 이것이 김윤식 개인의 상황인지 또는 당시 한국인 일반의 상황인지에 대해서는 더 검토해야 하겠지만 우선 그러한 답을 할 수 있을 것 같다.

한편으로는 동아시아 정세에 대한제국의 운명이 좌우되는 상황이었기 때문에 러시아 내부의 문제일 수도 있는 혁명에 대해서는 큰 관심을 기울일 수 없었던 것이라고 할 수도 있을 것이다. 러일전쟁에 대해 세부적인 전황이나 외국의 반응까지 관심을 가졌던 것은 그것이 대한제국이 미칠 영향이 엄청나다는 이유 때문일 것인데, 한반도에서의 세력을 잃어가고 있는 러시아 내부의 문제에 대해서는 큰 관심을 가질 필요가 없었을 수도 있다. 이후에 이어지는 강제병합의 수순들이 개인과 국가의 운명 모두에 막대한 영향을 주게 되는 상황에서라면 패전국 러시아의 내부 문제에 대한 관심이 상대적으로 줄어드는 것은 자연스러운 현상일 수도 있다.

혁명이라는 관점에서 본다면 대한제국은 일본이나 중국과는 다른 입장에 놓여 있었다고 말할 수도 있다. 특히 이민족 왕조인 청나라를 멸망시키고 한족 중심의 국가를 건설하는 '혁명'의 필요성 여부를 논의해야 했던 중국과는 사정이 상당히 달랐다고 해야 할 것이다. 500년 이상 이어진 왕조를 여전히 유지해야 하는 관료의 입장에서는 조선은 혁명의 대상이 되기 어려웠다고 보아야 할 것이다.

다만 이러한 사정이 대한제국의 지식인 전체의 관심이나 인식으로 일반화될 수 있을 것인지에 대해서는 결론을 유보해 두는 편이 좋을 것으로 보인다. 김윤식은 전통적인 경전 및 문장 학습을 통하여 과거제를 거쳐 관료가 되었으며, 따라서 새로운 외래 지식에 대해 상당한 수준의 관심을 지닌다고 하더라도 근본적으로는 전통적인 인식의 틀을 벗어나지는 못한 인물이었다고 해야 할 것이기 때문이다. 보다 진전되고 일반화된 논의를 위해서는 김윤식의 일기와 같은 수준의 자료를 갖춘 인물을 발굴하는 것이 필요하겠지만 이는 현재의 상황으로는 한계가 있는 것으로 판단된다.[40] 따라서 우선 김윤식의 일기를 하나의 사례로 제시하고 앞으로 새로운 자료를 통하여 당시의 러시아혁명에 대한 인식이라는 문제에 보다 입체적으로 접근할 수 있기를 기대한다.

40 비슷한 시기에 일기를 남긴 인물로는 윤치호를 들 수 있다. 윤치호 또한 러시아에 대해 적지 않은 관심을 보이고 있는데, 그의 일기에서는 1905년 러시아혁명에 대해서는 별다른 언급을 찾기 어려운 듯하다. 윤치호의 러시아 인식은 기본적으로는 부정적인 것이었지만, 거문도사건, 청일전쟁, 을미사변과 아관파천, 러일전쟁 등 주요 사건에 따라 변화하는 면모를 보이기도 한다. 이에 대해서는 유영렬(2004), 「개화지식인 윤치호의 러시아 인식」, 『한국민족운동사연구』 41, 한국민족운동사학회 참조.

✿ 참고문헌

서문

야마무로 신이치(2010), 정재정 옮김, 『러일전쟁의 세기: 연쇄시점으로 보는 일본과 세계』, 소화.
유용태 외(2016), 『함께 읽는 동아시아 근현대사』, 창비.
이매뉴얼 월러스틴(1996), 강문구 옮김, 『자유주의 이후』, 당대.
西川長夫(1995), 「日本的國民國家の形成」, 西川長夫・松宮秀治 編, 『幕末・明治期の國民國家形成と文化變容』, 新曜社.

제I장

『日本陸軍とアジア政策 陸軍大將宇都宮太郎日記』全3巻, 岩波書店(2007).
『日本外交文書』第37巻 第2冊, 第38巻 第2冊.
谷壽夫(1966), 『機密 日露戰史』, 原書房.
大山瑞代(2007), 「宇都宮太郎のロンドン時代」, 『宇都宮太郎關係資料からみた東アジアと近代日本』, 科學研究費補助金研究成果報告書.
稲葉千晴(1995), 『明石工作 謀略の日露戰爭』, 丸善株式會社.
明石元二郎(1984), 山本四郎 編, 「明石復命書 落花流水」, 『寺内正毅關係文書首相以前』, 京都女子大學.
齋藤聖二(2003), 『日清戰爭の軍事戰略』, 芙蓉書房出版.
齋藤聖二(2006), 『北清事變と日本軍』, 芙蓉書房出版.
デー・ベー・パブロフ/エス・アー・ペトロフ(1994), 『日露戰爭の秘密』, 成文社.
阪東宏(1995), 『ポーランド人と日露戰爭』, 青木書店.

제II장

金子堅太郎(1929),『日露戰役秘録』, 博文館.

楠裕次 編(1996),『日露戰役従軍略記: 中澤一太郎』, 相互製版社.

多田海造(1979),『日露戰役陣中日誌: 一看護兵の六七五日』, 巧玄出版.

大江志乃夫(1987),『日露戰爭と日本軍隊』, 立風書房.

大濱徹也 監修, 濟濟校戰役記念帖編輯委員會 編會(2001),『日露戰爭従軍將兵の手紙』, 同成社.

茂澤祐作(2005),『ある歩兵の日露戰爭従軍日記』, 草思社.

石光眞清(1988),『石光眞清の手記』, 中央口論社.

石井寛治(2010),「日本郵政史研究の現状と課題」,『郵政研究』1.

涉川玄耳(1969),「従軍三年」, 木村毅 編,『明治戰爭文學集』97, 筑摩書房.

小木曾竜・小木曾美代子(1991),『日露戰爭下の日本: ロシア人捕虜の妻の日記』, 新人物往來社.

松村正義(1980),『日露戰爭と金子堅太郎: 廣報外交の研究』, 新有堂.

新井勝紘(2006),「軍事郵便と基礎的研究」,『國立歴史民俗博物館研究報告』.

一の瀨俊也(2004),『近代日本の徵兵制と社會』, 吉川弘文館.

中村淳(2001),「'土人'論: '土人'イメージの形成と展開」, 篠原徹 編,『近代日本の他者像と自畫像』, 栢書房.

Ascher, Abraham(1988), *The Revolution of 1905: Russia in Disarray*, Stanford, Calif.: Stanford University Press.

Seaman, Louis Livingston(1905), *From Tokio through Manchuria with the Japanese*, New York: D. Appleton & Co.

Seaman, Louis Livingston(1906), *The Real Triumph of Japan: The Conquest of the Silent Foe*, New York: D. Appleton & Co.

Sharf, Frederic A.(2001), *American Angels of Mercy: Dr Anita Newcomb McGee's Pictorial Record of the Russo-Japanese War*, Washington, D.C.: National Museum of Health and Medicine.

Shimazu, Naoko(2009), *Japanese Society at War: Death, Memory and the Russo-Japanese War*, Cambridge: Cambridge University Press.

Richardson, Teresa Eden(1905), *In Japanese Hospitals during War-Time: Fifteen Months with the Red Cross Society of Japan (April 1904–July 1905)*, Edinburgh: William Blackwood and Sons.

"English football to commemorate 1914 Christmas Truce match centenary," The Guardian, October 2014. Accessed October 4, 2014. http://www.theguardian.com/football/2014/oct/02/english-football-commemorate-centenary-1914-christmas-truce.

제III장

『直言』, 東京: 平民社.
『平民新聞』, 東京: 平民社.
高榮蘭(2012), 「擴張する檢閱〈帝國〉と〈非合法〉商品: 玄海灘に交錯する雑誌『戰旗』の讀者網」, 『檢閱・メディア・文學』(十重田裕一 他 編), 東京: 新曜社.
陸羯南(1972), 『陸羯南全集』 8, 東京: みすず書房.
山本武利(1981), 『近代日本の新聞讀者層』, 東京: 法政大學出版局.
山本武利(1990), 『新聞記者の誕生: 日本のメディアをつくった人々』, 東京: 新曜社.
小森陽一(1993), 「文學の時代」, 『文學』 4(2), 東京: 岩波書店.
奥武則(2007), 『露探: 日露戰爭期のメディアと國民意識』, 東京: 中央公論新社.
玉岡敦(2009), 「『共産黨宣言』邦譯史における幸德秋水/堺利彦譯(1904, 1906)の位置」, 『大原社會問題研究所雑誌』 603.
前田愛(1978), 『幻影の明治』, 東京: 朝日選書.
秋定嘉和(1993), 『近代と被差別部落』, 京都: 部落解放研究所.
紅野謙介(2004), 「想像の戰爭 戰場の記錄: 『愛弟通信』『第二軍從征日記』『大役小志』を中心に」, 小森陽一・成田龍一 編, 『日露戰爭スタディーズ』, 東京: 紀伊國屋書店.
荒畑寒村 編(1971), 『社會主義伝道行商日記』, 東京: 新泉社.
荒畑寒村(1976), 『荒畑寒村著作集』 1, 東京: 平凡社.

제IV장

トルストイ(1933), 八住利雄 譯, 『人生読本』 1-4, 春秋社.
ニコライ・レーニン(1928), 「トルストイ論」, 『文藝戰線』 5(8).
レオ・トルストイ(1908), 和田三郎・池亨吉 共譯, 『民權之帰趣』, 好友社.
國際文化研究會 譯(1928), 『マルクス主義者の見たトルストイ』, 叢文閣.
吉川守圀(1936), 『荊逆星霜史: 日本社會主義運動側面史』, 不二屋書房.
内村鑑三(1975), 『内村鑑三全集』 3, 雪友社.

님 웨일즈 · 김산(2005), 송영인 옮김, 『아리랑: 조선인 혁명가 김산의 불꽃 같은 삶』(개정 3판), 동녘.
徳富蘆花(1897), 『トルストイ』(十二文豪 10), 民友社.
勞動運動史料委員會 編(1960), 『勞動世界』, 勞動運動史料刊行委員會.
勞動運動史硏究會 編(1960), 『直言』(明治社會主義史料集 1), 明治文献資料刊行會.
勞動運動史硏究會 編(1961), 『新紀元』(明治社會主義史料集 3), 明治文献資料刊行會.
勞動運動史硏究會 編(1962), 『東京社會新聞 · 革命評論』(明治社會主義史料集 8), 明治文献資料刊行會.
勞動運動史硏究會 編(1962), 『週刊平民新聞』(明治社會主義史料集 別冊 3-4), 明治文献資料刊行會.
勞動運動史硏究會 編(1963), 『社會主義』(明治社會主義史料集 補遺 5-7), 明治文献資料刊行會.
柳富子(1998), 『トルストイと日本』, 早稲田大學出版部.
梅森直之 編著(2005), 『帝國を撃て: 平民社100年國際シンポジウム』, 論創社.
박노자(2007), 『우리가 몰랐던 동아시아』, 한겨레출판.
飛鳥井雅道(1967), 「ロシア第一次革命と幸徳秋水」, 『思想』 520, 岩波書店.
石坂浩一(1993), 『近代日本の社會主義と朝鮮』, 社會評論社.
神澤惣一郎(1974), 『内村鑑三と社會主義』, 『早稲田商學』 247, 早稲田商學同攻會.
에이프릴 카터(2007), 조효제 역, 『직접행동: 21세기 민주주의, 거인과 싸우다』, 교양인.
최남선(1973), 『六堂崔南善全集』 5, 玄岩社.
최남선(1973), 『六堂崔南善全集』 10, 玄岩社.
聚精堂(1911), 『學生文藝』 2(2), 聚精堂.
平民社 譯(1904), 『トルストイの日露戰爭論』, 文明堂.
幸徳秋水(2004), 山泉進 校注, 『帝國主義』, 岩波書店.

Ленин, В.И. (1908), Лев Толстой как зеркало русской революции, Пролетарий35.
Ленин, В.И. (1910), Л.Н. Толстой, Социал-Демократ 18.

제V장

エス · エリ · チフヴィンスキ(1975), 「孫文とロシア · ナロードニキ」, 日ソ歴史學シンポジウム組織委員會 編, 『革命ロシアと日本: 第1回日ソ歴史學シンポジウムの記錄』, 東京: 弘文堂.
トルストイ(1908), 池亨吉 · 和田三郎 譯, 『民權之歸趣』.

トロツキー(1980), 對馬忠行 譯,『一九〇五年革命・結果と展望』, 東京: 現代思潮社.
ホーマーリー 將軍(1911), 池亨吉 譯,『日美戰爭』, 博文館.
レーニン(1955), 全集刊行委員會 譯,『一九〇五年の革命』, 東京: 國民文庫.
久保田文次(1999),「萱野長知の中國觀」, 日本孫文研究會・神戶華僑華人研究會 編,『孫文と華僑』, 東京: 汲古書院.
久保田文次(2000),「『革命評論』廢刊後の萱野長知」,『史艸』41, 東京: 日本女子大學史學研究會.
宮崎滔天(1902),『三十三年の夢』(文庫版, 1993), 岩波書店.
宮崎滔天・萱野長知・北一輝(2008),『アジア主義者たちの聲中: 革命評論社』, 東京: 書肆心水.
宮崎龍介(1966),「『革命評論』の人々」, 社會文庫編,『社會主義無政府主義者人物研究史料(2)』, 東京: 柏書房.
崎村義郎 著・久保田文次 編(1996),『萱野長知研究』, 高知: 高知市民圖書館.
勞動運動史研究會 編(1960),『明治社會主義史料集 第1集: 直言』, 東京: 明治文獻資料刊行會.
勞動運動史研究會 編(1960),『明治社會主義史料集 第2集: 光』, 東京: 明治文獻資料刊行會.
勞動運動史研究會 編(1961),『明治社會主義史料集 第3集: 新紀元』, 東京: 明治文獻資料刊行會.
勞動運動史研究會 編(1962),『明治社會主義史料集 第8集: 東京社會新聞・革命評論』, 東京: 明治文獻資料刊行會.
飯田鼎(1973),「1905年のロシア革命と日本の社會主義: ヨーロッパ勞動運動の日本の社會主義への影響」,『三田學會雜誌』66(1), 東京: 慶應義塾經濟學會.
北一輝(1921),『支那革命外史 抄』(復刻版, 2001), 東京: 中央公論社.
社會文庫 編(1964),『社會主義無政府主義者人物研究史料(1)』, 東京: 柏書房.
山室信一(2005),『日露戰爭の世紀: 連鎖視點から見る日本と世界』, 東京: 岩波書店.
上村希美雄(1996),『宮崎兄弟傳: アジア篇(中)』, 東京: 葦書房.
細谷千博(1972),『ロシア革命と日本』, 東京: 原書房.
孫文記念館 編(2012),『孫文・日本關係人名錄(增訂版)』, 神戶: 孫文記念會.
松本健一(1996),『北一輝論』, 東京: 講談社.
永井算巳(1956),「革命評論瞥見」,『史學雜誌』65(12), 東京: 史學會.
永井算巳(1958),「革命評論について」,『紀要日本近代史學』1
林茂(1962),「『革命評論』の「解說」」, 勞動運動史研究會 編(1962),『明治社會主義史料集 第8集: 東京社會新聞・革命評論』, 東京: 明治文獻資料刊行會.
長谷川義記(1969),『北一輝』, 東京: 紀伊國屋書店.
前政務局長 中田敬義(1905),「露國の動亂と將來の形勢」,『東洋經濟新報』330.
竹內好(1963),「日本のアジア主義」,『日本とアジア』(文庫版, 1993), 東京: 筑摩書房.

中村勝範(1966),『明治社會主義研究』, 東京: 世界書院.
中村勝範研究會文集委員會 編(1967),『ロシア革命と日本:「きずな」別冊』, 東京: 慶應義塾大學法學部政治學科中村勝範研究會.
池亨吉(1900),『三個の寶玉』, 東京: 警醒社書店.
池亨吉(1908),『天路歷程 完』, 東京: 基督敎書類會社.
채수도(2004),「근대 일본의 '아시아주의' 운동」,『대구사학』 81, 대구사학회.
太田雅夫(1972),「浪漫的革命觀の挫折: 宮崎滔天と『革命評論』」,『展望』 164, 東京: 筑摩書房.
板垣退助(1955),『自由黨史』, 東京: 青木書店.
平山周(1911),『支那革命黨及秘密結社』(復刻板, 1980), 東京: 長陵書林.
狹間直樹(2001),「アジア主義とはなにか」,『東亞』 410.
和田春樹(1973),『ニコライ・ラッセル: 國境を超えるナロードニキ』 上・下, 東京: 中央公論社.
和田春樹・和田あき子(1970),『血の日曜日: ロシア革命の發端』, 東京: 中央公論社.
萱野長知(1940),『中華民國革命秘笈』(復刻版, 2004), 帝國地方行政學會.

제VI장

『東方雜志』,『民報』,『蘇報』,『新民叢報』,『浙江潮』,『淸議報』.
『飮冰室合集』, 影印本, 北京: 中華書局(1989).
葛懋春・蔣俊・李興芝 編(1984),『無政府主義資料集(上)』, 北京: 北京大學出版社.
故宮博物院明清檔案部 編(1979)『清末籌備立憲檔案史料』上冊, 中華書局.
구범진(2008),『청대 대러시아 외교의 성격과 그 변화: 체약대신과 교환 조약문의 언어를 중심으로」,『대동문화연구』 61.
戴鴻慈,『出使九國日記』, 陳四益 校點(1982), 走向世界叢書, 湖南人民出版社.
林克光(1990),『革新派巨人康有爲』, 北京: 中國人民大學出版社.
민두기(1985),『중국근대개혁운동의 연구』, 일조각.
민두기(1994),『신해혁명사: 중국의 공화 혁명(1903-1913)』, 민음사.
배영수 엮음(2011),『서양사강의』, 한울(개정판 24쇄).
憑自由(1976),『革命逸史』 1, 臺灣: 商務印書館.
성근제 외 옮김(2011),『20세기 초 반청 혁명운동 자료선』, 성균관대학교출판부.
야마무로 신이치, 정재정 옮김(2010),『러일전쟁의 세기: 연쇄시점으로 보는 일본과 세계』, 소화.

王栻 主編(1986),『嚴復集』1, 北京: 中華書局.
丁則良(1956),『評榮孟源同志有關一九○五年俄國革命對中國資產階級革命派的影響的幾個論點」, 吉林人學社會科學學報編輯部,『人文科學學報』3
中國社會科學院 近代史研究所 中華民國史研究室 主編(1979),『拒俄運動 1901-1905』, 北京: 中國社會科學出版社.
曾紀澤(1894),『曾惠敏公使西日記』, 上海: 江南製造總局.
嵯峨隆(1994),『近代中國のアナキズムの研究』, 東京: 研文出版.
湯志鈞 編(1981),『康有爲政論集』上冊, 北京: 中華書局.
夏東元 編(1988),『鄭觀應集』上冊, 上海: 上海人民出版社.
한정숙(1996),「제정 러시아 제국주의의 만주 · 조선 정책」,『역사비평』37.
狹間直樹(1976),『中國社會主義の黎明』, 岩波書店.
湖南省哲學社會科學研究所古代近代史研究室 校注(1980),『宋教仁日記』, 湖南人民出版社.
和田春樹(2010),『日露戰爭: 起源と開戰』(上), 東京: 岩派書店.

Fairbank, J. K.(1978), *The Cambridge History of China, Vol. 10, Late Ch'ing, 1800-1911, Part 1*, New York: Cambridge University Press.
Fairbank, J. K.(1980), *The Cambridge History of China, Vol. 11, Late Ch'ing, 1800-1911, Part 2*, New York: Cambridge University Press.

제VII장

『江蘇』,『民報』,『蘇報』,『新民叢報』,『新小說』,『浙江潮』,『淸議報』.
『章太炎全集』(1982), 上海: 人民出版社.
亓冰峰(1980),『淸末革命與君憲的論爭』, 臺灣: 中央研究院近代史研究所.
金觀濤 · 劉靑峰(2008),『概念史研究: 中國現代重要政治術語的形成』, 양일모 외 번역(2010),『관념사란 무엇인가』, 푸른역사.
김태관 · 권혁권(2009),『梁啓超의 "소설계혁명" 이론이 중국의 근대소설에 미친 영향분석」,『中文學』32.
김형종(2001),『청말 혁명파의 '반만'혁명론과 '오족공화'론」,『중국현대사연구』12.
민정기(1993),『晚淸 詩界革命과 梁啓超의 詩界革命論 硏究」, 서울대학교 대학원 석사학위논문.
야마무로 신이치, 정재정 옮김(2010),『러일전쟁의 세기: 연쇄시점으로 보는 일본과 세계』, 도서출판 소화.

양계초, 이혜경 주해(2014), 『신민설』, 서울대학교출판문화원.
楊天石・王學庄 篇(1979), 『拒俄運動: 1901-1905』, 北京: 中國社會科學出版社.
李國俊(1986), 『梁啓超著述系年』, 上海: 復旦大學出版社.
이혜경(2011), 「향원을 향한 유가윤리의 비판은 정당한가?」 39, 철학사상.
이혜경(2002), 『천하관과 근대화론: 양계초를 중심으로』, 문학과지성사.
林志均 篇(1932), 『飮氷室合集』, 上海: 中華書局.
張朋園(1979), 『梁啓超與淸季革命』, 臺灣: 中央硏究院近代史硏究所.
전동현(2005), 『두 중국의 기원』, 서해문집.
丁文江・趙豊田(1983), 『梁啓超年譜長篇』 158, 上海: 人民出版社.
朱浤源(1985), 『同盟會的革命理論』, 臺灣: 中央硏究院近代史硏究所.
周佳榮(1979), 『蘇報與淸末政治思潮』, 香港: 昭明出版社.
陳建華(2000), 『革命的現代性-中國革命話語考論』, 上海: 古籍出版社.
태평양객 외, 성근제 외 옮김(2011), 『20세기초 반청 혁명운동 자료선』, 성균관대학교출판부.
Peter Calvert(1990), *Revolution and Counter-Revolution*, 김동택 옮김(2002), 『혁명』, 이후.

제VIII장

高須梅渓(1921), 『近代文藝史論』(上), 日本評論社.
寇振鋒(2010), 「『孽海花』における『三十三年の夢』の受容」, 『言語文化論集』 31(2), 名古屋大學言語文化部・國際言語文化研究科.
김석근(2008), 「코토쿠 슈스이(幸德秋水)의 무정부주의」, 『동양정치사상사』 7(1).
柳田泉(1961), 『明治初期飜譯文學の研究』, 春秋社.
木村毅(1928), 『明治文學展望』, 東京: 改造社.
潘少瑜(2011), 「想像西方: 論周瘦鵑的「僞翻譯」小說」, 『編譯論叢』 4(2).
範利偉(2013), 「作爲泛化概念的"虛無黨"」, 『經濟與社會發展』.
範利偉(2014), 「淸末暗殺風潮中的"虛無黨": 兼析"虛無黨"與虛無主義的關系」, 『俄羅斯文藝』.
杉山秀子(1993), 「十九世紀ナロードニキ覚え書き(一)」, 『駒澤大學外國語部論集』 37.
阿英(2003), 「飜譯史話」, 『阿英全集』 5, 安徽教育出版社.
阿英(2003), 「中譯高爾基作品編目」, 「飜譯史話」, 『阿英全集』 5, 安徽教育出版社.
유병관(2009), 「고토쿠 슈수이(幸德秋水)의 제국주의 비판과 일본 아나키즘의 수용과정」, 『일본연구』 41.
張全之(2005), 「從虛無黨小說的譯介與創作看無政府主義對晚淸小說的影響」, 『明淸小說研究』.

田中惣五郎(昭和5), 『東洋社會党考』, 一元社.
竹越與三郎(1891), 『新日本史』(上), 民友社.
樽井藤吉(1930), 「東洋の虛無黨」, 田中惣五郎著, 『東洋社會党考』, 一元社.
中村哲夫(1992), 『同盟の時代: 中國同盟會の成立過程の研究』, 京都: 人文書院.
陳建華(1996), 「"虛無黨小說": 清末特殊的譯介現象」, 『華東師範大學學報(哲學社會科學版)』.

Copleston, Frederick(1986), *Philosophy in Russia: From Herzen to Lenin and Berdyaev*, Notre Dame: Search Press,
Paul Vernier(1880), *La Chasse aux Nihilistes*, Paris: P. Ollendorff.
Sergei Stepniak(1882), *Underground Russia; Revolutionary Profiles and Sketches from Life*, Westport, Conn., Hyperion Press.
Thomas Kirkup(1892), *A History of Socialism*, A. and C. Black.
William Le Queux(1892), *Strange Tales of a Nihilist*, London, New York, Melbourne, Sydney: Ward, Lock. Bowden and Co.

제IX장

『皇城新聞』 1-21권, 경인문화사(1982, 재판).
고토쿠 슈스이(2011), 임경화 번역, 『나는 사회주의자다: 고토쿠 슈스이의 작품 선집』, 교양인.
권태억(2003), 「자강 운동기 문명 개화론의 일본 의식」, 『한국 근대 사회와 문화』 1, 서울대학교출판부.
김진성(1909), 「立憲世界」, 『대한흥학보』 4.
勞動運動史研究會 編(1960-1962) 『明治社會主義史料集』 1-8, 東京: 明治文献資料刊行會.
서영희(2003), 『대한 제국 정치사 연구』, 서울대학교출판부.
왕현종(2003), 『한국 근대 국가의 형성과 갑오개혁』, 역사비평사.
윤대진(1909), 「喚起我半島帝國之民族的觀念」, 『대한흥학보』 7.
조소앙(1910), 「甲辰以後列國大勢의 變動을 論함」, 『대한흥학보』 10.
최석하(1908), 「日本 文明觀」, 『大韓學會月報』 8.
현광호(2007), 『대한 제국과 러시아 그리고 일본』, 선인.
和田春樹(1973), 『ニコライ・ラッセル: 國境を越えるナロードニキ』. 東京: 中央公論社.

Akashi, Motojirō(1988), *Rakka ryusui: Colonel Akashi's Report on His Secret Cooperation with the Russian Revolutionary Parties during the Russo-Japanese War*, Translated and edited by O. Fält and A. Kujala. Studia Historica 31, Helsinki: Suomen historiallinen seura.

Ivanov-Razumnik, Razumnik(1994), "Tyr'my i ssylki" (Prisons and Exiles), *Mera* 1, pp.146-191.

Andersson, Carl Ingvar(1956), *History of Sweden*, London: George Allen and Unwin.

Fitzpatrick, Sheila(2008), *The Russian Revolution*, Oxford: Oxford University Press.

Golub, Pavel(1985), *Istoricheskiy Opyt Trekh Rossiyskikh Revolyutsiy (The Historical Experience of the Three Russian Revolutions), Vol. 1,* Moscow: Institute of Marxism-Leninism.

Korelin, Avenir, and Stanislav Tyutyukin, eds.(2005), *Pervaya Revolyutsiya v Rossii: Vzglyad cherez Stoletie (The First Revolution in Russia: A Reappreciation after a Century),* Moscow: Pamyatniki Istoricheskoi Mysli.

O, Se-ŭng(1995), *Dr. Philip Jaisohn's Reform Movement, 1896–1898: A Critical Appraisal of the Independence Club. Lanham*, Md.: University Press of America.

Pavlov, Dmitry, and Sergei Petrov(1993), *Yaponskie den'gi i russkaya revolyutsiya (Japanese Money and Russian Revolution)*, Moscow: Progress-Akademiya.

Revolyutsiya(1905–1907) gg. v Rossii i eyo Vsemirno-istoricheskoe Znachenie (The 1905–1907 Revolution in Russia and Its World-Historical Significance) (1976), Moscow: Izdatel'stvo Politicheskoi Literatury.

Sablinksy, Walter(1976), *The Road to Bloody Sunday: Father Gapon and the St. Petersburg Massacre of 1905*, Princeton, N.J.: Princeton University Press.

Shin, Yong-ha(1994), "The Sinminhoe's Independence Movement during the Last Years of the Choson Dynasty," *Seoul Journal of Korean Studies 7*, pp.13-44.

Ulam, Adam(1981), *Russia's Failed Revolution,* London: Weidenfeld and Nicholson.

Wilson, George(1992), *Patriots and Redeemers in Japan: Motives in Meiji Restoration*, Chicago: Chicago University Press.

제X장

권오돈(1960), 「近朝의 漢文學에 對한 一考察: 滄江과 雲養을 中心으로」, 『인문과학』 5, 연세대학교 인문과학연구소.

김문식(2009), 『조선후기 지식인의 대외 인식』, 새문사.

김성배(2009), 『유교적 사유와 근대국제정치의 상상력』, 창비.

김윤식(1958), 『음청사』(한국사료총서 6), 국사편찬위원회.

김윤식(1971), 『속음청사』(한국사료총서 11), 국사편찬위원회.
김윤식(2004), 『운양집』(한국문집총간 328), 한국고전번역원.
노대환(2012), 「19세기 조선 지식인들의 대러시아 인식의 변화」, 『역사문화연구』 42, 한국외국어대학교 역사문화연구소.
배항섭(2008), 「아관파천 시기 조선인의 러시아 인식」, 『한국사학보』 33, 고려사학회.
유영렬(2004), 「개화지식인 윤치호의 러시아인식」, 『한국민족운동사연구』 41, 한국민족운동사학회.
임경석 편(2010), 『동아시아 언론매체 사전: 1815~1945』, 논형.
장인성(2002), 『장소의 국제정치사상』, 서울대학교출판부.
정근식(2003), 「식민지적 검열의 역사적 기원: 1904~1910」, 『사회와 역사』 64, 한국사회사학회.
정진석(2008), 『극비 조선총독부의 언론검열과 탄압』, 커뮤니케이션북스.
허동현(2002), 「1880년대 한국인들의 러시아 인식 양태」, 『한국민족운동사연구』 32, 한국민족운동사학회.
허동현(2005), 「개화 · 일제기 한국인의 러시아 인식에 보이는 고정관념」, 『한국민족운동사연구』 42, 한국민족운동사학회.

Vladimir Tikhonov(2014), "The 1905-7 Russian Revolution seen from Korea: Korean Periodicals Debate Revolutionary Russia," *Horizons* 5(2), Institute of Humanities, Seoul National University.

✿ 찾아보기

[ㅇ]

이혜경 (李惠京)
서울대학교 인문학연구원 부교수, 동아시아근대철학사 전공
저서: 『맹자, 진정한 보수주의자의 길』, 그린비, 2008
『량치차오: 문명과 유학에 얽힌 애증의 서사』, 태학사, 2007
『천하관과 근대화론: 양계초를 중심으로』, 문학과지성사, 2002
역서: 양계초, 『신민설』, 서울대학교출판문화원, 2014
황종희, 『맹자사설』, 한길사, 2011
시게자와 도시로, 『역사 속에 살아 있는 중국 사상』, 예문서원, 2003

고영란 (高榮蘭)
일본 니혼대학 교수, 일본근대문학 전공
저서: 『ディスクールの帝國』, 新曜社, 2000
『「戰後」というイデオロギー』, 藤原書店, 2010
『検閲・メディア・文學』, 新曜社, 2012
역서: 나이토 치즈코, 『암살이라는 스캔들』, 역사비평사, 2011

김수연 (金秀姸)
서울대학교 인문학연구원 HK연구교수, 중국현대문학 전공
역서: 『공자 길들이기』, 한아름, 1994
『후흑열전』, 아침, 1999
『신청년의 신문학론』, 한길사, 2012

블라디미르 티호노프 (Vladimir Tikhonov, 박노자)
노르웨이 오슬로대학 교수, 한국사 전공
저서: *Modern Korea and Its Others: Perceptions of the Neighbouring Countries and Korean Modernity*, Routledge, 2015
Social Darwinism and Nationalism in Korea: the Beginnings(1880s-1910s), Brill, 2010
『주식회사 대한민국: 헬조선에서 민란이 일어나지 않는 이유』, 한겨레출판, 2016

사이토 세이지 (齋藤聖二)
일본 이바라키 기독교대학 교수, 일본근대전쟁사 전공
저서: 『日獨淸島戰爭』, ゆまに書房, 2001
『日淸戰爭の軍事戰略』, 芙蓉書房出版, 2003
『北淸事變と日本軍』, 芙蓉書房出版, 2006

시마즈 나오코 (島津直子)
영국 런던대학 교수, 일본근대사 전공
저서: *Japan, Race and Equality: The Racial Equality Proposal of 1919,* Routledge, 1998
Nationalisms in Japan. Routledge, 2006
Japanese Society at War: Death, Memory, and the Russo-Japanese War, University Press, 2009
Imagining Japan in Postwar East Asia, Routledge, 2013

양일모 (梁一模)
서울대학교 자유전공학부 교수, 중국철학 전공
저서: 『옌푸: 중국의 근대성과 서양사상』, 태학사, 2008
역서: 가와이 에이지로 엮음, 『학생과 교양』, 소화, 2008
옌푸, 『정치학이란 무엇인가: 중국의 근대적 정치학의 탄생』, 성균관대학교출판부, 2009

이정희 (李正熙)
인천대학교 중국학술원 조교수, 중국근현대사 전공
저서: 『朝鮮華僑と近代東アジア』, 京都大學學術出版會, 2012
『근대 인천화교의 사회와 경제』(공저), 학고방, 2015
『인천에 잠든 중국인들』(공저), 학고방, 2015
『동남아화교와 동북아화교의 마주보기』(공저), 학고방, 2015

임경화 (林慶花)
연세대학교 국학연구원 연구교수, 한일비교문학 전공
저서: 『개념의 번역과 참조』(공저), 돌베개, 2012
역서: 고토쿠 슈스이, 『나는 사회주의자다』, 교양인, 2011
정영환, 『누구를 위한 '화해'인가』, 푸른역사, 2016

황재문 (黃載文)
서울대학교 규장각한국학연구원 부교수, 한국고전문학 전공
저서: 『안중근 평전』, 한겨레출판, 2011
역서: 장지연, 『만국사물기원역사』, 한겨레출판, 2014

✿ 문명총서 발간사

서울대학교 인문학연구원은 2007년 11월 한국연구재단의 인문한국(HK) 사업을 수탁하여 HK문명연구사업단을 출범시켰다. 한국과 아시아, 세계를 향한 문명연구의 허브를 구축하기 위해 '한국 인문학'의 정립을 목표로 인문학 제 분야는 물론 인근 분야의 전공자들까지 한 지붕 아래 모였다.

인문학연구원이 한국 인문학의 도약을 위해 핵심 과제로 주목한 것은 문명에 대한 새로운 이해이다. 문명이란 장구한 세월 동안 인류가 일구어 낸 정신적·물질적 성과들의 종합이며, 타 문명들과 서로 영향을 주고받으며 진화해온 복합적 실체이다. 이에 대한 심층적인 이해가 선행되지 않는다면 현재와 미래에 대한 유효적절한 준비와 대응은 불가능하다.

'문명텍스트총서'는 인문학 안팎의 다양한 전공을 가진 우리 연구원의 연구자들이 자신의 영역에서, 과거와 현재 문명의 정수와 그에 대한 인식을 담은 중요한 텍스트를 선정하여 번역하고 주해한 결과물이다. 이는 긴 시간의 노동을 요하면서도 성취가 단기간에 가시화되지 않는 우직한 작업이지만, 인류의 유산을 한국화하는 이 같은 작업이 주체적으로 세계문명을 사유하고 새로운 문명을 개척하는 데 발판이 되리라고 믿는다. 문명텍스트총서가 현재와 과거를 엮는 씨줄 놓기 작업이라면, 문명공동연구총서는 인간과 세계를 총체적으로 이해하려는 날줄 엮기라고 할 수 있다. 오랫동안 자신의 분야에서 전문화를 추구했기에 공동연구가 쉬운 일은 아니지만, 문명 이해의 융합적 시각뿐만 아니라 한국 인문학의 새로운 전망을 써 내려가는 방법론을 제시할 수 있기를 희망한 결과물이다. 또한 문명지평총서는 연구원 안팎의 연구자들이 참여한 연구서와 교양서를 아우르고 있다.

아무쪼록 문명총서 시리즈가 동서고금의 문명을 더 깊고 더 넓게 이해하는 창발의 효과를 가져오길 기대하며, 국내외의 학자들이 참여하고 교류하는 열린 연구공간이 되길 바란다.

2014년 4월

서울대학교 인문학연구원 원장